Das Argument, die populäre Kunst sei nicht echt, weil sie kurzlebig ist, ist auch deswegen fehlerhaft, weil es vergißt, daß viele der großen Klassiker der hohen Kunst ursprünglich als populäre Kunst entstanden sind und als solche konsumiert wurden. Die griechische Tragödie war eine äußerst populäre und rauhe Angelegenheit, ebenso wie das Elisabethanische Drama; und viele jetzt hochgeschätzte Romane waren einst als effekthascherischer kommerzieller Müll verschrien – in ähnlicher Weise, wie in jüngster Zeit Filme, Fernsehen und Rockmusik verdammt worden sind. Zu bestreiten, daß populäre Kunstwerke überleben, indem man einfach die populären Ursprünge derjenigen Kunstwerke, die tatsächlich überlebt haben, ignoriert, ist mehr als ein harmloses Versehen. Es handelt sich vielmehr um ausbeuterische Enteignung der kulturellen Ressourcen der beherrschten Mehrheit durch eine herrschende Elite.

Richard Shusterman ist Professor für Philosophie an der Temple University, Philadelphia, und der New School for Social Research, New York.

Richard Shusterman

KUNST LEBEN

Die Ästhetik des Pragmatismus

Aus dem Amerikanischen
von Barbara Reiter

Fischer Taschenbuch Verlag

Deutsche gekürzte Erstausgabe

Veröffentlicht im Fischer Taschenbuch Verlag GmbH,
Frankfurt am Main, August 1994
Titel der englischen Originalausgabe:
Pragmatist Aesthetics. Living Beauty,
Rethinking Art, Blackwell Publisher's
© Richard Shusterman 1992
© 1994 Fischer Taschenbuch Verlag GmbH, Frankfurt am Main
Gesamtherstellung: Clausen & Bosse, Leck
Printed in Germany
ISBN 3-596-12256-2

Gedruckt auf chlor- und säurefreiem Papier

Drei tanzenden Grazien:
Jaime, Orna und Cathy

Inhalt

Vorwort der deutschen Ausgabe 9
Vorwort der englischen Ausgabe 19

1 Kunst und Theorie
  zwischen Erfahrung und Praxis 25

2 Ästhetische Ideologie, ästhetische Erziehung
  und der Wert der Kunst in der Kritik 67

3 Form und »Funk«: die ästhetische
  Herausforderung durch die populäre Kultur 109

4 Die hohe Kunst des Rap 157

5 Postmoderne Ethik und Lebenskunst 209

  Anmerkungen 247

Vorwort
der deutschen Ausgabe

Das vorliegende Buch entwickelt eine ästhetische Theorie, die auf den Methoden und Inhalten der pragmatistischen Philosophie aufbaut. Obwohl es sich mit der Kunst als ganzer befaßt, gilt sein besonderes Bemühen den populären Künsten der Massenmedienkultur. Man könnte sich fragen, weshalb ein solches Buch über philosophische Ästhetik einer Einführung speziell für deutsche Leser bedarf. Sollten nicht die Wahrheit und der Wert der Philosophie ebenso wie ihre Fehler und Abwege in gleicher Weise allen intelligenten Lesern eines jeden Landes (oder eines jeden Zeitalters) ohne Rücksicht auf deren besonderen kulturellen Kontext zugänglich sein? Wir wollen hoffen, daß das Schicksal von Rationalität und Philosophie nicht von der zweifelhaften Annahme einer solch universalen Vernunft und monolithischen *philosophia perennis* abhängt. Ein Vorwort ist jedoch nicht der Ort, an dem diese Fragen geklärt werden können.

In jedem Fall gibt es einige konkrete Gründe, weshalb die deutsche Ausgabe dieses Buches nach einer eigenen Einführung verlangt. Erstens ist sie bedeutend kürzer als die englische Originalausgabe und die französische Übersetzung, die 1992 gleichzeitig bei Blackwell und Minuit erschienen. Nachdem ich für die französische Ausgabe bereits drei eher technische Kapitel gestrichen hatte (sie befaßten sich mit pragmatistischer Hermeneutik, Dekonstruktion und organischer Einheit), lasse ich jetzt für die deutsche Fassung die detaillierte vergleichende Analyse von Deweys analytischer Ästhetik wegfallen.

Diese Kapitel zu opfern (ursprünglich ein Vorschlag meines französischen Verlegers), ist mir nicht leichtgefallen, lohnt sich, wie ich glaube, aber dennoch. Denn es befreit das Buch von einer ganzen Menge spezialistischen philosophischen Ballasts und macht es damit nützlicher und attraktiver für ein weitaus größeres Publikum, das sich zwar für die philosophische Kritik der ästhetischen Kultur interessieren mag, nicht jedoch für die eher technische Behandlung damit verbundener Fragen der Sprachphilosophie und Hermeneutik oder der sektiererischen Streitereien der jüngsten anglo-amerikanischen Kunstphilosophie.

Dieses Experiment der reduktiven Kontextualisierung meines Buches rechtfertigt sich für mich durch die Aufnahme, die es in Frankreich gefunden hat. Während das amerikanische Publikum hauptsächlich aus spezialisierten Akademikern bestand, erreichte die französische Rezeption eine viel breitere Leserschaft: nicht nur Intellektuelle außerhalb der Universitäten, sondern sogar eine ganze Reihe von Lesern, die mit populärer Musik und Rap zu tun haben. Während die französischen Philosophen, die sich für die fehlenden Kapitel interessierten, auf die englische Ausgabe verwiesen werden konnten, wurden die nicht spezialisierten französischen Leser, die sich für Ästhetik interessieren, nicht durch einen Spießrutenlauf durch technische Debatten über Interpretation, individuierende Referenz und die Metaphysik von Einheit und Identität davon abgeschreckt, das Buch zu lesen. Da jedoch die Ästhetik John Deweys, die diesem Buch zugrundeliegt, in Frankreich völlig unbekannt war und noch in keiner Übersetzung vorlag, und da die französischen Intellektuellen kaum mit dem Pragmatismus und analytischer Ästhetik zu tun hatten, kam die französische Ausgabe nicht ohne ein ausführliches Einführungskapitel über diese Themen aus.

Glücklicherweise ist dies in Deutschland weit weniger nötig: Dewey liegt seit langem schon in Übersetzung vor, Pragmatismus und analytische Philosophie sind mit großem Erfolg von wichtigen deutschen Philosophen wie Habermas, Apel, Tugendhat und Wellmer – um nur einige zu nennen – eingebürgert und angewandt worden. Studenten der Hermeneutik, Dekonstruktion und der organischen Einheit sollten jedoch von den entsprechenden Kapiteln der englischen Ausgabe profitieren können; für Leser, die sich mit der Geschichte der anglo-amerikanischen Ästhetik des 20. Jahrhunderts befassen, könnte das erste ausgelassene Kapitel von besonderem Interesse sein. Es erklärt, weshalb Deweys Ästhetik von der analytischen Philosophie in den Schatten gestellt und unterdrückt wurde, und erläutert dann, wie der Deweysche Pragmatismus einen sehr vielversprechenden Mittelweg zwischen analytischer und europäischer Ästhetik weist: er verbindet die kritische Klarheit des ersteren mit der stärkeren Anerkennung der erfahrungsbezogenen, kognitiven und ethischen Macht der Kunst und deren weiteren sozio-historischen Kontexten[1], wie sie in der europäischen Tradition betont werden. Da der Rest des Buches meinen eigenen Versuch darstellt, das Versprechen des Deweyschen Pragmatismus einzulösen und somit in gewisser Weise die meisten Hauptthemen des ersten Kapitels wieder einholt, habe ich zugunsten von Kürze und Zugänglichkeit beschlossen, es wegzulassen.

Interessanterweise kann die gekürzte Fassung des Buches so gesehen werden, daß sie seine zentralen Thesen widerspiegelt: die Rechtfertigung populärer Kultur. Sie könnte – samt Inhalt – wegen verderblicher Popularisierung verurteilt werden. Besteht nicht eine beunruhigende Analogie zwischen dem Bedürfnis, die eigenen Bücher stromlinienförmig zu machen, so daß sie das Interesse einer größeren Leserschaft erreichen und dem gängigen Vorwurf, die populäre Kunst müsse ihre Standards auf den kleinsten gemeinsamen Nenner herunterschrauben, um sich die Einkünfte eines großen Publikums zu sichern? Ist das Veröffentlichen philosophischer Texte unter dem Druck der Postmoderne (und verantwortungsloser Akademiker) zu einem Ableger oder Analogon der ruchlosen, profitgierigen Kulturindustrie verkommen?

Es wäre naiv, den Einfluß des ökonomischen Drucks auf den Umfang meines Buches nicht zu sehen. Seine europäischen Verleger hatten verständlicherweise ein Interesse daran, ein schmaleres, zugänglicheres Buch herauszubringen – wegen der unterschiedlichen ökonomischen Faktoren (z. B. Zahl der Studenten, Universitäten und Institutsbibliotheken), die die europäischen und amerikanischen Märkte für akademische Veröffentlichungen jeweils strukturieren. Doch selbst um den Preis, eine editorische Tugend aus einer ökonomischen Notwendigkeit zu machen, gebe ich hiermit zu Protokoll, daß mein Ziel bei der Kürzung nicht der höhere Profit war (der ohnedies in diesen literarischen Gattungen nicht hoch ist), sondern vielmehr darin lag, mehr Leser zu erreichen, die an diesem Buch Spaß haben und aus ihm lernen können.

Diese demokratische Erklärung hat natürlich sehr begrenzte Kraft. Denn im Sinne des Pragmatismus sollte das Buch in derselben Weise beurteilt werden, wie wir Kunstwerke beurteilen: nicht so sehr nach seinen Motiven, sondern nach seinen Ergebnissen. Eine der Hauptthesen des Buches besagt, daß die populäre Kunst ihre Popularität erreichen kann, ohne dadurch in die ästhetische Wertlosigkeit und ins Vulgäre abzugleiten. Die vorliegende gekürzte Version des Buches kann somit selbst als ein Argument dafür betrachtet werden, daß die philosophische Kultur ebenso popularisiert werden kann, ohne zugleich vulgarisiert zu werden und jeder Strenge und Aufklärung verlustig zu gehen. Ich hoffe, daß dieses Argument Erfolg hat. Doch selbst, wenn dies nicht der Fall sein sollte, so wird es doch wenigstens als Experiment bei der Kontextualisierung und Popularisierung intellektueller Güter nützlich gewesen sein.

Die Anerkennung von Kontextpluralitäten, populärer Weisen des philosophischen Ausdrucks und der gewöhnlichen Erfahrung sind natürlich insgesamt zentrale pragmatistische Motive, wie wir aus den populären und dennoch machtvoll philosophischen Texten von James, Dewey und sogar aus häufig eher technischen Texten von Peirce wissen. Aus diesem Grund wird der Pragmatismus oft nicht so sehr als die einzige unverwechselbar amerikanische Philosophie gesehen, sondern als eine Philosophie, die die demokratischen und pluralistischen Werte, die Amerika in seinen besten Momenten zu verkörpern sucht. Wenn diese Werte einen bewundernswerten philosophischen Ausdruck finden, könnten sie dann nicht vielleicht auch einen adäquaten ästhetischen Ausdruck in den populären Künsten der Massenmedien finden, für die Amerika gleichfalls einen unverwechselbaren (und sei es auch in intellektuellen Kreisen sehr negativen) Ruf besitzt? Und wenn es in dieser Kunst etwas von wirklichem Wert oder von wirklicher Bedeutung gibt – brauchen wir dann vielleicht eine kulturell verwandte und einfühlsam populistische Philosophie wie den Pragmatismus, um es zu entdecken?

Obwohl die populäre Kultur Amerikas seit den letzten Jahrzehnten in Europa stark präsent ist und beträchtliche intellektuelle Kritik hervorgerufen hat, ist doch das Ergebnis eher Hitze als Erleuchtung gewesen. Eine strenge philosophische Behandlung dieses Themas war äußerst selten (in den Vereinigten Staaten ebenso wie in Europa), und traditionelle philosophische Strategien scheinen nicht recht ausgerüstet zu sein, um zu einem wirklichen Verständnis dieses Feldes führen zu können. Nicht nur ist die akademische philosophische Praxis typischerweise zu abstrakt und blind für die konkreten Formen populärer Kunst, oft sind auch ihre üblichen philosophischen und ästhetischen Perspektiven den Zielen, Ideologien und sozio-kulturellen Realitäten gegenüber völlig feindlich eingestellt. Der Cartesianische Dualismus und die Kantische Ästhetik sind zum Beispiel gewiß nicht der Weg zu einer positiven Einschätzung von Rap, nicht einmal von französischem oder deutschem Rap.

Der Vorschlag, als Mittel zum besseren Verständnis der amerikanischen populären Kultur (und deren Erfolg in Europa) eine ästhetische Theorie einzuführen, die auf der amerikanischen Philosophie beruht, mag als ein Ausdruck von Kulturimperialismus und übelstem Chauvinismus mißverstanden werden. In ihrer Verschmelzung von Pragmatismus mit afrikanisch-amerikanischem Funk könnte meine Theorie sogar als rachsüchtige Wiederkehr des Unterdrückten nach Jahrhunderten eurozentrischer Kulturherrschaft karikiert werden. Meine Empfehlung des Pragmatismus jedoch für die Behandlung der populären Kunst sollte verstanden werden als eher bescheidene philosophische Anerkennung kultureller Differenz, die ein kontextueller, pragmatistischer Ansatz nicht nur künstlerischen Formen und deren Theorie gegenüber, sondern auch gegenüber der philosophischen Praxis im allgemeinen verlangt.

Besonders empfindlich bin ich gegenüber Vorwürfen des amerikanischen Chauvinismus und der Naivität meinen deutschen Lesern gegenüber. Denn Deutschland hat nicht nur die reichste Tradition der philosophischen Ästhetik, sondern auch die stärkste philosophische Kritik der populären Kultur hervorgebracht. Besonders in der zwingenden Formulierung Adornos stellt diese Kritik, wie der Leser bemerken wird, eine Hauptinspirationsquelle und einen polemischen Bezugspunkt für meine Arbeit dar. Die krassen Unterschiede zwischen meinem Pragmatismus und Adornos ästhetischer Theorie werden ins Auge stechen, sie sollten den Leser jedoch nicht blenden und dadurch die tiefen Affinitäten übersehen lassen, die zwischen der Ästhetik des Pragmatismus und der Ästhethik der Frankfurter Schule bestehen (Kapitel 1 der englischen Ausgabe diskutieren sie in extenso).

Adorno, der »de[m] einen und wahrhaft freien John Dewey« großes Lob zollt[2], teilt die pragmatistische Betonung der dynamischen, erfahrungsbezogenen Dimension der Kunst statt deren Fetischisierung als materiellen Gegenstand, die Betonung des sozialen Wesens der Kunst und damit auch der schuldbewußten Reflexion sozialer Ungerechtigkeit, der wertvollen kognitiven und kommunikativen Dimension der Kunst und des sozio-politischen Ideals, das die Kunst durch ihre Form der dynamischen nicht gezwungenen Einheit zum Ausdruck bringt. Adorno lehnt jedoch die starke pragmatistische Anerkennung der Funktionalität der Kunst und das damit verbundene Ziel, Kunst und Leben zugunsten ihrer wechselseitigen Verbesserung stärker aneinander zu binden, ab. Vorsichtig besteht er darauf, daß die Kunst sich geflissentlich von Leben und Funktionalität fernzuhalten habe, ihre sakralisierte und doch sozial verantwortliche Autonomie und die strenge Gleichsetzung mit der Hohen Kultur zu wahren, damit ihr die Verschmutzung durch eine beschädigte Welt erspart bleibt und sie damit eine reinere Kritik an dieser abstoßenden Wirklichkeit aufrechterhalten kann.

Der Pragmatismus ist optimistischer, abenteuerlustiger (oder vielleicht naiv tollkühn): er betont, daß trotz des Risikos der Fehlaneignung durch eine ungemein unästhetische Welt die Kunst aus ihrer sakralisierten Zersplitterung heraustreten und in das Reich des Alltäglichen eintreten sollte, wo selbst sie als Vorbild und Antrieb zu konstruktiver Reform wirksamer fungieren kann, als wenn sie bloß ein importiertes Ornament oder eine fromm erfundene Alternative zur Wirklichkeit darstellt. Mehr im Geiste Walter Benjamins als Adornos ist der Pragmatist bereit, die autokratische Aura von transzendentaler Autorität, die die hohe Kunst umgibt, einzutauschen gegen ein stärker erdgebundenes (*down-to earth*) und demokratischeres Leuchten eines verbesserten Lebens und einer bereicherten Verstehens-Gemeinschaft. Kurz, für den Pragmatisten muß unser Kunstbegriff einer demokratischen Reform unterzogen werden, so daß er integraler Bestandteil der Reform der Gesellschaft wird, deren herrschende Institutionen, hierarchischen Unterscheidungen und Klassentrennungen diesen traditionell elitistischen Begriff geformt haben und die, in einem gewissen Maße, umgekehrt von ihm bestärkt wurden.

Die Notwendigkeit und Dringlichkeit eines größeren Kontextes der sozialen Reform verdient es, hervorgehoben zu werden. Denn auch wenn ich eine theoretische, ästhetische Legitimation der populären Kunst anbiete, sage ich doch nicht (wie einige französische und amerikanische Leser angenommen haben), daß dies bereits eine angemessene Legitimation dieser Kunst in der wirklichen sozialen Welt begründet. Ich behaupte jedoch, daß die theoretische Legitimation dazu beitragen kann, Einstellungen zu verändern, die wiederum bestehende soziale Fakten verändern können. Etwas anderes anzunehmen, hieße, eine nicht überzeugende und vergebliche Trennwand zwischen Theorie und Praxis zu errichten, die dem Geist sowohl des Pragmatismus als auch der Kritischen Theorie völlig fremd wäre.

Obwohl dieses Buch als philosophische Untersuchung geschrieben wurde, haben es glücklicherweise doch auch viele Sozialwissenschaftler kritisch gelesen. Ihre Reaktion war zwar sehr ermutigend, aber es wurde auch eingewandt, daß meine Behandlung der populären Kunst zu philosophisch bleibe, weil sie sich hauptsächlich auf die ästhetische Analyse von Kunstwerken konzentriere und nicht ausreichend empirische Details über die bestehenden sozialen Bedingungen und Praktiken biete, mittels derer diese Kunst von ihren unterschiedlichen Hörerschaften produziert und konsumiert wird. Ich will die philosophische Ausrichtung und damit die Grenzen meiner Untersuchung gerne zugeben und nutze an dieser Stelle die Gelegenheit, die verstärkte empirische, ethnographische Untersuchung der populären Kultur zu ermutigen – ohne solche Forschung wird die populäre Kultur nie das volle Verständnis erhalten, das sie verdient.

Ich bleibe jedoch dabei, daß die ästhetische Analyse ein notwendiges Werkzeug für das Verständnis und die Rechtfertigung der populären Kultur ist, ebenso wie die ästhetische Erfahrung eine notwendige Dimension unserer Begegnung mit ihr begründet. Ohne die ästhetische Analyse vermögen wir nicht einzuschätzen, wie die populäre Kunst im Bestfall wirklich die ästhetische Aufmerksamkeit, die so viele von uns, einschließlich so vieler junger Intellektueller, deren Geschmack die Klassiker der hohen Kunst einschließt, die sich weiterhin der Unterstützung der ästhetischen Analyse erfreuen, belohnen kann. Warum sollte also nicht die populäre Kunst diese ästhetische Aufmerksamkeit erreichen, da sie sich doch als lohnend erweist? Die populäre Kunst bloß mittels der empirischen Ethnographie zu behandeln hieße, Gefahr zu laufen, sie einfach wie eine Untersuchung irgendeiner wissenschaftlich beobachtbaren und daher entfernten Bevölkerung zu behandeln: eine externe Kultur landeseigener Primitiver, von denen wir wissenschaftlichen Beobachter oder Intellektuelle uns besser fernhalten und überlegen bleiben. Eine exklusive Behandlung von dieser Art (selbst dann, wenn in der zum wissenschaftlichen Gegenstand gemachten Bevölkerung Intellektuelle sind) würde wahrscheinlich die kulturelle Entmündigung der populären Kunst bestärken, indem sie ihr ihre zentrale Rolle in unserer eigenen subjektiven Erfahrung abspricht.

In den zwei Jahren seit dem Erscheinen dieses Buches habe ich noch von einiger nützlichen Kritik an diesen Thesen und Methoden profitiert. Obwohl die Versuchung groß ist, hier die Gelegenheit zu ergreifen und auf sie zu antworten, denke ich, daß ich, erläge ich dieser Versuchung, Gefahr liefe, meine deutschen Leser mit Schwaden vorweggenommener Polemik zu verwirren und sie somit von ihrer eigenen kritischen Antwort abzulenken oder zu entmutigen. Ich werde auch der Versuchung widerstehen, das Material über Rap auf den neuesten Stand zu bringen. Es ist ein Glück für dieses Buch – leider weniger für Rap –, daß die letzten beiden Jahre keinen dramatischen künstlerischen Fortschritt in diesem Genre erbracht haben. Leider bleiben auch die Zensurprobleme des Rap aktuell, und die homogenisierenden Zwänge der Mainstream-Kommerzialisierung scheinen sogar noch stärker zu werden. Dies gilt auch für die Tendenz, das gesamte Genre des

Rap (ästhetisch und moralisch) mit seinen berühmt-berüchtigten gewaltsamen, brutalen und frauenfeindlichen Formen zu identifizieren und danach zu beurteilen, obwohl diese selbst bereits das Ziel ernsthafter Kritik innerhalb der Praxis der Rap-Community ist. Meine Verteidigung des Wertes und Potentials von Rap sollte nicht als Duldung all seiner Sünden und Exzesse verstanden werden (ebenso wie meine Wertschätzung von Eliots Dichtung nicht meine Billigung seines politischen Konservatismus nach sich zieht). Auch sehe ich meine pragmatistische Ästhetik nicht so, daß sie sich vornehmlich um Rap kümmert (dessen Untersuchung nur eines meiner ursprünglich neun Kapitel darstellte), auch wenn sich die größte Aufmerksamkeit der Medien darauf richtete.

Die Notwendigkeit, diese deutsche Ausgabe auf den neuesten Stand zu bringen, hat sich auch aus dem Grund nicht ergeben, daß sie der Originalausgabe vergleichsweise schnell nachfolgt. Bei akademischen Veröffentlichungen ist dies weder üblich noch einfach, obwohl es zunehmend wichtig wird, wenn die Buchkultur angemessen Schritt halten soll mit den schnelleren Strömungen des kulturellen Lebens. Für die Anerkennung der Zeitgebundenheit der Kulturproduktion bin ich Petra Eggers vom Fischer Taschenbuch Verlag extrem dankbar. Meine Übersetzerin Barbara Reiter hatte die schwierige Aufgabe, nicht nur mit philosophischen Diskursen, sondern auch mit dem wenig vertrauten zeitgenössischen Dialekt des anglo-amerikanischen Englisch umzugehen. Ihre Mühe wird dankbar anerkannt und wird von Lesern geschätzt werden, die selbst versuchen, den Text von »Talkin' All That Jazz« zu übersetzen, dessen Original in einer Fußnote abgedruckt ist.

Vorwort
der englischen Ausgabe

Der Titel dieses Buches dürfte bei Skeptikern Zweifel wecken. Denn man könnte die bloße Vorstellung einer pragmatistischen Ästhetik für grundlegend paradox halten. Das Pragmatische ist natürlich unauflöslich an die Idee des Praktischen gebunden – an genau die Idee, die traditionell dem Ästhetischen zuwiderläuft und sogar im genauen Gegensatz dazu als zweckfrei und interesselos definiert wird. Eines der Ziele dieses Buches besteht darin, dieses Paradox aufzuheben, indem es den traditionellen Gegensatz praktisch/ästhetisch in Frage stellt und unsere Vorstellung vom Ästhetischen über dessen engen Bereich hinaus und die Rolle, die die herrschende Ideologie von Philosophie und kultureller Ökonomie ihr zuschreiben, erweitert. Die Ästhetik wird zentraler und gewinnt an Bedeutung, wenn wir endlich realisieren, daß sie, indem sie das Praktische umfaßt, die Lebenspraxis reflektiert und deutet, sie sich auch auf das Soziale und Politische erstreckt. Die emanzipatorische Erweiterung des Ästhetischen bringt ein ähnliches Umdenken auch der Kunst mit sich, die freier verstanden werden muß. Dieses Umdenken befreit die Kunst aus ihrer Weltabgewandtheit, in der sie vom Leben isoliert ist und populäreren Formen des kulturellen Ausdrucks entgegengesetzt wird. Kunst, Leben und populäre Kultur leiden alle unter diesen eingebürgerten Unterteilungen und unter der deshalb so engen Identifizierung von Kunst mit elitärer schöner Kunst. Meine Verteidigung der ästhetischen Legitimität der populären Kunst und meine Auffassung der Ethik als Lebenskunst zielen beide auf eine umfassendere und demokratischere Neufassung der Kunst ab.

Indem er Kunst und Ästhetik neu denkt, denkt der Pragmatismus auch die Rolle der Philosophie neu. Nicht mehr neutral darauf gerichtet, getreulich die Begriffe darzustellen, die sie untersucht, wird die Philosophie sich statt dessen aktiv darum bemühen, diese Begriffe umzuformen, so daß sie uns besser dienlich sind. Die Aufgabe der ästhetischen Theorie besteht dann nicht darin, die Wahrheit unseres gegenwärtigen Kunstverständnisses einzufangen, sondern vielmehr darin, Kunst neu so zu begreifen, so daß wir ihre Rolle und Wertschätzung fördern; das letzte Ziel ist nicht Wissen, sondern verbesserte Erfahrung, obwohl natürlich Wahrheit und Wissen nicht wegzudenken sind, wenn man dies erreichen will. Während die pragmatistische Ästhetik die traditionellen Probleme der Kunstphilosophie nicht außer acht lassen sollte, kann sie sich andererseits auch nicht auf die traditionellen akademischen Probleme beschränken, wenn sie wirklich weiterkommen will, sondern muß sich auf ästhetische Fragen des heutigen Lebens und neue künstlerische Formen einlassen. So werde ich nach der Betrachtung klassischer Themen wie der Kunstdefinition und ästhetischer Erfahrung zwei ausführliche Kapitel der populären Kultur und dem Rap widmen.[3]

In dem Versuch, die Theorie näher an die Kunsterfahrung heranzubringen, um sie beide zu vertiefen und zu verbessern, sollte eine pragmatistische Ästhetik sich nicht auf die abstrakten Argumente und den generalisierenden Stil des traditionellen philosophischen Diskurses beschränken. Sie muß durch konkrete Kunstwerke und aus diesen heraus funktionieren. Diese Kunstwerke sollten nicht als oberflächlich betrachtete Beispiele verstanden werden, sondern als Brennpunkte der ausdauernden ästhetischen Analyse, Objekte, deren Erfahrung durch eingehendes und theoretisch angeleitetes kritisches Studium bereichert wird. Ich erprobe diesen ästhetischeren Stil des ästhetischen Diskurses an einem Gedicht von T. S. Eliot und an einem Rap von Stetsatonic. Obwohl der Versuch, Hochmoderne und HipHop in einem einzigen Buch zusammenzubringen, als symptomatisch für den postmodernen Eklektizismus angesehen werden mag (oder auch einfach als symptomatisch für meinen eigenen schizoiden Geschmack), sähe ich lieber, man würde es als emblematisch für ein sozio-kulturelles Ideal verstehen, gemäß dem die sogenannte hohe und niedrige Kunst (und deren jeweiliges Publikum) gemeinsam Ausdruck und Akzeptanz finden – ohne repressive Hierarchien, für das es Differenz ohne Herrschaft und Scham gibt.

Die pragmatistische Ästhetik hat mit John Dewey angefangen – und mit ihm fast auch schon wieder aufgehört. Er war der einzige unter den Gründervätern des Pragmatismus, der ausgiebig über Kunst geschrieben hat und der die Ästhetik für zentral für die Philosophie hielt. Der philosophische Einfluß seiner ästhetischen Theorie war jedoch von sehr kurzer Dauer. Die pragmatistische Ästhetik wurde bald von der analytischen Ästhetik in den Schatten gestellt und zurückgewiesen; und sie hat sich davon noch nicht wieder ganz erholt. Dies bedeutet nicht zu bestreiten, daß zeitgenössische Pragmatisten wichtige Beiträge zu bestimmten ästhetischen Fragen geleistet haben – als Beispiel seien Rortys Beiträge zur ethischen Rolle der Literatur und Margolis' und Fishs Beiträge zur Interpretation genannt. Es bedeutet einfach, daß mehr getan werden muß. Insbesondere sollte die Deweysche Linie der Ästhetik viel stärker wiederentdeckt und ans Licht gebracht werden. Die wichtigen heutigen Pragmatisten sind vor Deweys Ästhetik zurückgescheut, weil vielleicht deren revolutionärer Geist und die Betonung der Körpererfahrung innerhalb der Zwänge des sozio-politischen Konservatismus und »Textualismus«, die die laufende pragmatistische Philosophie bestimmen, schwer verdaulich sind. Um eine radikalere und körperbetonte pragmatistische Ästhetik zu entwickeln, geht dieses Buch zurück auf Deweys Vorbild und seine Inspiration, schlägt sich aber auch bald seinen eigenen Pfad, um sich Fragen und Gegnern zu stellen, die unsere Gegenwart stärker betreffen als die Deweysche Vergangenheit.

Der Pragmatismus ist eine unverkennbar amerikanische Philosophie, und dieses Buch (besonders mit seinem Interesse an Rock und Rap) mag manchem Leser zu amerikanisch erscheinen. Für mich persönlich repräsentiert es eine Reise zurück zum amerikanischen Leben und zur amerikanischen Kultur, nachdem ich fast zwanzig Jahre Ausbildung und akademischer Arbeit anderswo verbracht habe. Pragmatismus wurde, als ich dort war, weder in Jerusalem noch in Oxford gelehrt; auch habe ich ihn selbst nicht in Negev gelehrt. Philosophie bedeutete dort analytische Philosophie und Ästhetik analytische Ästhetik. Der Pragmatismus kam für mich als philosophischer Horizont erst auf, als ich 1985 nach Amerika zurückkehrte, um eine Stelle an der Temple University anzunehmen. Der Pragmatismus war für mich – unter anderen – ein intellektuelles Werkzeug zur Wiederaneignung einer Kultur, die mich ursprünglich geformt hatte, die jetzt jedoch verwirrend und auf stimulierende Weise neu erschien. Meine schließliche »Bekehrung« zur pragmatistischen Ästhetik und die Idee zu diesem Buch nahm jedoch erst im Frühling 1988 Gestalt an, als ich ein Ästhetikseminar für ein sehr gemischtes und lebendiges Auditorium von graduate students in Philosophie und Tanz gab. Ich schulde diesen Studenten mehr, als ich hier zum Ausdruck bringen kann. Ursprünglich hatte ich vorgehabt, Dewey hauptsächlich als Hintergrund für die mir damals weit überlegen erscheinende ästhetische Theorie von Adorno (die ich noch immer sehr bewundere) zu benutzen. Am Ende des Semesters jedoch, nachdem wir die verschiedenen Argumente im Seminar geprüft und einige Themen auf dem dance floor ausprobiert hatten, konnte ich nicht anders, als Adornos entsagenden, düsteren und überheblich elitistischen Marxismus für Deweys erdigeren, fröhlicheren und demokratischeren Pragmatismus einzutauschen.

Dieser sonnige Ausblick wurde in jenem Sommer in Santa Cruz bei dem National Endowment for the Humanities Institute über Interpretation, das Hubert Dreyfus und David Hoy geleitet haben, erweitert. Meine Auffassung von Interpretation ist diesem Institut und den kritischen und zugleich fürsorglichen Theoretikern, die es zu einer Gemeinschaft im eigentlichen Wortsinn gemacht haben, zutiefst verpflichtet. Drei Mitglieder waren besonders hilfreich in bezug auf andere Aspekte dieses Buches. Alexander Nehamas und Stanley Cavell überzeugten mich davon, daß eine philosophische Ästhetik das Thema der populären Kunst nicht ignorieren sollte und diesen Bereich auf erhellende Weise behandeln kann, indem sie einzelne Werke interpretiert. Richard Rorty war unschätzbar für die Entwicklung meiner pragmatistischen Sichtweise – oft dadurch, wie der Leser feststellen wird, daß er beträchtlichen Widerspruch provoziert hat. Die Tatsache, daß ich soviel Anstrengung darauf verwende, mich mit ihm auseinanderzusetzen, dürfte zeigen, wie wichtig und wie nahe mir seine Schriften sind. An dieser Stelle möchte ich sowohl meine Dankbarkeit als auch meine Verpflichtung zum Ausdruck bringen.

Das Fertigstellen dieses Buches hätte sehr viel mehr Zeit in Anspruch genommen, wäre ich nicht von meinen normalen universitären Verpflichtungen befreit worden. Ich möchte der Temple University für die Beurlaubung und dem National Endowment for the Humanities für eine research fellowship danken, die es mir gestatteten, das ganze Jahr 1990 der Forschung und dem Schreiben zu widmen.

Da mein pragmatistisches Projekt so amerikanisch zu sein scheint, hielt ich für sinnvoll, es in einen größeren Zusammenhang zu stellen und seine Stärke und Relevanz auszuprobieren, indem ich prüfte, wie gut es ihm anderswo erginge. Welcher Ort eignete sich besser als Paris? Ich bin Pierre Bourdieu und der École des Hautes Études en Sciences Sociales sehr dankbar dafür, daß sie mich als Directeur d'études associé eingeladen haben, und dem Collège International de Philosophie dafür, daß ich ein Seminar geben konnte, in dem es mir möglich war, die Ideen des Buches mit einem fremden Auditorium und in einer fremden Sprache zu erproben. Unter meinen Pariser Kollegen möchte ich Françoise Gaillard, Gérard Genette, Lois Marin, Lois Pinto, Jacques Poulain und Rainer Rochlitz für ihre aufmerksame Lektüre verschiedener Kapitel dieses Buches danken.

Als ich nach Philadelphia zurückkehrte, waren meine Kollegen an der Temple-Universität, John Margolis und Chuck Dyke, so freundlich, das fertige Manuskript in toto zu lesen und äußerst nützliche Kritik in der letzten Minute beizusteuern, wie dies auch Arthur Danto tat. Andere Kollegen und Freunde haben Teile dieses Buchs gelesen und großzügig kommentiert. Es tut mir leid, daß ich sie nicht alle anführen kann, aber die folgenden Namen müssen erwähnt werden: Houston Baker, Richard Bernstein, Jim Bohman, Noel Carroll, Reed Dasenbrook, Terry Diffey, George Downing, Edrie Ferdun, Lydia Goehr, Judith Goldstein, David Hiley, Michael Krausz, Jerry Levinson, Paul Mattick, Brian McHale, Dan O'Hara, Paul Roth und Gianni Vattimo. Auch sollte ich nicht vergessen, die Bemühungen von Nadia Kravchenko am Computer zu erwähnen, der es gelungen ist, für mich in Temple aus den ungeordneten Texten, die ich aus Paris geschickt habe, ein zusammenhängendes Manuskript zu machen. Viele Menschen und Erfahrungen von außerhalb der akademischen Welt haben meine Kenntnis der populären Musik, die ich hier diskutiere, verbessert, spezieller Dank gebührt hier jedoch dem Rockkritiker Tom Moon, der mich mit besonders hilfreichen Informationen und guter Musik versorgt hat. Schließlich will ich Stephan Chambers vom Verlag Basil Blackwell für sein frühes Interesse und für die Ermutigung bei meiner Arbeit danken.

1 Kunst und Theorie zwischen Erfahrung und Praxis

Eins

Die Frage, was Kunst ist, beschäftigt die ästhetische Theorie seit langem, doch keine der vielen Definitionen hat sich bislang als philosophisch befriedigend erwiesen oder findet auch nur unumstrittene Akzeptanz. Deweys pragmatistische Definition von Kunst als Erfahrung stellt keine Ausnahme dar und kann von verschiedenen Seiten philosophisch kritisiert werden. Ganz offensichtlich scheint sie viel zu vage und zu allgemein zu sein. Da seine begriffliche Bestimmung der ästhetischen Erfahrung zahllose Dinge (mit)abdeckt, die normalerweise nicht für künstlerisch gehalten werden (so etwa Zimmer aufräumen und sportliche Betätigung), gelingt es ihr nicht, den genauen Inhalt und die Reichweite unserer Kunstauffassung wiederzugeben.

Die Definition von Kunst widersetzt sich ihrer theoretischen Auflösung so stark, daß einige Philosophen vorgeschlagen haben, dieses Unternehmen aufzugeben, weil es ganz und gar vergeblich sei. Und einige zeitgenössische Pragmatisten, die gerechterweise den Vorrang der Praxis beachten, sind sogar so weit gegangen, den Wert oder die Möglichkeit von Theorie insgesamt zu leugnen. Der pragmatistische Theoretiker steht in einer Verpflichtung. Er ist skeptisch den Ansprüchen der Tradition und dem Erfolg von Theorie gegenüber, und es widerstrebt ihm, eine weitere Kunstdefinition zur philosophischen Untersuchung beizutragen, die dann in den Papierkorb der Geschichte der Ästhetik wandert. Zugleich ist er sich der Tatsache bewußt, daß die Frage »Was ist Kunst?« zu zentral ist, als daß sie sich umgehen ließe. (Das Anliegen der) Theorie scheint zugleich unerreichbar und unvermeidlich zu sein.

Ich sehe nur einen Weg, um dieses schon historisch schlechte Verhältnis zwischen Kunst und ihrer Theorie aufzulösen: die Ansprüche von Theorie und Definition sind bislang falsch aufgefaßt worden und sollten geändert werden, um der Kunst besser dienen zu können. Das erspart der Kunst jedoch nicht Kritik und Neufassung. Denn, selbst weitgehend das Ergebnis fehlgeleiteter Theorie, mag unsere Kunstauffassung fehlgeleitet sein und einer Neuorientierung bedürfen.

Um zur Aufklärung und Rechtfertigung dieser Punkte beizutragen, werde ich für folgendes Paradox plädieren: Dewey hatte recht, Kunst als Erfahrung zu definieren, obschon dieses Vorgehen für die traditionellen philosophischen Standards eine unangemessene und ungenaue Definition darstellt. Natürlich reicht das allein noch nicht aus, um zu einer Neufassung von Theorie und Kunst zu gelangen. Wenn die Ziele und Orientierungen der Theorie fehlgeleitet waren, wenn Kunst falsch aufgefaßt wurde, dann müssen wir untersuchen, warum und wie das geschehen ist, indem wir die Geschichte der Definition von Kunst betrachten. Zudem müssen wir, wenn Deweys Erfahrungsdefinition irgendwie stimmt, untersuchen, weshalb sie besser ist als die heute so machtvolle Theorie, die Kunst als eine Praxis definiert und damit genauso eminent pragmatistisch zu sein scheint wie Deweys Theorie. Beginnen wir mit der Geschichte der Kunstdefinition.

Zwei

Die Kunst zu definieren ist schon immer ein Problem für die Philosophie gewesen – sogar längst bevor die Ästhetik Ende des 18. Jahrhunderts als eine eigene philosophische Disziplin entstand. Tatsächlich war die Definition von Kunst wesentlich für die eigentliche Entstehung und Entwicklung als eigene Wissenschaft der Philosophie.[4] Die Philosophie kam in der antiken Kultur Athens auf, indem sie sich selbst in aggressiver Absetzung gegen die Kunst als Quelle überlegener Weisheit definierte: als das höchste Streben, das nicht nur die beste Führung, sondern die vornehmsten und intensivsten Freuden der Kontemplation bereitstellt. Mit Sokrates und Platon wurde die Philosophie aus dem Kampf um die intellektuelle Vormachtstellung mit den Rhetorikern oder Sophisten auf der einen und den Künstlern auf der anderen Seite geboren (die Dichtung war der Hauptfeind in den Linien der Künstler, da sie es am besten verstand, die heilige Weisheit der Tradition einzufangen und dennoch nicht den banausischen Charakter der Kunst der Plastik aufwies).

In derselben Weise, wie die Philosophie die argumentativen Strategien der Rhetorik benutzte, so schien sie auch einiges ihrer epistemologischen und metaphysischen Orientierung aus der Kunst zu nehmen. Das Ideal des Wissens als *theoria*, das Modell des Wissens als von der Wirklichkeit losgelöster Kontemplation – statt aktiver Interaktion und deren Rekonstruktion – spiegelt die Haltung des Zuschauers bei einem Drama oder des aufmerksamen Betrachters eines schön vollendeten plastischen Kunstwerks wider. Ähnlich legt die Vorstellung, daß die Wirklichkeit letztlich aus wohldefinierten und beständigen *Formen* bestehe, die rational und harmonisch geordnet sind und deren Betrachtung erhabene Lust bereite, nahe, daß eine Beschäftigung mit guten Kunstwerken vorausgegangen sei – eine neidische Fixierung auf deren klare Formen und deutliche Umrisse, ihre beständigen und intelligiblen Harmonien, die sie von dem verwirrenden Fluß der gewöhnlichen Erfahrung weit abrückt und sie lebendiger, dauerhafter, bezwingender – in gewisser Weise *wirklicher* – erscheinen läßt als die gewöhnliche empirische Wirklichkeit. Da die Dichter nicht nur als die Schöpfer von Schönheit, sondern auch als die Lieferanten von Weisheit hohes Ansehen genossen, mußte die Philosophie ihre Autonomie und ihr Sonderrecht etablieren, indem sie die Kunst in stärker negativen Begriffen definierte. Mit schneidender dialektischer Findigkeit verwandelte sie ihre epistemologische und metaphysische Imitation der Kunst in eine herabsetzende Definition der Kunst als Nachahmung oder *Mimesis*.

Für Platon war die Kunst (als Nachahmung der bloßen Erscheinung) nicht nur zweifach von den wahren Formen der Wirklichkeit abgeleitet, sie betrog nicht nur und wandte sich an den niedrigsten Teil der Seele, sondern konnte nicht einmal mit der

Philosophie mithalten, was die Schönheit und die Freuden des Begehrens anbelangt. Während die Kunst den Anblick von schönen Gegenständen anbieten kann, verfügt die Philosophie über die aufregende Betrachtung der perfekteren transzendentalen Formen, die die nachahmenden Kunstgegenstände (und in der Tat alle Gegenstände) allererst schön machen, indem sie ein Programm der visionären Erbauung zur Verfügung stellen, das in der letzten Schönheit der reinen Form der Schönheit gipfelt. Der Philosoph wird (im *Symposium*) demzufolge als »Meister der Erotik« beschrieben und nicht etwa nur als Hohepriester der Wahrheit.

So definierte Platon die Kunst nicht, um ihre Ausübung zu fördern oder ihr wertschätzendes Verständnis zu verbessern, sondern um sie herabzusetzen, zu beschränken und zu kontrollieren – sogar, wie wir im *Staat* sehen, bis hin zu Zensur und Verbannung. Und indem er die Kunst definierte, definierte er auch die Kunstphilosophie, die, wie die restliche Philosophie, als Reaktion, als Fußnoten zu Platon verstanden werden können. Nachdem die ästhetische Theorie einmal durch diese negativen und fragwürdigen Motive begründet worden war, konnte man erwarten, daß sie fehlgehen würde. Überdies blieben die Philosophen, selbst als sie sich von dem verdammenden Programm Platons zunehmend frei fühlten, doch versklavt durch die ursprünglich falsch gegebenen Richtungen, mit denen Platon das Feld einmal abgesteckt hatte. Dies läßt sich bereits aus der Verteidigung der Kunst bei Aristoteles ersehen. In seinem Versuch, die Kunst von dem platonischen Vorwurf der rein mimetischen Beschäftigung mit sinnlichen Partikularitäten freizusprechen, macht Aristoteles geltend, daß die Tragödie das Allgemeine nachahmt und somit eine höhere, »philosophischere« Wahrheit als die Geschichte bietet. Dies bestärkte die Imitationstheorie allerdings nur noch – und damit die Vormachtstellung der Philosophie. Zudem setzt Aristoteles, wie seine Katharsistheorie impliziert, die platonische Haltung, die Kunst als ein abgeschlossenes Reich von Gegenständen zu betrachten, das wesentlich vom normalen Leben und Handeln abgetrennt ist, nur noch fort. Kurz, während Platons Definition der Kunst als *Mimesis* sowohl im Sinne einer abgrenzenden Aufsplitterung (wie um ihre einflußreiche Verbindung mit dem Leben abzuschneiden) und im ursprünglichen griechischen Sinne von »Kategorisieren« als Anklage faßte, läßt die spätere Theorie zwar die Anklage fallen, besteht aber weiterhin auf der Gewohnheit der aufsplitternden Definition.

Als die *Mimesis* schließlich ihre Anziehung und Autorität verloren hatte, wurden andere Theorien vorgeschlagen, die einflußreichsten waren die Ausdruckstheorie, die Formtheorie, die Spieltheorie und die Symboltheorie. Keine von ihnen hat jedoch den traditionellen Anspruch der Philosophie erfüllt, die Kunst als eine besondere Kategorie von Dingen zu definieren und deren einzigartige Essenz zu reflektieren. Keiner ist es gelungen, eine Essenz zu finden, die sowohl allgemein als auch allen Kunstwerken eigentümlich wäre oder auch nur die Bedingungen anzugeben, die sowohl notwendig als auch hinreichend sind, damit etwas als ein Kunstwerk gelten kann und nicht einfach ein normaler Gegenstand ist. Diese Definitionen, die sich bevorzugt auf hervorstechende sichtbare Eigenschaften von Kunstwerken konzentrierten, gingen fehl, weil sie entweder zu weit oder zu eng waren. Wie die Nachahmung trafen die Eigenschaften des Ausdrucks, des Spiels, der Form und des Symbols ganz offensichtlich nicht nur und ausschließlich auf Kunst zu; auch deckten sie weder einzeln noch gemeinsam alle wesentlichen Merkmale der Kunst ab. Was die enger gefaßte Theorie der signifikanten Form von Bell und Fry anbelangt, so hing diese nicht nur zirkulär von einer geheimnisvollen ästhetischen Empfindung ab, die selbst wieder nur durch die signifikante Form identifiziert werden konnte; sie konnte auch diejenigen Künste nicht abdecken, für die ein darstellender Inhalt unleugbar entscheidend ist.

Morris Weitz gab 1955 einen kritischen Überblick über die lange Geschichte gescheiterter Versuche, essentialistische Definitionen von Kunst zu geben, und schlug angesichts der eigenen jüngsten Geschichte der Kunst, die wiederholt Revolutionen erlebte, eine radikale Maßnahme vor[5]: die Suche nach einer wirklichen Definition von Kunst (d.h. einer Definition im Sinne von Essenz oder von notwendigen und hinreichenden Bedingungen) muß als logische Unmöglichkeit aufgegeben werden, weil die Kunst gar keine allgemeine Essenz hat, die sich definieren ließe.

Auf das Argument, daß ein solches Wesen für die geteilte Bedeutung und den verständlichen Gebrauch des allgemeinen Begriffs »Kunst« nötig sei, entgegnete er à la Wittgenstein, daß die komplexen Netzwerke von Ähnlichkeiten und Familienähnlichkeiten, die die Kunstwerke verbinden, die erforderliche oder verfügbare Gemeinsamkeit bereitstelle, um dieses allgemeine Konzept wirksam anwenden und lehren zu können. Auf der Grundlage bekannter Kunstwerke und ihrem Netzwerk von Ähnlichkeiten können wir den Begriff »Kunst« auch auf neue und nicht schon bekannte Objekte anwenden. Das Argument von Weitz besteht nicht so sehr darin, zu sagen, daß die Kunst kein Wesen besäße, kein Set von notwendigen und hinreichenden Eigenschaften, die in jedem Werk, das mit Recht Kunstwerk genannt werden soll, zu erkennen sind und sein müssen. Es besteht vielmehr darin, zu sagen, daß die eigentliche Logik des Begriffs diesem ein solches Wesen vorenthält. Kunst ist ein an sich offener und veränderlicher Begriff, ein Feld, das sich der Originalität, der Neuheit und der Innovation rühmen kann. Selbst wenn sich also ein Set definierender Bedingungen ausmachen ließe, das alle bereits existierenden Kunstwerke erfaßt, gäbe es doch keine Garantie dafür, daß eine zukünftige Kunst sich an diese Grenzen halten würde; tatsächlich gibt es allen Grund zu der Annahme, daß Kunst ihr Äußerstes geben würde, um diese Grenzen zu überschreiten. Kurz, der »sehr teure, abenteuerliche Charakter der Kunst« macht ihre Definition »logisch unmöglich«.

Die Philosophen mußten das nutzlose Definitionsvorhaben also aufgeben und ihre Anstrengungen statt dessen darauf verwenden, die Logik des Kunstbegriffs zu analysieren; diese Analyse hat ihn nicht nur als offen, sondern auch als komplex und seinem Wesen nach prinzipiell anfechtbar erwiesen. Für Weitz bestand seine Komplexität im zweifachen Gebrauch: klassifikatorisch und evaluativ. Nicht alles, dem wir den Namen »Kunstwerk« geben, loben wir damit zugleich. Erst der bewertende Gebrauch macht den Begriff so anfechtbar, da die einander widersprechenden Kunstdefinitionen der Vergangenheit versteckte Versuche waren, uns zu empfehlen, was wir in der Kunst schätzen sollen. Weitz besteht darauf, daß diese traditionellen Theorien als wertende Vorschläge »bestimmter Kriterien für hervorragende Qualität in der Kunst« oder als begründete Empfehlungen, »sich auf bestimmte Weisen auf bestimmte Merkmale der Kunst zu beziehen«, wichtig waren. Als philosophische Theorie waren sie jedoch fehlgeleitet, da deren Aufgabe nicht darin besteht, zu bewerten oder zu empfehlen, sondern logisch zu beschreiben und begrifflich zu erhellen.[6]

Um Weitz' Argumente zu überwinden, wurde ein neuer Definitionsstil geschaffen. Wenn die Frage der Bewertung jegliche Definition hoffnungslos anfechtbar machte, dann sollte die Definition auf den klassifikatorischen Sinn von Kunst beschränkt werden. Wenn Kunstwerke nicht ein Set von allgemeinen und besonderen Eigenschaften aufweisen, dann liegt vielleicht das bestimmende Wesen der Kunst nicht in ihren zur Schau gestellten Eigenschaften, sondern in ihrem Entstehungsprozeß. Bloße Ähnlichkeiten (*similarities*), so wurde gegen Weitz vorgebracht, können die Einheit des Kunstbegriffs nicht erklären. Denn Ähnlichkeiten können zwischen zwei beliebigen Dingen aufgefunden werden, während Familienähnlichkeiten bereits nach einem gemeinsamen Entstehungskern oder einer gemeinsamen Geschichte verlangen. Diese Überlegungen bilden den Dreh- und Angelpunkt der Institutionentheorie der Kunst von George Dickie, die das Kunstwerk als »ein Artefakt, dem eine Person oder mehrere Personen, die im Namen einer bestimmten sozialen Institution (der Kunstwelt) handeln, den Status eines Kandidaten für Wertschätzung zugeschrieben haben«, bestimmt.[7]

Diese Theorie verdient nicht nur, diskutiert zu werden, weil sie einen beachtlichen Einfluß auf die analytische Ästhetik hatte, sondern auch, weil sie anschaulich sowohl die geschmeidige Brillanz als auch die grundlegende Perversität der reflektierenden, aufsplitternden Definition zeigt. Obwohl sie »Kunstwerk« im Sinne von notwendigen und hinreichenden Bedingungen bestimmt, ist sie doch rein formal oder prozedural und würde so weder eine ästhetische Innovation noch ein ästhetisches Vorurteil mit Hinsicht auf Bewertungskriterien ausschließen. (Solche Ausschlüsse und Vorurteile überläßt man bequemerweise der Kunstwelt, wie auch alle anderen substantiellen Fragen). Die Theorie hat zudem den Vorteil, den sozialen Kontext hervorzuheben, durch den Kunst hervorgebracht und mit Eigenschaften versehen wird, die den Sinnen nicht direkt zugänglich sind. Dieser Sachverhalt entschädigt für den Mangel der Kunst an zur Schau gestelltem geteilten Wesen und gibt der Kunst sowohl einen unbegrenzten Horizont als auch eine Definitionsgrundlage – und zwar eine, die sich nicht durch irgend etwas erschüttern läßt, das ein beliebiges Kunstwerk anbietet oder nicht anbietet und nicht einmal dann, wenn es gar nichts anzubieten hat.

In diesem formalistischen Vertrauen auf die prozedurale Verleihung von Status und in seinem Ausschluß bewertenden und substantiellen Inhalts stellt Dickies Kunstdefinition eine Analogie der rechtspositivistischen Definition von Recht dar und kann damit auf ähnliche Weise kritisiert werden.[8] Der institutionelle Akt der Verleihung von Status scheint weder notwendig noch hinreichend zu sein. Einige Werke, wohl sogar die meisten, entstehen in einem Kontext, in dem der Kunststatus nicht ausdrücklich verliehen werden muß, sondern automatisch angenommen wird; und ein gegebener Verleihungsakt allein könnte den Kunststatus kaum sichern, nähme die Kunstwelt das Werk nicht in angemessener Weise auf. Ähnlich problematisch ist die Engführung der Definition auf einen rein klassifikatorischen Sinn von Kunst. Denn abgesehen davon, daß die Kunstwelt und ihre Macht, etwas hervorzubringen, anerkannt wird, welche substantielle Klärung oder welchen Zweck kann diese Definition möglicherweise besitzen? Sogar Dickie gibt zu, daß das streng klassifikatorische Urteil »Dies ist Kunst« praktisch keine Verwendung in der Kunstdebatte findet. Was den substantiellen ästhetischen Bereich anbelangt, der der definitorischen Suche traditionell ihre Spitze gab – die Frage, ob und wie wir ein besonderes Artefakt als Kunstwerk wertschätzen sollten –, so ist diese Frage damit lediglich in die Kunstwelt und deren bewertende Entscheidungen und Kriterien abgeschoben worden.

Schließlich hat Dickie, obwohl er zu Recht darauf besteht, daß Kunstwerk-Sein nicht zugleich auch schon gutes Kunstwerk-Sein oder Wertvoll-Sein mitbedeutet, unrecht, wenn er annimmt, daß der Kunstwerkstatus unter Ausschluß der Wertkategorie definiert werden kann. Tatsächlich setzt Dickies eigene Definition, allein schon der Begriff des Kandidaten für Wertschätzung, einen Hintergrund, vor dem Kunst eingeschätzt wird, voraus, so wie schon allein der Begriff der »Kunstwelt« eine Welt voraussetzt, in der Kunst als kulturelle Praxis und Errungenschaft geschätzt wird. Ganzheitlich betrachtet können Kunst und Wert nicht getrennt voneinander bestimmt werden. Das heißt: wenn man Kunst essentialistisch in einem rein klassifikatorischen Sinn definiert, blendet man perverserweise genau das aus, was wesentlich für die Kunst ist – mag diese Qualität auch vielen der so [i.e. als Kunstwerke] klassifizierten Gegenstände fehlen.

Wenn Dickies Theorie keine substantielle Einsicht bietet, die erklären könnte, weshalb Kunst bewertet wird und die unsere einschätzende Erfahrung und deren Verständnis bereichern würde, dann ist der Grund hierfür nicht darin zu suchen, daß er kein solches Wissen besäße. Vielmehr ist der Grund hierfür, daß er das Modell einer reflektierten und aufsplitternden Definition vor Augen hat, deren wesentlicher Anspruch eher darin besteht, das zeitgenössische Kunstverständnis einzufangen, als es zu vertiefen oder zu verbessern. Geht man davon aus, daß Kunst einen abgegrenzten Bereich von Gegenständen darstellt, der klar von anderen Bereichen unterschieden werden muß, dann besteht die Aufgabe der Definition darin, eine Wortformel zu finden, die auf all jene Gegenstände – und nur auf diese – zutrifft, die nach der allgemeinen Auffassung Kunstwerke genannt werden können. Wir stellen die vorgeschlagene Definition dadurch in Frage, daß wir Gegenbeispiele bringen, auf die die vorgeschlagene Wortformel nur unzureichend oder überhaupt nicht zutrifft und also die fraglichen Gegenstände falsch klassifiziert. Die Definition erweist sich auf diese Weise als entweder zu weit oder zu eng; das sie motivierende Ideal ist jedoch die vollständige Erfassung (*coverage*), man könnte sie auch die »Verpackungstheorie« der Kunst (»*wrapper*« *model of theory*) nennen.

Wie sich auch an besseren Lebensmittelverpackungen zeigt, bieten solche Kunsttheorien ihren Gegenstand – unser Kunstverständnis – augenscheinlich dar, enthalten und konservieren ihn.

Sie bilden dieses Verständnis nicht wesentlich um; auch verbessern oder modifizieren sie unsere Kunsterfahrung und unsere Kunstpraxis nicht – es sei denn zufällig. Wenn sie unsere zustimmende Bewunderung gewinnen, dann wegen ihrer philosophischen Gewandtheit und einfallsreichen Raffiniertheit im Spiel des Argumentierens und »Erfassens« (*coverage*), oder wegen der einfühlsamen und verständnisvollen Diskussionen über Kunst, die man sich liefert, um sie zu unterstützen. Dickies Verpackungstheorie mit ihrer inhaltslosen Durchsichtigkeit der Kunstwelt war aufgrund ihrer außerordentlichen Dehnbarkeit (*elasticity*) besonders für Philosophen attraktiv; sie konnte alles abdecken und erfassen, was in der institutionellen Kunstwelt anfiel. Ironischerweise stieß diese Theorie gleichzeitig weithin auf Ablehnung, weil ihr Bild von den Institutionen der Kunstwelt nicht dehnbar (*elastic*) genug war.

Institutionen (wie Staat, Religion oder Erziehungswesen) bringen typischerweise ein ausdifferenziertes Netzwerk von Rollen, Strukturen und Praktiken, die klar kodifiziert sind und streng verwaltet werden, mit sich. Die Kunstwelt ist dagegen ganz offensichtlich viel vager und dehnbarer. Man meldet sich nicht formal an, wird weder getauft noch eingeschrieben, um der Kunstwelt anzugehören (und dementsprechend auch nicht aus ihr verbannt, exkommuniziert oder ausgeschlossen). Es gibt keine festgelegten Bedingungen, denen man genügen muß, um im Interesse der Kunstwelt zu handeln; auch gibt es keine ausformulierten Vorschriften, die dieses Verhalten regeln. Zu meinen, die Regeln und Vorschriften der Kunstwelt seien eben nicht formell und implizit, heißt einfach zuzugeben, daß Kunst keine Institution im strengen Sinn ist, sondern vielmehr eine Kulturtradition oder soziale Praxis. Diese Vorstellung von einem flexibleren und stärker historisch bestimmten Bild von der Kunstwelt ist genau das, was heute die wahrscheinlich einflußreichste Kunsttheorie ist: die »Verpackungstheorie« der Kunst.

Drei

Arthur Danto, ein Ästhetiker mit großer Vorstellungskraft und künstlerischem Einfühlungsvermögen, ist mehr und mehr dazu übergegangen, Kunst historisch zu bestimmen. Obwohl es seine »Entdeckung« der Kunstwelt gewesen war, die Dickies Definition angeregt hatte, und obwohl er weiterhin darauf bestand, daß »es ohne Kunstwelt keine Kunst gibt«, hat Danto die Institutionentheorie doch wegen ihres Mangels an historischer Tiefe abgelehnt.[9] Sie ignoriere Wölfflins berühmte Einsicht, daß nicht alles zu jeder Zeit möglich sei, und überlasse alles der Magie des allmächtigen und willkürlichen Einflusses der Agenten der Kunstwelt, ohne die historischen Zwänge selbst zu beachten, die die Kunstwelt strukturieren und so die Handlungen ihrer Agenten beeinflussen und begrenzen. So vermochte sie nicht zu sagen – auch wenn sie erklären konnte, wie Andy Warhols Brillo-Kartons (die ausgemachte Inspiration für Dantos Theorie) als Kunstwerke durchgehen konnten –, weshalb dieses Werk als Kunstwerk akzeptiert werden sollte, ein von diesem nicht zu unterscheidendes jedoch nicht, oder warum dieses Werk selbst nicht akzeptiert worden wäre, hätte Warhol es im Paris des *Fin de Siècle* oder im Florenz des Quattrocento produziert.

Die Erklärung dafür, so Danto, hängt von der Geschichte der Kunst und von der Geschichte der Kunsttheorie ab. Der Kunstwerkstatus muß mehr bedeuten, als daß einfach ein Agent der Kunstwelt dem fraglichen Gegenstand den Status eines Kandidaten der Wertschätzung zuschreibt. Ein Museumswärter könnte uns im Auftrag des Kuratoren eine wunderschöne Blume anbieten, ohne daß daraus ein Kunstwerk würde, selbst wenn diese Blume visuell nicht von einem jüngst dort ausgestellten Kunstwerk zu unterscheiden ist, das in einer wirklichen Blume besteht und den Titel *Lebende Schönheit* trägt. Für Danto muß jeder Gegenstand, der erfolgreich beansprucht, Kunst zu sein, eine Interpretation als besonderes Kunstwerk in sich tragen (das Kunstwerk »Blume« zum Beispiel als ein künstlerischer Kommentar zu dem moribunden Charakter des Stillebens und der Museumskunst im allgemeinen). Da »[I]nsofern nichts ein Kunstwerk ist ohne eine Interpretation, die es als solches konstituiert«, müssen bestimmte Strukturen und Zusammenhänge in der Kunstgeschichte und Kunsttheorie vorliegen, um die nötige Interpretation zu ermöglichen.[10] Um als Kunstwerk gelten zu können, verlangte die Brillo-Schachtel eine solche schöpferische Interpretation durch Warhol und die entsprechende Interpretation durch das Publikum; und die Kunstwelt »[bedurfte] einer gewissen historischen Entwicklung«, damit diese Interpretation überhaupt möglich wurde. Gegenstände sind dann Kunstwerke, wenn sie in der Kunstwelt als solche interpretiert (d.h. konstitutiv interpretiert) werden; und da die Kunstwelt nur die Abstraktion der künstlerischen, kritischen, historiographischen und theoretischen Praktiken ist, die die Geschichte der Kunst ausmachen, ist Kunst im wesentlichen eine komplexe historische *Praxis* oder *Tradition* (auch wenn Danto keinen dieser Begriffe verwendet), die historisch bestimmt werden muß.

Dantos Kunsttheorie ist natürlich viel zu reich und weitverzweigt, als daß sie sich hier kurz zusammenfassen ließe. Obwohl jedoch ihr substantieller Inhalt und ihre historische Tiefe sie von Dickies Theorie unterscheiden, ist auch sie von demselben Verpackungsmodell mit seiner Metapher des vollkommenen Erfassens geleitet, die sich in der motivierenden Sorge ausdrückt, daß »jede Kunstdefinition auch die Brillo-Schachteln von Warhol umfassen muß«, nicht aber auf ihre nicht zu unterscheidenden gewöhnlichen Gegenstücke zutreffen soll.[11] In der Tat mag Dantos erstaunlich intensives Bemühen um diese spezielle Ikone der »*art in a box*« Ausdruck seines definitorischen Zwangs zur zersplitterten Einfassung der Kunst sein. Danto teilt »die so lange gehegte Ambition der Philosophie [...] eine[r] Definition, der nicht die Außerkraftsetzung durch die Geschichte droht« und sucht diese Definition mit Erfindungsgabe in der Geschichte selbst, indem er die Kunst historisch definiert und indem er außerdem die neueste Geschichte der Kunst als eine Entwicklung hin »zu einem Verständnis [ihres] eigenen geschichtlichen Wesens«[12] beschreibt.

Diese Erzählung (*tale*) birgt für Danto die ironische Wendung, daß Kunst, nachdem sie uns dahin gebracht hat, ihr historisches Wesen zu verstehen, ihre historische Mission erfüllt und somit in gewisser Weise ihre Geschichte abgeschlossen hat (auch wenn sie im verwirrten Herumtasten ihres postmodernen Posthistoire noch überlebt). Diese Tatsache widerlegt jedoch nicht die Definition der Kunst als kulturelle Praxis mit historischer Dimension; denn was angeblich beendet ist, ist nur die Geschichte im Sinne eines linearen Fortschreitens auf ein vorgegebenes Ziel hin, nicht aber ihre Geschichte als kulturelle Tradition, die sich von vergangenen Errungenschaften aus und in Reaktion auf sie durch Fortsetzung, Ausarbeitung und reaktive Zurückweisung entwickelt. Geschichte ist somit das letzte Gefäß für die Definition von Kunst, da alle Gegenstände, die von der Geschichte der Kunst als Kunstwerke aufgefaßt werden – und nur diese –, notwendig in dieser historischen Definition enthalten sein werden.

Danto steht nicht allein, wenn er Kunst als eine komplexe und zeitlich gebunden sich entwickelnde soziokulturelle Tradition behandelt, die wesentlich durch ihre Geschichte bestimmt ist. Richard Wollheim sagt im Grunde dasselbe, wenn er behauptet, »Kunst ist im Sinne Wittgensteins eine Lebensform« mit autonomen Prozeduren und Institutionen und daß »die Kunst wesentlich historisch ist«.[13] Adorno stimmt aus seiner sehr unterschiedlichen, marxistisch orientierten Perspektive zu, daß Kunst »nicht durch Invarianten« definiert werden könne, da sie »ihren Begriff in der geschichtlich sich verändernden Konstellation von Momenten« hat, deren Inhalt und konstitutive Einheit sich am besten durch »rückwärts schauend« »auf die Entfaltung der Kunst zu ihrem eigenen Begriff« als eigene Praxis bestimmen läßt, die sowohl sozial eingebettet als auch widerständig autonom ist.[14]

In letzter Zeit haben eine Reihe von Ästhetikern es vorgezogen, eben diese grundlegend historizistische Ansicht zum Ausdruck zu bringen, indem sie die Kunst als soziale oder kulturelle *Praxis* definierten. Dabei ist der Begriff der Praxis etwa folgendermaßen zu verstehen[15]: eine Praxis ist ein Komplex von untereinander verbundenen Handlungen, die eingeübte (*learned*) Fertigkeiten und Wissen voraussetzen und die darauf zielen, bestimmte in diesen Praktiken enthaltene Güter zu erreichen (zum Beispiel das Treffen einer Ähnlichkeit in der Porträtkunst), auch wenn externe Güter (wie etwa Gewinn und Ruhm) angestrebte Nebeneffekte sein mögen. Da sich Praktiken auf interne Güter richten, werden sie von internen Gründen und Erreichungsstandards bestimmt, die nicht so sehr explizit formuliert werden, als vielmehr in der Geschichte der Praxis, in ihren traditionellen Errungenschaften und Meisterwerken, verkörpert sind. Weil diese internen Gründe, Standards und Güter nicht streng definiert sind, beinhaltet eine Praxis eine andauernde Debatte über deren Auslegung und relative Gültigkeit. Dies kann zu einer Vielzahl von konkurrierenden Errungenschaften und zur Erweiterung oder Revision der internen Güter, Gründe und Standards der Praxis führen. Diese Vielfalt besitzt, auch wenn sie keine durchgängige Essenz aufweist, inneren Zusammenhang als eine eigene Einheit, eine gegebene Praxis durch eine gemeinsame Geschichte.

Kunst läßt sich also am besten durch diese komplexe Praxis definieren, zusammengesetzt aus den verschiedenen Künsten und ihren Gattungen, die wiederum selbst Praktiken von unterschiedlicher Komplexität darstellen. Die traditionelle definitorische Funktion der Identifikation von Kunstwerken unter anderen Gegenständen hängt somit nicht länger davon ab, ob sich das Wesen der Kunst finden läßt, sondern beruht auf den internen Gründen und Standards der komplexen Kunstpraxis und vielleicht letztlich auf deren vielfältigen, besonderen Praktiken (die Musikpraxis identifiziert ihre eigenen Kunstwerke, während die Dichtkunst wiederum ihre eigenen identifiziert). Zudem erstreckt sich das definitorische Erfassen der Kunst als Praxis, wie Woltersdorff und Carroll bemerken, über die Kunstwerke hinaus. Denn da der Praxisbegriff sowohl menschliches Handeln als auch die Ergebnisse seiner Bemühungen hervorhebt, umfaßt die Kunstdefinition als komplexe Praxis auf hilfreiche Weise nicht nur die Gegenstände der Kunst, sondern auch die Personen, die diese Praxis unterhalten: die Produzenten und Rezipienten von Kunstwerken.

Als eine komplexe Praxis von Praktiken, die sich im Lauf der Geschichte entwickeln und verändern, sollte die Kunst nicht durch ein festes Wesen definiert werden, sondern im Sinne einer komplex stimmigen historischen Erzählung, die ihre Einheit und

Integrität zugleich erklärt und anzuwenden hilft. Die genaue Form der die Kunst bestimmenden Erzählung muß offen und revidierbar sein, nicht nur, um zukünftige Werke zu ermöglichen, sondern weil die Aufgabe der Erzählung selbst eine offene und anfechtbare Praxis ist – die Praxis der Kunstgeschichte und Kritik. Die Unmöglichkeit der narrativen Vollendung und damit des definitorischen Abschlusses jedoch wird nicht etwa als ein widerlegender Mangel aufgefaßt. Denn die Offenheit der narrativen Definition ist notwendig, um der Offenheit der Kunst gerecht zu werden. Abgesehen davon könnten wir, wenn Carroll recht hat, immer wenigstens prinzipiell eine vollständige Erzählung bis zur Gegenwart geben, die »die Kunstpraxis, wie wir sie kennen«, definieren würde, die zugleich zukünftige Veränderungen und künftige Erzählungen zuließe, welche für zukünftige Gegenwärten vollständig sein könnten.[16]

Die Sichtweise von Kunst als Praxis hat viel für sich. Wahrscheinlich ist die Definition von Kunst als historisch bestimmter soziokultureller Praxis im Sinne der traditionellen Theoriensprüche sogar das beste, was wir erreichen können. Wegen ihrer Bandbreite, Flexibilität und potentiellen kunsthistorischen Substanz scheinen in ihr die philosophischen Versuche, die Kunst zu theoretisieren, zusammenzulaufen, weil sie den Inhalt ihrer Auffassung gleichzeitig ganz abdeckt und ihn von anderen Dingen unterscheidet. Indem sie getreulich wiedergibt, wie Kunstgegenstände und -aktivitäten identifiziert, verbunden und als solche unterschieden werden, wird sie dem doppelten definitorischen Ziel von genauer Überlegung und aufsplitternder Unterscheidung am besten gerecht. Und dennoch: indem sie dies tut, verbirgt sie zugleich, wie fehlgeleitet und vergeblich solche Theoriezwecke vielleicht überhaupt sind.

Zunächst einmal, selbst wenn wir mit Carroll annehmen, daß eine gesamte und einheitstiftende narrative Definition prinzipiell möglich ist (eine fragwürdige Annahme, da die wesentlich umstrittene Natur der Kunst und ihre Geschichte zu widersprüchlichen und wahrscheinlich nicht vergleichbaren Erzählungen führen kann), ist eine solche Definition, wie Carroll selbst zugibt, weder durchführbar noch in der Praxis tatsächlich wünschenswert. Denn ihre überwältigende Masse an Details und an unbedeutenden, nicht innovativen Kunstwerken würde eine vollständige Erzählung sowohl praktisch unmöglich als auch unglaublich öde machen. Auf all den eintönigen Details zu bestehen, würde die Entwicklungsstruktur der Erzählung, durch die die Einheit der Kunst gestiftet und durch die Kunst definiert wird, verschleiern.

Selbst wenn wir solche Schwierigkeiten übersehen und annehmen, daß wir eine zu bewältigende Erzählung finden, die nur enthält, was für die vollständige und getreue Wiedergabe unserer Kunstkonzeption unerläßlich ist, stellt sich darüber hinaus die Frage nach dem Wert einer solchen Definition. Was nützte sie uns? Durch die Definition der Kunst als Praxis, die wiederum durch die Erzählung der Kunstgeschichte definiert wird, werden alle wichtigen Entscheidungen darüber, was *als* Kunst oder *in* der Kunst zählt, den inneren Entscheidungen der Praxis überlassen, die die Kunstgeschichte überliefert. Die Philosophie der Kunst fällt dann schlichtweg mit der Kunstgeschichte zusammen, und die lebendige und wichtige Frage, was Kunst (jetzt) ist, wird somit auf eine rückblickende Darstellung dessen reduziert, was sie bis jetzt gewesen ist. Die Kunstgeschichte wird ihrem Ziel gerecht, wenn sie »die Kunstpraxis, wie wir sie kennen«, wirklichkeitsgetreu wiedergibt. Wenn sie allerdings nur reflektiert, wie Kunst bereits verstanden wird, verdammt die Philosophie der Kunst sich selbst zu derselben reduzierenden Definition, zu der sie die Kunst verdammt hat. Sie ist dann wesentlich die Imitation einer Imitation: die Wiedergabe der kunsthistorischen Wiedergabe der Kunst. Welchem Zweck dient eine solche Wiedergabe – abgesehen davon, daß sie der alten philosophischen Gewohnheit frönt, Theorie möge die Wirklichkeit spiegelnd abbilden? Obwohl diese epistemologische Gewohnheit sich tief festgesetzt hat, scheint sie ebenso tief fehlgeleitet zu sein, weil sie die transzendentale Metaphysik, von der sie einst ihre Bedeutung erhielt, überlebt hat.

Das theoretische Ideal der Reflexion hatte ursprünglich etwas für sich, als Realität verstanden wurde im Sinne von festen oder notwendigen Wesenheiten, die jenseits des gewöhnlichen empirischen Verstehens liegen. In diesem Fall würde, wenn wir erst einmal eine angemessene Repräsentation des Realen erreicht haben, diese für immer gültig bleiben und als Kriterium für die Einschätzung normalen Verstehens dienen. Sobald unsere Wirklichkeiten jedoch einmal die empirischen und sich ändernden Kontingenzen des Laufs der Kunst sind, wird das Reflexionsmodell sinnlos. Denn hier dringt die Repräsentation der Theorie weder tiefer als bis zu den sich ändernden Erscheinungen, noch kann sie sich deren Wechsel selbst entziehen. Statt dessen muß sie den hoffnungslosen Kampf mit der ständig sich erneuernden narrativen Revision aufnehmen und der sich ändernden Natur der Kunst den Spiegel der reflektiven Theorie entgegenhalten, indem sie ihre Geschichte darstellt.

Die sich ändernde Geschichte der Kunst muß jedoch nicht nur dargestellt werden; sie kann auch gemacht werden. Und es müssen nicht nur die Werke von Künstlern und die Erzählungen von Historikern sein, die Kunstgeschichte machen, sondern auch die Interventionen von Theoretikern, deren Ansichten immer schon zentral für den kreativen und kritischen Kontext gewesen sind, in dem Künstler, Kritiker und Kunsthistoriker arbeiten. Man möge nur daran denken, wie zum Beispiel die Poetik des Aristoteles für Jahrhunderte Dramatiker und Kritiker beherrschte oder wie Kantische Ideen der ästhetischen Einbildungskraft und der ästhetischen Urteilskraft dazu beigetragen haben, die romantische Dichtung zu formen und den modernen Formalismus zu rechtfertigen. In der heutigen postmodernen Krise, in der die Kunst so sehr die Richtung verloren zu haben scheint, daß nicht nur ihr Ende, sondern gar ihr Tod heraufbeschworen wird, besteht sowohl das Bedürfnis nach als auch die Möglichkeit zu theoretischer Einflußnahme – zu revisionistischer Neuorientierung eher als zu stillschweigender Reflexion.

Die pragmatistische Ästhetik legt eine solche aktivistische Rolle im Prozeß des Umdenkens und der Umformung der Kunst nahe; und Dewey hat ursprünglich genau dies versucht, wenn er Kunst als Erfahrung definiert. Bedeutet jedoch dieser theoretische Aktivismus nicht, die Philosophie aufzugeben, weil man ihr traditionelles Vorhaben und Selbstbild von gänzlich interesseloser Wahrheitssuche opfert? Auf diesen Einwand sind zwei Erwiderungen möglich.

Zunächst einmal besteht Dewey darauf, daß die Haupterrungenschaften der Philosophie niemals von diesem Ziel geleitet worden seien. Ihre Theorien und die Probleme, die sie sich vorlegt, stellten eher eine intellektuelle Antwort auf die sozio-kulturellen Bedingungen und die jeweiligen aktuellen Verwirrungen dar.[17] Natürlich kann die platonische Theorie nicht als interesselose Repräsentation des Wesens der Kunst verstanden werden. Sie war ganz entschieden eine politisch motivierte Antwort auf die drängende Frage, wessen intellektuelle Führerschaft (alte Weisheit der Kunst oder neue Rationalität der Philosophie) die athenische Gesellschaft in einer Zeit der bewegten Veränderung leiten sollte, als ihre Traditionen, ihre Stabilität und Macht nicht allein durch innere Uneinigkeit und Revolutionen, sondern auch durch die äußere Erniedrigung militärischer Niederlagen in Frage gestellt wurden. Obwohl Platons Ziel, die Kunst herunterzumachen und in ihrer Wirkung zu beschränken, ganz das Gegenteil von Deweys Ziel ist, war doch die engagierte und aktivistische Rolle, die die Philosophie dabei spielte, ganz dieselbe.

Zum zweiten ist die Vorstellung, daß die momentanen Gewinne der Intervention von dem Verlust des neutralen reflektiven Ideals der Philosophie aufgehoben werden – daß die Philosophie sich rein halten muß, selbst um den Preis, anderswo Beschädigungen zu tolerieren –, selbst ein unsauberes Vorurteil. Diese sture Haltung der leiblosen Interesselosigkeit spiegelt das Interesse eines engen und professionalisierten philosophischen Konservatismus wider, der sich entweder gut gelaunt damit zufriedengibt, den Status quo zu bestärken, indem er ihn in der philosophischen Definition darstellt, oder der einfach zu ängstlich und schwach ist, das Risiko, sich beim lästigen Streit um die Ausformung von Kunst und Kultur die Hände schmutzig zu machen, einzugehen scheint. Was noch gefährlicher ist: der Fetischismus der interesselosen Neutralität verdunkelt die Tatsache, daß das letzte Ziel der Philosophie darin besteht, menschliches Leben zu fördern und nicht darin, der reinen Wahrheit um ihrer selbst willen zu dienen. Da die Kunst ein wesentlicher Bestandteil und eine ernstgenommene Quelle gelungenen menschlichen Lebens darstellt, wird die Philosophie ihrer eigentlichen Aufgabe untreu, wenn sie haupt sächlich mit fahrlässiger Neutralität auf die sich entwickelnde Geschichte der Kunst blickt und nicht in den Ring tritt, um deren Zukunft zu verbessern.

Vier

Wir werden Deweys rekonstruierende Definition der Kunst als Erfahrung besser einschätzen können, wenn wir die Bestimmung der Kunst als Praxis einer weitergehenden Kritik unterziehen. Nach dem Verpackungs-Modell (*wrapper model*) hat diese Definition ein doppeltes Ziel: das darstellende Erfassen (*representational coverage*) und die einteilende Differenzierung (*compartmental differentiation*) der Kunst. Meine Kritik hat sich bislang auf das erstgenannte Ziel konzentriert, auf seine praktische Nutzlosigkeit und sein leeres Stillehalten des reflexiven Rückfalls in die Kunstgeschichte. Doch die einengende Zersplitterung bringt ebenfalls Probleme mit sich: wenn nämlich Kunst mit der spezifischen historisch bestimmten Praxis gleichgesetzt wird, die diesen Namen verdient; diese Probleme scheinen sich am besten überwinden zu lassen, indem man mit Dewey darauf besteht, daß Kunst Erfahrung ist.

(1) Die erste Überlegung richtet sich darauf, was und wer den Wert von Kunst festlegt. Bei der Schubfachdefinition der Kunst als eigener historischer Praxis wird die gesamte Wertfrage in das Innere dieser Praxis verschoben und zerbricht in enge Fragestellungen bezüglich einzelner interner Güter, deren Wert durch die internen Standards und Prozeduren der jeweiligen Praxis bestimmt werden muß. Diese völlige Verinnerlichung von Wert erklärt jedoch nicht die Herkunft des Werts der Praxis als ganzer, noch kommt sie für die Stärke ihrer inneren Güter und Standards auf. Denn zu sagen, sie seien gut, weil die Praxis sie so definiert, ist ganz offensichtlich zirkulär. Darüber hinaus entzieht die Beschränkung der Wertfrage auf die innere Schlichtung durch die

Praxis der Kunstwelt diese Praxis selbst nachhaltig der Kritik – durch eine weitere normative Sichtweise, die die Rekonstruktion dieser Praxis auch leiten könnte, wenn sie in die Irre geht und sich zunehmend vom Leben und Vergnügen der meisten Menschen entfernt.[18] Somit besteht eine Gefahr für die Autonomie der Kunst, wenn die Kunst mit einer bestimmten historisch definierten Praxis gleichgesetzt wird – eine Gefahr, die um so bedrohlicher real erscheint, da die Formung jener Praxis wirklich lange unter den beklagenswerten historischen Bedingungen der sozio-politischen Ungerechtigkeit stand.

Noch weniger akzeptabel ist jedoch die gegenteilige Vorstellung, daß der Wert der Kunst durch etwas gerechtfertigt werden muß, das ihr ganz äußerlich ist. Den Wert der Kunst als *bloß* instrumentell zu irgendeinem anderen Ziel anzusehen – sei dies nun Erkenntnis, Moral, seelische Ausgewogenheit oder kulturelles Format – heißt, noch einmal dieselbe kastrierende Logik einzusetzen, die die Kunst anfänglich entmündigt und sie anderen kulturellen Praktiken wie der Philosophie unterworfen hatte. Diese von außen herangetragene instrumentalistische Sicht ist nicht einmal besonders überzeugend. Denn es scheint im Wert der Kunst nach wie vor etwas zu geben, das autonom ist, etwas, das mit eigenen Maßstäben zu tun hat, nach denen wir sie als Ziele an sich und nicht nur als Mittel zur Erreichung anderer Güter in anderen Praktiken verfolgen. Dieses autonome Etwas ist nichts anderes als die ästhetische Erfahrung. Denn die unmittelbare, fesselnde Befriedigung, die eine solche Erfahrung zu bieten vermag, macht sie unwiderleglich zu einem Ziel in sich selbst. Und dieser erfahrene Wert, der sich unseren Sinnen und unserer Vorstellungskraft – oft mit überwältigender Stärke – direkt mitteilt, verleiht der Kunst eine unwiderlegbare (wenn auch unformulierbare) normative Rechtfertigung.[19] Obwohl die intrinsischen Ziele der Kunst manchmal mit ihren materiellen Endprodukten gleichgesetzt werden (den geschnitzten oder gemalten Gegenständen, akustischen Ereignissen usw., die wir Kunstwerke nennen), besitzen diese Produkte keinerlei künstlerischen Wert, wenn sie von ihrem (wirklichen oder möglichen) Gebrauchswert in der ästhetischen Erfahrung abgeschnitten werden.[20] Ohne ein erfahrendes Subjekt sind sie tot und bedeutungslos; und sie als unabhängig wertvoll zu behandeln ermutigt nur die Verzerrungen der Verdinglichung, des Bequemwerdens und der Fetischisierung, die die zeitgenössische Kunstszene plagen.

Wenn die ästhetische Erfahrung ein intrinsisches Ziel und Wert konstituiert, dann mag es gute Gründe geben, Kunst auf dieser Grundlage zu definieren, auch wenn es vielen Kunstwerken nicht gelingt, diesen Wert zu erzielen. Eine solche Definition (von evaluativer, nicht logischer Art) zielt nicht auf die klassifikatorische Erfassung jeder historisch verstandenen Kunstform ab, sondern vielmehr darauf, hervorzuheben, was in der Kunst am meisten zählt, wie etwa die Wertschätzung der Kunst zu erhöhen – sogar, wenn das bedeutet, Kunst auch außerhalb des traditionell von ihr beanspruchten Gebiets anzuerkennen. Denn die ästhetische Erfahrung ist nicht auf die engen Beschränkungen der historisch definierten Kunstpraxis festgelegt und ist demzufolge auch nicht der ausschließlichen Kontrolle derer unterworfen, die diese Praxis beherrschen und ihre internen Güter bestimmen. So kann sie in gewisser Weise als unabhängiger, wenn auch nicht völlig externer Prüfstein dienen, an dem sich die Kunstpraxis kritisieren und verbessern läßt – besonders dann, wenn das Ziel darin besteht, die Praxis neu zu orientieren, so daß sie eine vollere und häufigere ästhetische Erfahrung für mehr Mitglieder der Gesellschaft gewährt.

Daß die ästhetische Erfahrung über die historisch etablierte Kunstpraxis hinausgeht, sollte offensichtlich sein. Sie besteht in erster Linie in der Wertschätzung der Natur, nicht zuletzt im lebendigen menschlichen Körper als Teil der Natur. Wir finden sie aber auch im Ritual und im Sport, in Paraden, Feuerwerken und in den Medien der populären Kultur, im Schmuck von Körper und Wohnraum, angefangen bei primitiven Körperbemalungen und Höhlenmalereien bis hin zu zeitgenössischer Kosmetik und Inneneinrichtung und sogar noch in den zahllosen farbenreichen Szenen und bewegenden Ereignissen, von denen unsere Städte voll sind und die unser alltägliches Leben bereichern. Gegen eine so unabhängige ästhetische Erfahrung werden manchmal die beiden folgenden, miteinander verbundenen Einwände vorgebracht.

Der erste besagt, daß, da jede bedeutungsvolle und vollkommene Erfahrung eine zugrundeliegende Praxis erfordert, keine ästhetische Erfahrung unabhängig von der Kunstpraxis möglich ist. Obwohl die ästhetische Erfahrung in ihrer Unmittelbarkeit spontan erscheinen mag, hängt sie immer (darauf besteht Dewey selbst) von einem Hintergrund vorangegangener Wahrnehmungen, die die Orientierungen vorstrukturieren und von bereits festgelegten Bedeutungen, die wiederum selbst Hintergrundpraktiken einschließen, ab. Daraus folgt aber lediglich, daß *irgendeine* Hintergrundpraxis nötig ist, und dies muß nicht notwendig die spezielle Hintergrundpraxis der Kunst sein, wie sie historisch und zersplitternd definiert ist.

Der zweite Einwand baut auf der Tatsache auf, daß der Begriff »ästhetisch« (trotz seines griechischen Ursprungs) erst im achtzehnten Jahrhundert geprägt wurde. Dies geschah im Verlauf desselben Prozesses der Ausdifferenzierung der kulturellen Bereiche (in den wissenschaftlichen, den praktisch-moralischen und den künstlerischen Bereich), der auch unsere moderne Auffassung von Kunst als der engeren Praxis der schönen Kunst hervorgebracht hat. Sollte das ganze Konzept des »Ästhetischen« nie existiert haben, bevor die Kunst in der Moderne als eine nach Bereichen eingeteilte eigene Praxis etabliert wurde, dann hätte die ästhetische Erfahrung niemals ohne sie existieren können und bliebe von ihr abhängig. Somit leitet die ästhetische Erfahrung, auch wenn sie sich auf die Natur konzentriert, ihre besondere Stellung und Qualität von den wertschätzenden Haltungen, die sie von der modernen Kunstpraxis gelernt hat, ab und kommt im wesentlichen nicht über sie hinaus.[21]

Dieser Einwand ist äußerst problematisch. Denn selbst wenn erstens feststeht, daß das Aufkommen der ästhetischen Erfahrung historisch von der modernen Entwicklung des Kunstbegriffs und der Kunstpraxis abhängt, muß das in keiner Weise bedeuten, daß sie auch heute noch völlig in dieser Praxis aufgeht. Dies zu folgern hieße, einem groben Entstehungsurteil aufzusitzen, besonders, wenn wir bedenken, wie vielfältig und manchmal antithetisch die Kunstpraxis und der Begriff des Ästhetischen sich seither entwickelt haben. Zweitens wäre die Behauptung, es habe keine ästhetische Erfahrung geben können, bevor wir das Wort »ästhetisch« besaßen, eine dumme linguistische Wende. Mit dieser Art von Logik müßten wir auch behaupten (wie Collingwood es getan hat), daß die sogenannten griechischen »Künste« nicht wirklich Kunst waren: sie wurden als *techne* und *poiesis* bezeichnet, da es die moderne Kunstauffassung und Kunstpraxis (oder auch nur deren lateinische Wurzeln) schlicht noch nicht gab. Dies ist, als würde man behaupten, daß niemand an Blinddarmentzündung leiden konnte, bevor die Krankheit als solche diagnostiziert und benannt worden war. Erfahrungen des Schönen und Erhabenen gab es jedoch zweifellos auch schon vor der Geburt des Ästhetischen im achtzehnten Jahrhundert, aber deshalb können sie nicht vernünftigerweise aus dem Bereich der ästhetischen Erfahrung ausgeschlossen werden. Tatsächlich wurde der Terminus »ästhetisch« eingeführt, um diese bereits existierenden Erfahrungen zu erklären und zu strukturieren, die von zu unterschiedlicher Qualität waren, um unter die Begriffe »Schönheit« oder »Erhabenheit« subsumiert zu werden, zu bedeutungsreich, um als bloßer Geschmack beschrieben zu werden, und offensichtlich zu weitreichend, um in der Kunstpraxis aufzugehen.[22]

Natürlich haben die bedeutenden Ästhetiktheoretiker aber auch nicht einfach den bekannten Erfahrungen, die in schöner Eintönigkeit seit Anbeginn der Menschheit existiert hatten, einen neuen Namen gegeben. Denn die ästhetischen Erfahrungen bilden nicht eine ontologische Klasse oder eine natürliche Gattung mit irgendeinem unwandelbaren substantiellen Wesen. Indem sie die Erfahrungen von Schönheit, Erhabenheit und ähnlichem als »ästhetisch« bezeichneten und die Bedeutung dieser Charakterisierung definierten, versuchten die Ästhetiktheoretiker auch, diese Erfahrungen in bestimmte bevorzugte Richtungen zu entwickeln und umzuformen. Es überrascht nicht, daß die meisten Philosophen die ästhetische Erfahrung gerne auf die wachsende Rationalität und Geistigkeit bezogen; und eine Art, dies voranzutreiben, war, die Kunst von der robusten Materialität der natürlichen Schönheit wegzulocken und ihre Zukunft der Praxis der schönen Kunst anzuvertrauen, deren rational zweckvolle Herstellung von Gegenständen nicht bezweifelt werden konnte und deren vergeistigendes Potential durch Jahrhunderte der religiösen Kunst bereits belegt worden war. Diese schwungvolle Richtungnahme auf eine ästhetische Entkörperung und Entnaturalisierung hin wurde mit Hegel offenbar, der nicht nur die Kunstschönheit über die Naturschönheit erhob, sondern auch die Künste nach ihrer Unabhängigkeit von der Materie anordnete, wobei die Poesie als die idealste Kunst den höchsten Rang erhielt; und eben diese Richtungnahme begründete die Ansicht, daß die ästhetische Erfahrung von einer historisch definierten Kunstpraxis umgrenzt ist und von ihr abhängt.

(2) Die ästhetische Erfahrung der Kunstpraxis anzuvertrauen, stellt nicht nur eine Beschränkung dar; dies ist in immer stärkerem Maße der Fall, weil diese Praxis fast paradoxerweise zu wachsen scheint, während sie immer enger und spezialisierter wird. Die beschränkenden und ausschließenden Tendenzen, die der Kunst als einer historisch definierten Praxis eigen sind, stellen eine weitere Gefahr bei der Definition der Kunst als solcher Praxis dar. Schloß der Kunstbegriff einst eine breite Vielfalt von Kunstfertigkeit, Ausbildung, Handwerk und Technik ein, so ist er heute der Praxis der schönen Kunst, wie in seiner Einteilung in Bereiche durch die Moderne zugrundegelegt wird, vorbehalten. Diese einengende Zerlegung der Kunst kann vielleicht als wohltuende und klärende Präzision des Begriffs verteidigt werden. Aber, wie Dewey sagen würde, die schwindende Abtrennung der Kunst als schöner Kunst reflektiert und bestärkt eine fehlerhafte Trennung zwischen praktischer (Hand)arbeit (die an sich für unangenehm erachtet wird) und ästhetischer Erfahrung (die man für genußvoll, aber funktionslos hält) in der modernen Gesellschaft – eine Trennung, die sich allzuoft in schmerzhaft unästhetischem Bemühen und nutzlos irrelevanter schöner Kunst niederschlägt.[23]

Die scharfe Trennung der schönen Kunst vom herstellenden Handwerk beruht auf der grundlegenden Opposition zwischen dem Praktischen und dem Ästhetischen, die in Frage gestellt werden muß. Denn es kann kein Zweifel daran bestehen, daß praktische Arbeit auf ästhetische Weise angegangen und genossen werden kann (man denke nur an Hobbys wie Tischlern, Töpfern und

Angeln), genauso wie ästhetische Anstrengungen klarerweise auch praktischen Zwecken dienen können (wie etwa romantische Liebe, religiöse Verehrung, soziale Feste usw.). Wenn es sich nicht einfach um ein übriggebliebenes Vorurteil, das wiederum auf einem nicht mehr bestehenden Klassenunterschied basiert, handelt (nämlich den Unterschied zwischen einer Arbeiterklasse, die mit Schwerstarbeit zu überbelastet ist, um die Dinge ästhetisch zu betrachten, und einer Freizeitklasse, die sich weit entfernt vom praktischen Leben eitlen Freuden hingibt), dann beruht die angenommene Opposition ästhetisch/praktisch auf der Fehlinterpretation einer funktionalen Unterscheidung zwischen Mitteln und Zwecken als fundamentaler, ausschließlicher Trennung zwischen den beiden. Indem sie die Mittel mit bloß äußerlichen und zwingenden kausalen Bedingungen zu einem Zweck verwechselt, geht diese Opposition fälschlicherweise davon aus, daß etwas, das als Mittel fungiert, nicht auch als Ziel freiwillig gewählt und genossen werden kann; sie übersieht auch, daß sich die Mittel als ein wichtiger Beitrag zu dem Ziel, zu dem sie dienen, auch genießen lassen.[24] Die Mittel der Malerei (ihre Farben, Linien und darstellerischen Formen) sind nicht einfach äußere kausale Bedingungen des vollendeten Ziels der ästhetischen Erfahrung; sie sind deren integrale Bestandteile. Das sanfte Handhaben und das Beschleunigen eines Sportwagens sind Werkzeuggebrauch und eine Quelle unmittelbarer Befriedigung durch das Erlebnis des Fahrens zugleich. Wenn diese befriedigende Integration, wie Dewey dachte, charakteristisch für die ästhetische Erfahrung ist, und wenn eine solche Befriedigung sich sowohl in der Kunst der Technik als auch in den schönen Künsten finden läßt, dann gibt es keine ästhetische Rechtfertigung für die scharfe Trennung zwischen den beiden, und es besteht auch kein Grund, die industrielle und kommerzielle Kunst nicht zu genießen, nicht die hohen ästhetischen Standards an sie anzulegen und auf ihnen zu bestehen. Es gereicht der Macht der ästhetischen Erfahrung über die aufsplitternden Tendenzen der ästhetischen Theorie und der schönen Kunst hinaus durchaus zur Ehre, daß Industriedesign und kommerzielle Produkte ästhetisch selbstbewußter und lohnender geworden sind.

Das verarmende Schrumpfen der Kunst findet mit seiner modernen Schubladen-Reduktion auf die Praxis der schönen Kunst noch kein Ende. Denn unsere Auffassung der schönen Künste selbst scheint sich auf fortschreitende Verengung und ausschließende Spezialisierung festgelegt zu haben, besonders, wenn diese durch ihre Geschichte definiert wird. Denn die schöne Kunst, sofern sie historisch definiert wird, heißt schöne Kunst, die Kunstgeschichte macht, was wiederum bedeutet, daß Kunst und ihre rechtmäßige Erfahrung wesentlich auf die Tradition der hohen Kunst und ihrer Elite, die epochemachende Avantgarde, beschränkt wird. Durch das, was Danto »historische Gebote« nennt, in denen künstlerische »Leistung in der Produktion von etwas besteht, was anerkanntermaßen eine Innovation bildet«, hat der Fortschritt der Kunst zumindest in diesem Jahrhundert die fortschreitende Entfremdung von der wertschätzenden Erfahrung der meisten Menschen bedeutet.[25]

So unterschiedliche Philosophen wie Adorno und Ortega y Gasset erklären unerschrocken, daß moderne Kunst »ihrem Wesen nach unpopulär«, sogar »antipopulär« sein müsse, da sie wesentlich mit der Avantgarde des künstlerischen Fortschritts identifiziert werde. Sogar, um überhaupt traditionell zu sein, muß sie fortschrittlich neu sein, da eine solche Neuheit in die Tradition eingebaut ist; »[d]er gesellschaftlich fortgeschrittenste Stand der Produktivkräfte, deren eine Bewußtsein ist, das ist im Inneren der ästhetischen Monaden der Stand des Problems«.[26] Das Ergebnis ist, daß die neue Kunst nur »einer besonders begabten Minderheit«, »einer privilegierten Adelsschicht der verfeinerten Sinne« zugänglich ist; ihre Erfahrung ist dem »nicht Spezialisierte[n]« zu Recht nicht zugänglicher, als es »die jüngsten Entwicklungen in der Kernphysik« sind. Da Adorno (im Gegensatz zu Ortega) die Kunst letztlich noch immer als Kraft der menschlichen Solidarität und Befreiung sehen will, besteht er darauf, daß sie »einzig noch durch konsequente Arbeitsteilung hindurch ihre humane Allgemeinheit irgend zu realisieren [vermag]«: der voranschreitenden Tradition der hohen Kunst. »[A]lles andere,« so sagt er, »ist falsches Bewußtsein«, weil es sich gegen das Fortschreiten des geschichtlichen Prozesses stelle, der die Kunst definiert. Was auch immer der mehr populären Erfahrung und dem weniger gebildeten Verständnis zusagt, wird in ein sub-künstlerisches Reich verbannt und abwertend als Kitsch, Unterhaltung oder »Industrie« der populären Kultur betitelt. Ihrer Wertschätzung und dem Status derer, die sie wertschätzen, werden die kulturellen Rechte abgesprochen, so daß die Kunst, statt die menschliche Gesellschaft mit ihrer kommunikativen Kraft zu vereinen, sie schließlich in die privilegierten Kenner der wahren Kunst einerseits und die blinde Masse, die sich von ihrem heuchlerischen Ersatz betören läßt, andererseits, aufspaltet.

An sich ist an der Spezialisierung, Gelehrsamkeit und dem avantgardistischen Impuls der hohen Kunst nichts auszusetzen; es wäre ein deutlicher Verlust, den edlen Bau der hohen Kunst zu schleifen, um dem populistischen Drängen auf Angleichung nachzukommen. Das Problem besteht in der ausschließenden Annahme, daß diese Tradition den Bereich der legitimen Kunst und der ästhetischen Erfahrung bereits erschöpfe. Diese Annahme scheint unwiderleglich, wenn Kunst im Sinne von Kunstgeschichte definiert wird, die normalerweise die Geschichte der hohen Kunst durch deren fortschreitende, epochemachende Transformationen (auch wenn viele dieser Transformationen durch die Energie und den Inhalt der populäreren Kultur angetrieben worden sein dürften) darstellt. Wenn wir jedoch die ästhetische Erfahrung – und nicht kunsthistorische Referenzen – als wesentlich für die Kunst auffassen, dann haben wir eine stabile Basis, von der aus wir gegen die einengenden, ausschließenden Tendenzen in der institutionellen Kunstgeschichte angehen können. Wenn Danto recht hat, ist dies eine Geschichte, die den fortschreitenden Pfad der Selbstreinigung bis zum Extrem der Selbstauflösung beschritten hat. So können wir als legitime Kunst aufgrund legitimer ästhetischer Erfahrung etwas einlösen, dem offizielle Kunstgeschichte und klassenprivilegierten Institutionen lange die künstlerische Ehrbarkeit aberkannt haben; dabei braucht die ästhetische Erfahrung nicht ausschließlich im Sinne der historisch dominanten Ästhetik der hohen Kunst legitimiert zu werden, sondern vielmehr aus der kraftvollen und erfüllenden Erfahrung heraus, die sie zu bieten vermag.

(3) Zwei letzte Probleme der Gleichsetzung von Kunst und ihrer historisch definierten Praxis betreffen die Zwänge, die theoretisch, lange vor der modernen Verbindung zwischen hoher Kunst und ihrer Avantgarde, auf diese Praxis ausgeübt wurden. Das erste Problem besteht in der Definition von Kunst als einem Gegenstand, der wesentlich von der Realität oder vom Leben verschieden ist. Das zweite Problem besteht in der Definition von Kunst als einer Praxis des Herstellens, deren Ziele als unabhängige Gegenstände wahrgenommen werden, die von dem, was sie bei den Menschen, die sie hervorgebracht haben, bewirken, abgetrennt sind. Während Platons Mimesistheorie für das erste Problem verantwortlich ist, führte die aristotelische Klassifizierung der Kunst als *poiesis* (Herstellen) im Gegensatz zu *praxis* (Handeln) zum zweiten. Diese beiden theoretischen Entscheidungen dienten – natürlich – der Entmündigung der Kunst gegenüber anderen Bereichen wie Philosophie, Ethik und Politik, von denen man annahm, daß sie wirklich etwas mit der Realität und dem Handeln zu tun haben und sie nicht in künstlich hergestellten Gegenständen bloß nachahmen. Haben diese beiden Manöver die Rolle und die Wertschätzung der Kunst beschränkt, so können einige der Schwierigkeiten, die sie mit sich bringen, am besten dadurch behoben werden, daß wir betonen: Kunst ist Erfahrung.

(a) Der Abgrund, den Platon arglistig zwischen Kunst und Wirklichkeit aufgetan hat, ist zu einem unhinterfragten Dogma geworden, das durch viele Kunstwerke selbst thematisiert und bekräftigt wurde. In einer Hinsicht jedoch ist die Idee, die diesen Abstand rechtfertigt, ganz offensichtlich falsch: Kunst ist unzweifelhaft wirklich; sie existiert konkret in unserer Welt und unserem Leben, für viele von uns als ein geschätzter und unersetzbarer Teil dessen, was wir gutes Leben nennen würden.

Die angebliche Trennung der Kunst von der Wirklichkeit dient nicht allein dazu, sie als kognitiv wertlos zu brandmarken, sondern auch dazu, ihre Ausübung vom alltäglichen Leben und vom soziopolitischen Handeln zu isolieren, indem sie wegen ihrer Fiktionalität als an sich unpraktisch verworfen wird. So blieb die eigentliche Rolle und Wertschätzung der Kunst trotz des hohen Wertes, den moderne Ästhetiker ihr schließlich beimaßen, aus den kognitiven und praktisch-ethischen Bereichen ausgeschlossen; die Kunst befand sich statt dessen in der Quarantäne eines ästhetischen Bereichs, der nach Kant wesentlich durch seine vollkommene Interesselosigkeit, durch »völlige Gleichgültigkeit in Ansehung der Existenz«[27] der Gegenstände gekennzeichnet war. Diese Sichtweise straft nicht nur die Bemühungen jener Künstler Lügen, die unsere Welt zu verändern suchten, indem sie unsere Einstellungen verändern wollten. Sie ermutigt auch Praxis und Rezeption von Kunst als etwas an sich Zwecklosem und Überflüssigem. Durch die Mißachtung der breit gestreuten kognitiven und sozialen Möglichkeiten der Kunst hat sie die Zerrbilder vom Künstler als einem isolierten Träumer und sozial Abtrünnigen und vom wahren Ästheten als leichtfertigem Dandy und Prasser inspiriert.

Schließlich führte die historische Trennung von Kunst und Leben zur verarmenden Ent-Leibung der ästhetischen Erfahrung, indem ihre Verbindung mit leiblichen Energien und Begierden zurückgewiesen wurde, indem die ihr eigene Freude im Gegensatz zu den sinnlichen Freuden des Lebens definiert wurde. Seit Kants Bestimmung, daß das ästhetische Vergnügen völlig »unabhängig von Zauber und Gefühl« sei und »keine empirische Befriedigung mit seinem Bestimmungsgrund vermischt sein« darf, hat die philosophische Ästhetik die Erfahrung der Kunst auf einen Weg der körperlosen Vergeistigung gesetzt, auf dem kräftiges und weithin geteiltes wertschätzendes Genießen weg-verfeinert wird zu der blutleeren und distanzierten Kennerschaft einiger weniger. Wenn die rechtmäßigen Freuden der hohen Kunst zu geisterhaft und zu asketisch für die meisten geworden sind, werden die Ausdrucksformen, die uns die stärkste Freude vermitteln, typischerweise zur bloßen Unterhaltung herabgestuft.

Die Auffassung von Kunst als Erfahrung kann als Antwort auf all diese Probleme, die sich aus dem angenommenen Abstand zwischen Leben und Kunst ergeben, verstanden werden. Als Erfahrung ist die Kunst offensichtlich ein Teil unseres Lebens, ein besonders lebendiger Teil der von uns erfahrenen Wirklichkeit und nicht bloß deren fiktionale Nachahmung. Da zweitens die Erfahrung die unterschiedlichen Motive und umgebenden Materialien, die im Kontext unseres Verhaltens beggnen, verbinden muß, und da wir uns jedem Zusammenhang als zweckorientierte Betrachter nähern, sollten der Kunsterfahrung kognitive und praktische Elemente zugestanden werden, ohne daß sie deswegen ihren legitimen Anspruch als künstlerische oder ästhetische Erfahrung verliert. Dewey macht diese Überlegung ganz klar. »Ästhetische Erfahrung ist immer mehr als ästhetisch.« Ihre unterschiedlichen Materialien, die selbst nicht ästhetisch sein müssen, werden »ästhetisch, sobald sie in eine geordnete rhythmische Bewegung auf Vollendung hin eintreten. Das Material selbst ist in hohem Maße menschlich« (einschließlich des »Praktischen, des Sozialen und des Erzieherischen«), und die Funktion der Kunst besteht darin, sie in ein zufriedenstellend kohärentes Ganzes zu formen.[28] Während die Kunst als eine Sammlung sakralisierter Objekte in Museen eingesperrt werden kann, abgetrennt vom übrigen Leben, läßt sich dasselbe nicht von der Kunsterfahrung behaupten, deren Auswirkungen in unsere anderen Beschäftigungen einfließen und sie verbessern. Letztlich stellt Deweys Betonung der Kunsterfahrung als einem völlig in das Leben eingebetteten Genuß, der den ganzen Menschen (»the whole creature in his unified vitality«) beschäftigt und reich an sinnlichen und emotionalen Befriedigungen ist, die vergeistigende Reduktion der ästhetischen Freude auf ein rein intellektuelles Vergnügen in Frage.

(b) Plato verdammte die Kunst teilweise deswegen als trügerisch unwirklich, weil er ihre Macht fürchtete, in die menschliche Seele einzudringen, sie zu vergiften und auf diese Weise das eigentliche Handeln zu verderben. Das künstlerische Schaffen und die Wertschätzung wurden beide als eine Form von Irrationalität aufgefaßt. Künstler und Publikum gerieten dabei in die Verkettung eines von der Muse initiierten göttlichen Banns. Aristoteles' Verteidigung reagiert mit der Trennung der Kunst von Charakter und Handeln, indem er die Kunst als eine rationale Aktivität des äußeren Herstellens auffaßt – als *poiesis*. Genau wie die Herstellung eines bestimmten Gegenstandes mittels einer produktiven Fertigkeit war jedoch die poetische Aktivität streng von der überlegenen Aktivität des praktischen Handelns (oder der *praxis*) unterschieden, die sich sowohl vom inneren Charakter des Handelnden herleitet und ihn zugleich zu formen hilft. Während das künstlerische Herstellen sein Ziel außerhalb seiner selbst und des Herstellenden hat (da sein Ziel und Wert in dem Hergestellten selbst liegen), hat die Handlung ihr Ziel sowohl in sich als auch im Handelnden, der selbst durch die Art seines Handelns betroffen ist, angeblich jedoch nicht durch das, was er herstellt (*Nikomachische Ethik*, 6. Buch, 1140 a 1 – b25).

Seit Aristoteles ist die Praxis der Kunst von diesem Modell des Herstellens bestimmt worden, und ihre verzerrte Einseitigkeit macht es nötig, die Kunst als Erfahrung neu zu denken, um das Gleichgewicht wiederherzustellen. Die Konzentration auf das Modell des Herstellens hat zur Fetischisierung von Kunstgegenständen geführt, die kaum Rücksicht auf deren tatsächlichen Gebrauch in der wertschätzenden Erfahrung nimmt; enorme Summen werden für die Anschaffung und den Erhalt von Kunstwerken aufgebracht, während so gut wie kein Geld für die ästhetische Erziehung aufgewandt wird, die diesen Werken einen größeren und bereichernden Einfluß auf das Leben von mehr Menschen verschaffen könnte. Darüber hinaus vernachlässigt die Gleichsetzung von Kunst mit der Herstellung bestimmter Gegenstände, die völlig unabhängig von den sie hervorbringenden Künstlern sind, nicht nur diejenigen künstlerischen Ausdrucksformen, bei denen man schwerlich von solch einem bestimmten, unabhängigen Werk sprechen kann (wie etwa im Improvisationstanz), sondern übersieht auch – was noch schlimmer ist – die unleugbaren Auswirkungen, die die Kunst sowohl auf die sie Schaffenden als auf deren Publikum hat. Wenn wir die Kunst als Erfahrung statt als äußeres Herstellen neu denken, werden wir daran erinnert, daß das künstlerische Schaffen selbst eine mächtige Erfahrung ist, den Künstler und das Werk ihrerseits formt.

Schließlich legt das Herstellungs-Modell der Kunst eine essentielle Trennung von Künstler und Publikum nahe, zwischen dem aktiven Hersteller oder Autor und dem betrachtenden Empfänger oder Leser. Eine Möglichkeit, diesen beunruhigenden Abstand zu überbrücken, besteht darin, die Wertschätzung als schöpferisches Herstellen, in dem der Leser das Werk aktiv rekonstruiert, neu zu fassen; darauf besteht Dewey (*KE* 318 und 337-78). Das Produktionsmodell der Kunst als äußerer Herstellung jedoch, kommt es mit dem institutionellen und professionellen Druck akademischer Kritik zusammen, hat neuerdings zu der radikaleren Sichtweise geführt, daß rechtmäßige Wertschätzung ausschließlich mit der Herstellung neuer Texte identifiziert werden soll, so daß die einzige wertvolle Form des Lesens im überarbeitenden Neuschreiben besteht: darin, den Text dazu zu bringen, das zu sagen, was wir wollen, indem wir einen Text herstellen, der transformierende Interpretation ist. Diese Reduktion der Wertschätzung auf selbstbestätigende kritische Produktion versagt uns die Bereicherung und Freude, die uns die Unterwerfung unter die Alterität und Verführungskraft der Kunst gewährt. Ihr Ideal der beherrschten Produktion spiegelt das Bild vom Künstler als einem Macher wider, der genau weiß, was er hervorbringen möchte, und der den Herstellungsprozeß vollkommen unter Kontrolle hat. Und während dieses »Macho«-Modell des Herstellens eine nützliche Reaktion auf Platons verdammende Sicht der Kunst als passivem und irrationalem Bann durch die Gottheit war, so bleibt es dennoch fälschlicherweise partiell und wird durch das Zeugnis der Künstler eloquent widerlegt, die Elemente von Unterwerfung unter die Inspiration und den Verlust der Kontrolle im Verlauf des kreativen Prozesses anerkennen.[29]

Die Kunst als Erfahrung neu zu denken überwindet die strittige Unausgewogenheit und Einseitigkeit dieser beiden Sichtweisen, indem es deren gegensätzliche (*gender-linked*) Prinzipien als notwendige und einander ergänzende Momente von Erfahrung miteinander verbindet. Denn Erfahrung erfordert, darauf besteht Dewey, sowohl rezeptives Erleben als auch produktives Tun, sowohl In-sich-Aufnehmen als auch mitgehendes Rekonstruieren dessen, was erfahren wird – des Prozesses, in dem das erfahrende Subjekt sowohl selbst formt als auch geformt wird. Die Idee der Erfahrung wird dem Reichtum der Kunst besser gerecht und verbindet Künstler und Publikum in ein und demselben zweifachen Prozeß. Kunst ist in ihrem Geschaffenwerden und in ihrer Wertschätzung sowohl gerichtetes Herstellen als auch offenes Empfangen, sowohl kontrolliertes Bauen als auch gebanntes Aufnehmen.

Fünf

Wir haben nun einige gute Gründe dafür vorgelegt, die Kunst im Sinne der ästhetischen Erfahrung neuzubestimmen. Aber es ergeben sich natürlich auch Probleme.[30] Hier können wir nur auf einige eingehen.

(1) Ein Problem besteht darin, daß die ästhetische Erfahrung zu unzuverlässig zu sein scheint, um große erklärende Kraft zu besitzen. Obwohl sie unleugbar existiert, existiert sie doch nicht als etwas, das wir klar isolieren und bestimmen können; somit definieren wir das vergleichsweise Klare und Bestimmte durch etwas undeutlich Flüchtiges und Unbestimmbares, wenn wir die Kunst als ästhetische Erfahrung definieren.

Dewey ist in dieser Frage auf wenig hilfreiche Weise inkonsistent. Einerseits gibt er eine lange und ausführliche Erörterung der ästhetischen Erfahrung und ihrer charakteristischen Merkmale und legt damit nahe, daß sie angemessen definiert werden *kann*. Danach erfordert die ästhetische Erfahrung den ganzen lebendigen Menschen und unterstützt die integrative Einheit in der Vielheit, sowohl in sich selbst als auch in der Verbindung mit der übrigen Erfahrung (*KE* 47-61, 76-80, 193); sie ist vergleichsweise intensiv und gesteigert, mit einer besonderen durchdringenden Qualität versehen, die ihre einzelnen Teile in ein wohlgegliedertes Ganzes zusammenbringt (*KE* 31-34, 45-46, 227-232); sie ist aktiv und dynamisch, mit rhythmischem, prozeßhaftem Fortschreiten, das Momente vergleichsweiser Ruhe mit sich bringt (*KE* 72-76, 183-187, 206); sie wird durch Hindernisse und Widerstand geformt, die es ihr ermöglichen, sich ästhetisch auszudrücken, statt einfach emotional zu sein (*KE* 80); sie ist eine befriedigende Erfahrung, in der Mittel und Zwecke, Subjekt und Objekt, Tun und Erleiden, in einer Einheit aufgehoben sind (*KE* 69-71, 165-68, 234-37, 296-99); insgesamt ist sie eine »unmittelbare Erfahrung«, deren Wert »direkt erfüllt« ist und nicht auf einen anderen Wert oder eine andere Erfahrung verschoben werde (*KE* 104, 142-51). Dewey definiert sie sogar als »Steigerung, Spannung, Erhaltung, Erwartung und Erfüllung als formale Merkmale der ästhetischen Erfahrung« (*KE* 149).

Auf der anderen Seite scheint er auch ganz klar der Undefinierbarkeit (und tatsächlich der diskursiven Un-Wißbarkeit) der ästhetischen Erfahrung verpflichtet zu sein. Denn, obwohl er für die Unmittelbarkeit ästhetische Notwendigkeit beansprucht, besteht er zugleich darauf, daß jede solche qualitative Unmittelbarkeit der Existenz sich nicht ausdrücken ließe, man könne mit Wörtern auf sie zeigen, sie aber nicht beschreiben oder definieren (*EN* 73). Wenn Dewey später über die besondere Qualität spricht, die durchdringend vereint und somit eine Erfahrung als ästhetische Erfahrung konstituiert, dann sagt er tatsächlich, sie könne nur gespürt werden, d. h. unmittelbar erfahren und ließe sich nicht beschreiben noch könne man auf sie zeigen – denn was immer an einem Kunstwerk besonders sei, gehöre zu seinen spezifischen Unterschieden. (*KE* 227 f.).

Ist die ästhetische Erfahrung wirklich ihrem Wesen nach undefinierbar, dann werden wir mit dem Versuch, die Kunst in diesem Sinne erklären zu wollen, nicht weit kommen.[31] Schlimmer noch: eine solche Definition kann zu Verwirrungen in der Ästhetik führen, die denen vom »Mythos des Gegebenen« in der Epistemologie gleichkommen, bei dem die Gewißheit des Zeugnisses der Erfahrung von deren vollkommener Stummheit abhängen. Bei der Definition der Kunst als ästhetischer Erfahrung könnten wir meinen, ein wirksames Kriterium für die Klassifizierung von erfahrenen Gegenständen und Ereignissen in »Kunst« und »Nicht-Kunst« mit Hilfe ihrer Erfahrungseffekte und Möglichkeiten gewonnen zu haben. Darüberhinaus sind wir bei der Definition von ästhetischer Erfahrung als der Quelle des Wertes von Kunst versucht, die Erfahrung als einen Bewertungs- und Einordnungsstandard für Kunstwerke aufzustellen. Selbst ein so vorsichtiger Philosoph wie Monroe Beardsley ist dieser Versuchung erlegen. Vielleicht als einziger bedeutender analytischer Ästhetiker, der die Erfahrungstheorie Deweys schätzt, sagt Beardsley, daß wir unsere Werturteile und Einordnungen von Werken letztlich als ihre Fähigkeit beschreiben könnten, die ästhetische Erfahrung von

»einer ziemlich beachtlichen Größe« zu erzeugen; je höher die Größe dann ist, desto besser ist auch das Werk.[32]

Die Unformulierbarkeit ihrer reichen, raschen Unmittelbarkeit einmal gegeben, ist die ästhetische Erfahrung als Rechtfertigungsstandard für das kritische Urteilsvermögen jedoch nicht angemessen. Wie sollen wir die Größen einer Erfahrung messen (geschweige denn mitteilen), die nicht einmal richtig definiert werden kann oder sich zum Zwecke des Messens eingrenzen ließe? Der Kritiker hat keine Möglichkeit, dieses Urteil durch bloßen Verweis auf seine unmittelbare Erfahrung anderen zu beweisen. Eine solche Erfahrung ist in ihrer wesenhaften Unmittelbarkeit und zitternden Vergänglichkeit nicht diskursiv aufzeigbar oder als Beweis zu konservieren. Natürlich kann man versuchen, das eigene Urteil durch Beschreibungen des Werks zu rechtfertigen, die darauf zielen, im Leser eine ähnliche Erfahrung herbeizuführen, dies geht jedoch bereits sehr viel weiter als die bloße Berufung auf die unmittelbare Erfahrung.

Dies bedeutet jedoch wie gesagt nicht, zu bestreiten, daß die Befriedigung, die in der ästhetischen Erfahrung erlebt wird, nicht eine Art des direkten auf unsere Reaktion abstellenden Beweises des Werts von Kunst bietet, die sowohl für das Verständnis der Kunst als auch für unsere Einstellung auf die Kunst äußerst wichtig sind. Erkennen wir dies an, müssen wir auch anerkennen, daß ein solcher nicht-propositionaler Beweis nicht die ernsthafte, detaillierte epistemologische Aufgabe kritischer Rechtfertigung übernehmen kann; die Übertragung in propositionale Aussagen erbrächte wenig mehr als die Aussage, daß die Kunst (oder ein beliebiges Kunstwerk) wertvoll sei, weil sie eben so erfahren wurde – keine besonders starke Aussage.[33] Warum sollten wir also angesichts ihrer geringen Erklärungskraft die Kunst mittels der ästhetischen Erfahrung bestimmen?

Die Antwort Deweys ist nicht zu denken ohne eine Neufassung der philosophischen Definition und Theorie auf entschieden pragmatistische Weise, die sich nicht hauptsächlich auf die Lösung abstrakter philosophischer Rätsel richtet, sondern uns dahin bringen möchte, mehr und bessere konkrete Güter in der Erfahrung zu erreichen – wobei die intellektuelle Befriedigung durch philosophische Abstraktionen von solchen Erfahrungsgütern nicht ausgeschlossen ist. Dewey war nicht auf der Suche nach einer traditionellen Verpackungstheorie der Kunst, die eine formale Definition ausgäbe, die dann die notwendigen und hinreichenden Bedingungen oder irgendeinen Algorithmus der Kunst bietet, um ihre Werke zu klassifizieren oder zu bewerten, da er fand, daß »uns formale Definitionen kaltlassen« (*KE* 155).³⁴ Statt dessen war er der Ansicht, daß eine Definition dann gut sei, wenn sie in die Richtung zeigt, in der wir uns auf eine Erfahrung zubewegen. Eine gute Kunstdefinition sollte uns wirksam zu mehr und besserer ästhetischer Erfahrung führen.

Die Definition von Kunst als Erfahrung bietet uns schnell mindestens zwei Wege, dies zu tun. Erstens legt sie uns nahe, die ästhetische Erfahrung in unserem Umgang mit der Kunst zu suchen und zu kultivieren, indem sie uns daran erinnert, daß es die *Erfahrung* ist, worum es in der Kunst letztlich geht (und nicht das Sammeln oder die Kritik). Zweitens hilft sie uns dabei, jene Ausdrucksformen zu erkennen und zu bewerten, die uns ästhetische Erfahrung bieten, dies aber bei weitem besser tun könnten, könnten sie als rechtmäßige Kunst wertgeschätzt und kultiviert werden. Die Kunst als Erfahrung neu zu denken, ist der Grund für meinen Versuch, die künstlerische Rechtmäßigkeit der populären Kultur zu verteidigen (Kapitel 3 und 4), und sie liegt auch dem ethischen Anliegen zugrunde, durch die Gestaltung des Lebens als Kunst die Schönheit zu leben (in Kapitel 5 skizziert). Kurz gesagt, die Kunst als Erfahrung neu zu definieren befreit sie vom beengenden Würgegriff der institutionell abgeschiedenen Praxis der schönen Kunst. Einmal nicht mehr auf bestimmte traditionell privilegierte Formen und Medien (autorisiert und beherrscht durch die vergangene Praxis der historischen Kunst) festgelegt, öffnet die Kunst sich als zweckvolle Hervorbringung ästhetischer Erfahrung der dankbaren Aufgabe zukünftiger Experimente mit der ganzen Vielfalt des Erfahrungsmaterials des Lebens, die sie dann ästhetisch formt und verklärt.

(2) An dieser Stelle müssen wir uns einem weiteren Problem von Deweys Definition stellen: nämlich daß sein Versuch, die

Theorie praktisch werden zu lassen, selbst hoffnungslos unpraktisch ist, da seine revisionistischen Ziele auf Don-Quijotehafte Weise zu ehrgeizig sind. Die philosophische Theorie ist viel zu schwach auf der Brust, um auch nur annähernd das Ziel Deweys: eine Neudefinition der Kunst, erreichen zu können. Unser klassifikatorisches Begriffssystem der Kunst ist einfach viel zu tief verankert, als daß es sich mit einem so prinzipiellen Ansatz wie dem Deweys erfolgreich revidieren ließe. Es gibt keinen Weg, wie wir neu klassifizieren können, was als Kunst zählt – egal, wie erfindungsreich wir das, was wir haben, dem anpassen, was wir wollen. Nichts – außer vielleicht einem großem Durcheinander – kommt bei dem Versuch heraus, die begrifflichen Grenzen der Kunst neu zu ziehen, wenn sie im Sinne der ästhetischen Erfahrung neu definiert wird.

Diesem Argument läßt sich in zweifacher Weise entgegnen. Die erste besteht darin, daß Deweys *vorrangiges* Ziel (und sicherlich auch meines) nicht ist, eine weltweite Neuklassifizierung der Kunst herbeizuführen, sondern vielmehr, die ästhetische Erfahrung selbst stärker zu befördern. Die Definition der Kunst als Erfahrung kann dies leisten, ohne unsere Klassifikationsgewohnheiten zu ändern; sie fungiert einfach als überzeugendes rhetorisches Mittel, das bewirkt, daß wir uns auf die Erfahrungsdimension der Kunst konzentrieren und den ästhetischen Wert dessen schätzen lernen, das (noch) nicht als Kunst klassifiziert wird, aber sehr wohl klassifiziert werden könnte, wenn wir die Dinge nach ihrer befriedigenden Gebrauchserfahrung gruppieren könnten. Mag zweitens auch die vollständige Revision der begrifflichen Grenzen der Kunst sinnlos sein, so gibt es doch Grenzfälle, bei denen sich die klassifikatorische Einordnung ändern *kann*. Eine wichtige und umkämpfte Grenze betrifft die Ausdrucksformen der Kultur der Massenmedien, die normalerweise auf den Status der bloßen Unterhaltung herabgestuft werden. Hier könnte das Neudenken der Kunst als Erfahrung dazu beitragen, die künstlerische Legitimation einer Kunstform wie der Rockmusik herbeizuführen, die so häufig und so intensiv vielen Menschen unterschiedlicher Nationen, Kulturen und Schichten lohnende ästhetische Erfahrung gewährt.

In dieser engeren Zielsetzung weicht mein Vorhaben am stärksten von dem Deweys ab. Während er kühn dafür kämpfte, die weltweite Neubestimmung der Kunst als ästhetische Erfahrung durchzusetzen, indem er die entscheidenden Merkmale dieser unbeschreibbaren Erfahrung beschrieb, habe ich kein Interesse daran, das Undefinierbare zu definieren oder es als allgemeine philosophische Kunstdefinition zu etablieren. Wenn Deweys Definition einen Wert besitzt, dann liegt er nicht darin, eine Begriffsrevolution im großen Stil erreicht und unseren traditionellen Drang nach allgemeinen Definitionen befriedigt zu haben, sondern in ihrer richtungweisenden Geste auf eine Heilung bestimmter schmerzlicher Begrenzungen in der institutionellen Praxis der Kunst hin. Die Bemühung, all diese Krankheiten mit einer Definition von Kunst zu heilen, die noch einmal ganz von vorne anfangen will, war ein heldenhaftes Vorhaben. Solches Heldentum jedoch, so denke ich, wird besser bewundert und angewandt als streng nachgeahmt. Statt also Deweys totaler Begriffssuche zu folgen, lege ich mir im Geiste der stückweisen pragmatistischen Anstrengung die spezifischere Aufgabe vor, die Grenzen der Kunst für Formen der populären Kultur und der ethischen Kunst der Lebensgestaltung zu erweitern.

(3) Selbst meine bescheidenen Ziele jedoch werden von einem radikaleren Argument in Frage gestellt, das darauf besteht, daß jeglicher Versuch, den etablierten Kunstbegriff oder die Kunstpraxis durch theoretisches Eingreifen zu erneuern, nutzlos ist. Dieses Argument, das beunruhigenderweise aus den Reihen der Pragmatisten selbst kommt, besteht (in den Worten von Stanley Fish) darauf, daß »die Theorie keine Konsequenzen« für die Praxis habe, da sie ein »unmögliches Projekt« darstelle.[35] Sie ist in diesem alten begründenden Sinn unmöglich, nämlich als etwas Reines und von der Praxis Abtrennbares, das diese von oben herab beherrscht und gleichzeitig mit einem transzendentalen kognitiven Privileg und einem Mangel an praktischem Interesse ausstattet. Denn die Theorie, darauf besteht der Pragmatismus zu Recht, liegt immer, wie jede Form des menschlichen Denkens, in einer bestimmten Situation vor und wird von Zwecken geleitet, die diese Situation zu bestimmen helfen. Und die Situation, aus der heraus wir uns an

die Theorie wenden, hat typischerweise ein praktisches Problem oder einen praktischen Konflikt erzeugt und uns so weit gebracht, es mit Hilfe der Theorie lösen zu wollen. Die Theorie ist also nicht allein von praktischen Motiven durchsetzt, sie selbst beruht sogar auf der Praxis und konstituiert sie.

Ist Theorie als die transzendentale und kontextlose Enthüllung ewiger Wahrheiten nicht in der Lage, die Praxis anzuleiten – welche entscheidende Rolle kommt ihr dann noch zu? Es ist weitaus vernünftiger, die Theorie als eine verallgemeinerte, die bestehende kontingente Praxis zuverlässig abbildende Darstellung neu zu fassen – dies nimmt ihr jedoch auch ihre transformatorische Kraft; so wird die Kunsttheorie, wie wir gesehen haben, zu einer stummen Darstellung der Geschichte der Praxis der Kunst in zweiter Reihe. Die Theorie fällt, sofern sie nicht – was gar nicht möglich ist – von der Praxis losgelöst wird, schlichtweg mit der Praxis zusammen und bringt somit nicht die konstitutive Kraft auf, die Praxis neu auszurichten.

Dieses Argument übersieht nicht nur die greifbaren und bleibenden Auswirkungen der Theorie auf die tatsächliche Geschichte der Praxis, sondern vernachlässigt auch die Möglichkeit einer pragmatistischen Zwischenposition, die die Theorie zwischen transzendentalem Erkenntnisprivileg und dienender Ohnmacht ansiedelt und die sowohl den Vorrang der Praxis als auch die Kraft theoretischer Intervention anerkennt. Theorie wird hier als kritische, imaginative Reflexion der Praxis aufgefaßt, die aus der Praxis und den Problemen zweiter Ordnung, die die Praxis stets hervorbringt, erwächst: Rechtfertigungsprobleme, wie bestimmt werden kann, was eine eigentliche Praxis ausmacht und Probleme der Projektion, die sich darauf beziehen, wie die Praxis fortgesetzt oder verändert werden sollte. Die Theorie ist nicht nur in der Praxis als ihrem Hintergrund verwurzelt, sie wird auch ganz pragmatisch an ihren Ergebnissen für diese Praxis gemessen, die sie zu entwickeln und verbessern hilft. Ihre Feststellungen und Empfehlungen zur Veränderung erfreuen sich so keines privilegierten epistemologischen Status, der von sich aus der Praxis überlegen wäre; und sie verändern die Praxis nicht mit transzendentaler Feststellung oder apodiktischer Beweisführung, sondern durch die immer anfechtbare Überzeugung und den experimentellen Erfolg der von ihnen vorgeschlagenen Veränderungen in der Praxis.[36]

Es ist problematisch, zu bestreiten, daß diese nicht-fundamentalistische pragmatistische Theorie eine Rolle spielt. Darauf zu bestehen, daß wir uns ausschließlich auf Praxisfragen erster Ordnung beschränken, vernachlässigt die Tatsache, daß die bloße Unterscheidung zwischen Fragen erster und zweiter Ordnung selbst schon ein Ergebnis zweiter Ordnung, erzielt durch theoretisches Nachdenken, darstellt.[37] Mit Stanley Fish zu behaupten, alle kontroversen Fragen der Praxis, die vermeintlich abwägende theoretische Reflexion verlangen, ließen sich in »unmittelbar einleuchtender« Weise leicht lösen, sie träten »›natürlich‹ hervor – ohne zusätzliches Nachdenken – aus der eigenen Stellung als zutiefst in der Situation steckender Handelnder«, der oder die die Praxis »gründlich internalisiert« hat,[38] bedeutet, die offenkundige Tatsache zu übersehen, daß eine mühelose Antwort auf diese Fragen noch nicht erreicht worden ist. Denn die Debatte über Praxis tobt weiter, und sie tut dies, weil die internalisierte Praxis immer schon durch Konflikt gekennzeichnet ist und in unterschiedliche Richtungen weist. Die Aufgabe der Theorie besteht darin, diese unterschiedlichen Richtungen kritisch zu beurteilen und durch diese Kritik zu besseren Konzeptionen zu gelangen.

Fish hat natürlich recht damit, daß die bewußtseinsverschärfende kritische Reflexion »nicht notwendigerweise« zu irgendeiner Änderung der Praxis führt und daß ein solches verschärftes Bewußtsein und die Veränderung auch mit anderen Mitteln erreicht werden können.[39] Dies widerlegt jedoch in keiner Weise die Interventionskraft der Theorie; sie leugnet lediglich die Unwiderstehlichkeit und Ausschließlichkeit dieser Kraft. Was das Argument anbelangt, die Theorie könne die Praxis nicht leiten oder sich auf sie auswirken, weil »sie selbst eine Form von Praxis ist«, so beruht es schlichtweg auf einer Verwirrung über die logische Extension der Begriffe von Theorie und Praxis, weil es sie totalisiert und damit alle Differenzen zwischen unterschiedlichen Praktiken (die die Praktiken der Theorie einschließen)[40] einebnet. Die Tatsache, daß die *Theorie* der Kunst selbst eine *Praxis* ist, impliziert nicht, daß sie genau die Praxis ist, die sie theoretisch faßt (oder sich vollständig auf sie zurückführen ließe). Dies bedeutet nicht, zu leugnen, daß sie auf der Praxis der Kunst beruhen oder sie fortsetzen sollte.

Es bleibt noch ein weiteres pragmatistisches Argument für die radikale Ohnmacht der Theorie. Da die Theorie in bezug auf die bestehende Praxis strukturiert ist und sogar in bezug auf sie beurteilt wird, müssen ihre Vorstellungskraft und ihre kritische Perspektive durch den Horizont jener Praxis beschränkt sein und können somit nicht wirklich die Fähigkeit besitzen, sie umzuformen. Deswegen folgert Fish: »Keine Theorie kann eine Veränderung herbeiführen, die nicht schon irgendwie in der Praxis vorliegt.«[41] Praktiken, so betont er weiter, können sich nur durch ihre eigenen inneren Mechanismen ändern, da gleichgültig, was außerhalb des Systems von Überzeugungen der Praxis liegt, nicht als relevant und damit als annehmbar verstanden werden kann, und daher kann keine Veränderung der Praxis bewirkt werden, wenn diese Veränderung nicht verstanden und angenommen wird. Dieses Argument birgt jedoch zwei Probleme. Erstens: die vernünftige Annahme, daß nichts Neues verstanden werden kann, sofern es nicht mit einer bereits existierenden Struktur von Überzeugung und Praxis verbunden werden kann, wird fälschlicherweise mit der zweifelhaften Ansicht gleichgesetzt, daß alles, das verstanden wird, bereits eine *annehmbare* Stelle innerhalb dieser Struktur haben muß. Zweitens vernachlässigt das Argument nicht nur die tiefe Ungenauigkeit unserer Praktiken, sondern auch deren sich kreuzende, überschneidende und oft widersprüchliche Vielfalt, die es der Theorie gestattet, ihre Objekt-Praxis mit den Mitteln von Auffassungen und Perspektiven, die gewonnen werden, indem diese Praktiken aufeinander bezogen werden, zu kritisieren.

Obwohl unsere theoretische Vorstellungskraft auf diese Weise immer weitgehend durch die etablierte Praxis eingeschränkt wird, erstreckt sie sich nicht nur auf sklavische Konformität und reaktive Wiederholung. Sich ändernde Umstände und das Zusammentreffen mit anderen Praktiken können schließlich neue Nahrung und alternative Orientierungen bieten. Da es keine Praxis gibt, die für alle Situationen definiert wäre, wird es immer Bedarf an imaginativen Projektionen und schöpferischen Entscheidungen, welche entsprechend der möglichen Projektionen tatsächlich verfolgt werden sollten, geben; diese Entscheidungen sind stets anfechtbar und führen wiederum zu Problemen zweiter Ordnung, wie diese Entscheidungen zu rechtfertigen sind. Da keine Praxis in völliger Isolation, von anderen ungestört, existiert, besteht weiterhin die Notwendigkeit zu Verbindung, Koordination oder Vermittlung zwischen verschiedenen Praktiken. Solange unsere Praktiken uns solche Probleme bereiten und der Verbesserung bedürfen, wird Theorie nicht nur möglich, sondern auch nötig sein.

Faßt man Theorie in dieser pragmatistischen Weise, die zwar den Vorrang, aber auch die Probleme der Praxis anerkennt, dann wird sie nicht eliminiert, sondern durch den Verlust ihres traditionellen Status des transzendentalen Erkenntnisprivilegs wiederbelebt. Denn haben wir die fundamentalistische Sichtweise der Theorie als die Enthüllung der unabänderlich notwendigen Prinzipien der Praxis, und auch die Hoffnung auf apodiktische, unbestreitbar letzte Rechtfertigung erst einmal aufgegeben, und sehen statt dessen unsere Praktiken (und unsere Theorien) endlich als kontingente Ergebnisse, deren Zusammentreffen mit sich ändernden Situationen beständig Angleichung, Klärung, Rechtfertigung und Verbesserung erfordert, dann ist die unvergängliche Rolle der Theorie als kritischer Reflexion über die Praxis gesichert und scheinbar nicht zu eliminieren. Die Philosophie bleibt unvergänglich – jedoch in einem neuen Sinn.

2 Ästhetische Ideologie, ästhetische Erziehung und der Wert der Kunst in der Kritik

Eins

Was immer die Schönheit sein mag: sie berührt den Menschen so stark, daß sie ihre eigene Entschuldigung ist und keine Verteidigung braucht. Die Kunst hat dieses Glück nicht. Seit dem ersten Angriff durch Platon und seit ihrem Auftreten als autonomer Bereich wurde die Kunst immer wieder gedrängt, sich selbst zu rechtfertigen. Die Rechtfertigung der Kunst ist immer, seit Aristoteles' erster Reaktion auf Platon, ein zentraler Anspruch der Ästhetik gewesen – obwohl sie oft unter begrenzteren Titeln wie »Eine Apologie der Poesie« (Sidney) oder »Die Verteidigung der Poesie« (Shelley) geführt wurde. Ein Grund für die bleibende Wichtigkeit dieser Rechtfertigung besteht darin, daß die Verteidigung der Kunst (ebenso wie die Definition der Kunst) niemals auf eine Weise gelungen ist, die weiteres Fragen verstummen ließe. Es scheint, als müsse jedes Zeitalter aufs neue darum kämpfen, sowohl das Wesen der Kunst als auch ihren Wert zu bestimmen und entsprechend den unterschiedlichen Bedürfnissen (und herrschenden Kunstformen und Stilen) der jeweiligen Zeit, als Antwort auf die unterschiedlichen Anklagen, die gegen die Kunst erhoben werden, zu formulieren und zu bestätigen.

Einige dieser Anklagepunkte (etwa das blasphemische »Götzenbild« der Kunst, ihre leichtsinnige Nutzlosigkeit oder Verbreitung von Täuschung) bleiben hartnäckig durch die Geschichte hindurch bestehen, während andere (etwa, daß die Kunst mit Unterdrückung ausübenden sozio-politischen Hierarchien unter einer Decke stecke) erst in jüngerer Zeit erhoben werden. Die

Zukunft – sofern die Kunst eine hat – wird gewiß neue Anschuldigungen hervorbringen. Demzufolge können wir keine dauerhafte und endgültige Rechtfertigung erwarten, die eine jede radikale Kritik an dem Phänomen oder der Institution Kunst zum Schweigen brächte. Eine solche Rechtfertigung wäre auch nicht wünschenswert. Denn die Kunst baut auf ihrer Kritik auf und wächst aus ihr heraus; und das Ende einer rigorosen Kritik an der süffisanten Selbstgefälligkeit des nicht hinterfragbaren Werts der Kunst könnte sehr wohl das Ende der Kunst selbst – den Stillstand ihrer Entwicklung – heraufbeschwören.

Weite Teile meiner Überlegungen im ersten Kapitel richteten sich gegen die Kunstauffassung, die unser ästhetisches Denken und unsere ästhetische Erfahrung lange beherrscht und die dabei die Institution der Kunst verhärtet und verengt und die Kunstpraxis verarmt hat. Diese herrschende ästhetische Ideologie setzt Kunst mit der Institution der hohen schönen Kunst gleich. Indem Dewey diese Auffassung »Museumskunst« tauft, bringt er treffend zwei von ihren Dimensionen auf: der zersplitternden Institutionalisierung und des Elitismus, ihrer Loslösung von Leben und Praxis, ihren Abstand vom normalen Menschen und seiner Erfahrung zum Ausdruck. Die nun folgenden Kapitel setzen die Kritik an dieser engen Kunstauffassung wegen ihres monopolistischen Ausschlusses der populären Kunst als ästhetisch illegitim fort. Dieser Ausschluß trägt dazu bei, Formen soziokultureller Unterdrückung zu unterstützen (was gleichwohl nicht bedeutet, zu leugnen, daß die populäre Kunst auch als das Werkzeug einer solchen Unterdrückung ausgenutzt worden ist).

Meine ausführliche Kritik könnte den falschen Eindruck vermitteln, daß die hohe Kunst samt und sonders verstoßen, ihre Institutionen verschrottet und ihre Werke als unvermeidbar lebensunterdrückend und sozial schädlich abgeschafft werden sollten. Die Ablehnung der Enge unserer herrschenden Kunstauffassung bedeutet, ihre eigenen ausschließlichen Zurückweisungen, nicht aber die Kunst selbst zurückzuweisen, die diese Auffassung einschließt. Darüber hinaus bedeutet die Tatsache, daß unsere eingebürgerte Kunstinstitution lange elitistisch und unterdrückend gewesen ist, nicht, daß sie so bleiben muß, daß die

Kunst notwendig und ihrem eigenen Wesen nach »ein Feind des Volkes« ist, dem wir demzufolge »widerstehen sollten«.[42]

Das pragmatistische Vorhaben in der Ästhetik besteht nicht darin, die Institution der Kunst abzuschaffen, sondern vielmehr darin, sie zu verwandeln. Das Ziel, um in Deweys Museumsmetapher zu bleiben, ist nicht, die Kunstmuseen zu schließen oder zu zerstören, sondern sie zu öffnen und zu erweitern. Die pragmatistische Verteidigung gegen den Vorwurf, daß die Kunst notwendig eine konservative Kraft der sozialen Unterdrückung und des Klassenprivilegs darstellt, bedeutet eine Öffnung in zweifacher Hinsicht. Erstens beinhaltet sie eine Öffnung der Kunstauffassung, so daß sie populäre Kunstformen miteinschließt, deren Unterstützung und Befriedigungen sich weit über die sozio-kulturelle Elite hinaus erstrecken. Wir brauchen aber auch eine größere Offenheit der Art und Weise gegenüber, wie die hohe Kunst selbst durch größere kritische Aufmerksamkeit auf die ethischen und sozialen Dimensionen ihrer Werke ein progressives und sozio-politisches Programm fördern kann. Viele dieser Werke verkörpern ihre eigene kraftvolle Kritik an ethischen Begrenztheiten der hohen Kunst und deren sozio-kulturellen Gefahren. Dieser zweite Punkt läßt sich vielleicht am besten durch die konkrete Kritik an bestimmten Werken verdeutlichen, ich werde dies hier in bezug auf T. S. Eliots Gedicht »Bildnis einer Dame« unternehmen.

Da philosophische Leser jedoch sogar in der Ästhetik die Argumentation der Interpretation vorziehen, dürfte es klug sein, meiner Untersuchung des Gedichts eine Betrachtung der einflußreichen Argumente voranzustellen, die wahrscheinlich vom sozio-ethischen Standpunkt aus gegen die hohe Kunst vorgebracht werden. Ebenso ist es klug, darauf zu bestehen, daß meine Gegenargumente zur Verteidigung der hohen Kunst in keiner Weise allein darauf abzielen, sie als völlig unschuldig zu entlasten, sondern vielmehr darauf, ihren sozio-ethischen Wert im Sinne eines mildernden Ausgleichs und eines vielversprechenden Potentials zu erfüllen.

Zwei

(1) Eine Weise, in der die Tradition der hohen Kunst etablierten und unterdrückenden Ordnungen dient, liegt in ihrer Unterstützung des frommen Respekts vor der Vergangenheit, einer verherrlichenden Nostalgie, wie sie die mystifizierende Schönheit vergangener Kunstwerke erzielt. Ihr in Verzückung versetzender Geist erzeugt häufig eine Haltung demütiger Bewunderung für die einzelnen Personen, das jeweilige Zeitalter und die entsprechende Ordnung, die sie hatten hervorbringen können. Diese bedeutet (in der Formulierung Eliots), daß heute »[d]ie einzige Weisheit, die wir erwerben können, [...] die Weisheit der Demut« gegenüber solchen Errungenschaften der Vergangenheit ist.[43] Solche Bescheidenheit jedoch ist ein wirkungsvolles Mittel der Abschreckung sowohl vor neuem Denken als auch vor der präventiven Kritik aller neuen Ideen, die beanspruchen, besser zu sein als die ererbte Ideologie der Vergangenheit. Die Kunst stellt auf diese Weise einem unterdrückenden konservativen Establishment eine äußerst wirksame Waffe zur Aufrechterhaltung der bestehenden Privilegien und Herrschaftsverhältnisse zur Verfügung, die den Status quo und die Vergangenheit, die ihn hervorgebracht hat, bestätigt – trotz all des Unglücks und der Ungerechtigkeit, die sie enthalten. Verzaubert durch die ruhmreiche Kunst Griechenlands, vergessen wir seine Sklaverei und sein Barbarentum ebenso wie unsere eigenen Verbrechen. Aus solchen Gründen heraus kann das weitere Bestehen der hohen Kunst als eine Bedrohung für radikal neue Kulturschöpfung und soziale Befreiung verstanden werden; und die kulturelle Bewegung des »Proletkult« im postrevolutionären Rußland wollte sie aus diesem Grund vollständig abschaffen: »Im Namen unserer Zukunft verbrennen wir Raffael, zerstören die Museen und zertrampeln die Blumen der Kunst.«[44]

Muß jedoch die hohe Kunst immer eine unkritische, stumme Demut gegenüber unserer ideologischen Tradition und ererbten Sozialordnung und somit eine verzückte Blindheit und Ohnmacht in Anbetracht ihrer eingebürgerten, aber möglicherweise veränderbaren Verbrechen fördern? Es gibt mindestens drei Gründe, dies anzuzweifeln. Es ist zunächst ganz einfach historisch falsch, daß Werke der hohen Kunst niemals als Instrumente der sozialen Kritik, des Protests und der sozialen Veränderung gewirkt haben. Es gibt Romane, Gedichte, Theaterstücke und sogar Gemälde, die beißende Sozialsatire sind; und die soziale Kritik und der soziale Protest der Kunst müssen nicht unbedingt in Brechts Weise radikal politisch sein, um überzeugen zu können. Zweitens kann uns neben dem Anliegen ausdrücklicher Sozialkritik auch die einladende Vision fremder Sozialwelten und Lebensformen, wie Kunstwerke vergangener Zeiten es sind, zu der Feststellung führen, daß unsere eigenen, sozial eingebürgerten Praktiken weder notwendig noch ideal sind und damit den Weg für Veränderung freimachen. Der Vorwurf schließlich, daß die Meisterwerke der hohen Kunst nicht helfen können, sondern vielmehr implizit den Status quo bekräftigen und stärken, beruht auf zwei falschen Annahmen. Die erste geht davon aus, daß eine Gemeinschaft besteht zwischen der heute etablierten Sozialordnung, dem heutigen Ethos und den heutigen Werten mit denen vergangener Generationen und Kulturen. Diese Gemeinschaft gibt es aber einfach nicht, und eben diese Entdeckung können wir bei der Betrachtung vergangener Meisterwerke machen. In ihrer Alterität (nicht zuletzt einfach in der Alterität ihres Vergangenseins) lassen sie die selbstgefällige Engstirnigkeit der Gegenwart erkennen – einer Gegenwart, die von ihrer eigenen, in Veränderung begriffenen Bedeutung und der Anbetung des oberflächlich Neuen besessen ist. Die vergangene Kunst zeigt, ebenso wie die Geschichte, wie die Dinge anders sein können (da sie es ja gewesen sind) und daß solche Unterschiede auch positiv sein können. So demonstriert sie, daß das, was gegenwärtig als natürliche soziale Notwendigkeit erscheint, eine historisch hervorgebrachte und somit veränderbare Kontingenz darstellt. Kurz, sie kann wirksam zur Entstehung eines für ausdrücklichere soziale Kritik und sozialen Wechsel notwendigen Bewußtseins führen.

Über die kritische Abhebung von der Gegenwart hinaus sind die vergangenen Kunstwerke und die Lebensvisionen, die sie porträtieren, nicht für sich gegenseitig bestätigend und konsistent. Und lediglich die (zweite) falsche Annahme einer solchen Konvergenz läßt die Argumentation plausibel erscheinen, daß wir uns in der Bewunderung vergangener Kunst zu Sklaven einer unterdrückend engen Ideologie des Establishments machen. Unsere Tradition ist in sich pluralistisch, angefochten und offen; sie entwickelt sich sowohl durch die sich fortsetzende Auseinandersetzung als auch durch den Konsens weiter; und die Kunstwerke, die dazu beitragen, sie zu konstituieren, haben teil an dieser Auseinandersetzung, indem sie für rivalisierende Ideologien stehen, die einander durchkreuzen und kritisieren. Versteht man hohe Kunst holistisch als das strukturell verknüpfte Feld konkurrierender Kunstwerke, dann kann sie ihre eigene immanente Kritik hervorbringen, indem sie ein feineres und kritisches Bewußtsein in ihrem Publikum anregt. Dieses feinere Bewußtsein verarbeitet, vergleicht und vermittelt die unterschiedlichen Visionen und Werte der Kunst durch den bloßen Akt der Einschätzung und Festlegung des Stellenwerts von Kunstwerken.

Dies führt zu einem dritten Grund, die hohe Kunst nicht zu verdammen, weil sie notwendigerweise durch die auratische Schönheit ihrer Meisterwerke bewundernde Affirmation der Vergangenheit hervorrufe und somit einen repressiven Konservatismus unterstütze. Eine solche Beschuldigung richtet unfairerweise all ihre Kraft auf das Kunstwerk, statt vielmehr unsere devotionalen und ästhetisch beschränkten Wahrnehmungsweisen zu kritisieren. Bei all ihrer Sprachmacht ist die Kunst ohne eine dialogische Intelligenz, zu der sie sprechen kann, stumm. Sie kann demzufolge nicht allein aus ihr selbst heraus beurteilt werden, abgetrennt von der Art ihrer Zuweisung. Es läuft darauf hinaus, daß Kunstwerke sich nicht so sehr einer übelwollenden Macht, als vielmehr der Ohnmacht, ihre eigene Bedeutung und ihren eigenen Nutzen zu bestimmen, schuldig machen. »Darum«, so Adorno, »ist Kritik den Werken notwendig.«[45] Die soziale Bedeutung der Kunst hängt davon ab, wie sie zugewiesen und eingesetzt wird, und wir sollten in der Lage sein, die Unterstützung progressiver Ziele durch Werke der hohen Kunst zu erkennen. Tatsächlich kann – mit den heute zur Verfügung stehenden erfinderischen hermeneutischen Strategien wie Gegen-den-Text-Lesen, um herauszufinden, was er zu verbergen oder zu glätten sucht – sogar ein ausdrücklich konservativ gefärbtes Werk im Streit angeeignet werden, um die entgegengesetzten Positionen zu befördern.

Diese Argumentationsschiene weckt jedoch einen Gegeneinwand, der auch die beiden vorangegangenen Verteidigungspunkte angreift. Denn die übliche Art der Aneignung und Kritik von Kunstwerken in unserer Institution der Kunst ist recht begrenzt »ästhetisch« in genau dem Sinn, daß das Ästhetische prinzipiell durch seine scharfe Trennung von der Lebenspraxis charakterisiert ist. Damit ist alles – egal, welche explizite soziale Kritik wir in bestimmten Werken auch finden mögen und welch geschärftes kritisches Bewußtsein der sozialen Unterschiede wir auch durch die Gegenüberstellung ihrer unterschiedlichen Visionen erreichen – dem Anspruch nach neutralisiert, weil es zur Institution der Kunst gehört, deren Ideologie die Rezeption der Kunst wirksam innerhalb ihres eigenen autonomen Reichs der imaginativen ästhetischen Betrachtung festschreibt, die von der wirklichen materiellen Welt der Praxis weit entfernt ist. Ein Großteil des soziopolitischen Kritikpotentials der hohen Kunst wurde auf diese Weise faktisch ästhetisiert und damit neutralisiert.

Es gibt jedoch keinen zwingenden Grund, die engen ästhetischen Grenzen zu akzeptieren, die die etablierte Ideologie der autonomen Kunst (oder eigentlich ihre traditionelle Definition des Ästhetischen als völlig losgelöst von den praktischen und materiellen Interessen des Lebens) gezogen hat. Auch bedeutet das In-Frage-Stellen der etablierten Form künstlerischer Autonomie nicht, die Gesamtidee einer relativ autonomen Institution der Kunst zu verwerfen. Denn eine solche Autonomie muß nicht in scharfer Trennung von der Lebenspraxis aufgefaßt werden, sondern vielmehr so, daß die Kunst einen unverwechselbaren produktiven und distributiven Rahmen für ihre Werke und ihre eigenen charakteristischen Rezeptionsweisen besitzt, die sich nichtsdestotrotz mit nicht-künstlerischen Institutionen und Diskursen überschneiden und überlagern können.

Die Idee der radikalen Autonomie der Kunst als gänzlicher Trennung von der sozio-ethischen Praxis war ästhetisch wichtig und sozial emanzipatorisch, weil sie die Kunst aus ihrer traditionellen Rolle als Dienerin der Kirchen- und Hofideologie befreit hat. Diese strikte Isolation von der Lebenspraxis zugunsten der Reinheit der Kunst ist jedoch nicht länger vorteilhaft oder auch nur glaubwürdig. Eine der wichtigen Leistungen der jüngeren marxistischen und feministischen Kritik besteht darin, gezeigt zu haben, daß Kunst und Ästhetik tief politisch sind und daher der Kritik von einem sozio-ethischen Standpunkt aus bedürfen. Eine solche Kritik will die Ungerechtigkeiten und Gegensätze des sozialen Lebens aufzeigen, die immer auf irgendeine Weise in der Kunst ihren Widerhall finden. Dies ergibt sich aus ihrem Wesen als einem vermittelten sozialen Produkt – selbst dann, wenn die Kunst sie in ihren Versuchen zu übersteigen sucht, zufriedenstellende Harmonien und Einheiten zu schaffen. Diese Spuren des sozialen Konflikts lassen sich sowohl in der Form als auch im Inhalt von Kunstwerken finden. Die sozio-ethische Kritik der hohen Kunst sollte jedoch nicht nur durch einzelne Kunstwerke hindurchgehen, sondern über sie hinaus zur Kritik des institutionellen Rahmens der Kunst fortschreiten, die deren Rezeption strukturiert. Und sie sollte noch weitergehen bis hin zu den allgemeinen ideologischen Strukturen und nicht-künstlerischen Institutionen, die dazu beitragen, die Institution und Rolle der Kunst in unserer Gesellschaft zu formen.

(2) Ein zweites Argument dafür, die hohe Kunst als unterdrückendes soziales Übel zu verdammen, besteht darin, zu sagen, daß sie eine umwerfende Strategie bietet, mit Hilfe deren die sozio-kulturelle Elite ihren stolzen Anspruch auf intrinsische Überlegenheit durch privilegierte Verbindung mit der erlauchten Tradition der hohen Kunst verschleiern und dadurch zugleich behaupten kann. Denn unsere Tradition der hohen Kunst (die nicht nur die kanonisierten Kunstwerke, sondern auch die kanonisierten Weisen der Wertschätzung einschließt) ist den kulturell Minderprivilegierten nicht vertraut und nur unzureichend zugänglich. Diese sind und bleiben minderprivilegiert hauptsächlich aufgrund sozio-ökonomischer und politischer Vorherrschaft. Ihre relative und sozial determinierte Unfähigkeit zur Wertschätzung

hoher Kunst jedoch wird statt dessen als Zeichen einer eher intrinsischen Unterlegenheit genommen als ein Mangel an Geschmack oder Empfindsamkeit – Begriffe, die eine wesenhafte und nicht eine sozio-ökonomische Unfähigkeit suggerieren.⁴⁶ Im überwältigenden Gegensatz dazu drückt der scheinbar bescheidene Respekt der Elitisten für die kulturelle Vormachtstellung der Tradition der hohen Kunst tatsächlich die kraftvolle Behauptung ihrer eigenen inhärenten Vormachtstellung als deren einzig wahre Wächter und Interpreten aus. Auf diese Weise dient die Kunst dazu, soziale Unterschiede und eingebürgerte Klassenhierarchien natürlich erscheinen zu lassen und zu legitimieren – nicht nur durch den materiellen Besitz von Kunstwerken, sondern einfach durch die Art und Weise und die Möglichkeit ihrer Wertschätzung überhaupt.

Wir sollten mißtrauisch sein, wenn die Humanisten typischerweise diesem Argument den Traum entgegenstellen, daß sogar die unteren Klassen sich die erforderliche Wertschätzung der hohen Kunst aneignen könnten, wenn sie nur etwas mehr Zeit dafür hätten und Unterricht darin erhielten, wenn nur mehr Shakespeare in der Schule durchgenommen würde und das Radio mehr Opern brächte. Denn die herrschende Logik der hohen Kunst und ihrer Ästhetik war lange von unerbittlicher Absetzung und Distanz von gewöhnlichen Weisen des Verstehens und der Erfahrung geprägt. Eine solche Absetzung kommt nicht nur in der Einschätzung völlig neuer Stile oder Werke zum Ausdruck, die nur die Eingeweihten wirklich begreifen können, sondern auch durch neue Weisen der Aneignung dessen, was vom breiten Publikum bereits wertgeschätzt wird (so in der dekonstruktivistischen Lektüre der literarischen Klassiker).

Der hartnäckige Elitismus der hohen Kunst und ihre Abtrennung vom gewöhnlichen Leben werden durch das Fehlschlagen ihrer eigenen avantgardistischen Anstrengungen, das bürgerliche kulturelle Establishment durch die Ablehnung der autonomen und sakralen Qualität der hohen Kunst herauszufordern, massiv bestätigt.⁴⁷ Duchamps satirische Verleihung von künstlerischem Status an funktionale Objekte aus der Massenproduktion, die eindeutig der gewöhnlichen Erfahrungswelt angehören (wie

Urinale und Flaschentrockner), Tzaras Anleitungswerk zum Abfassen eines Dadagedichts und Bretons Anleitung zum Schreiben automatischer Texte – dies alles waren Versuche, sich der Idee von Kunst als einem elitären Reich des individuellen Genies und raffinierten Geschmacks, losgelöst vom gewöhnlichen Leben und von gewöhnlichen Menschen, zu widersetzen und sie zu verändern. Die neuere Performancekunst wird manchmal von ähnlichen Zielen des radikalen Protests und der radikalen Veränderung geleitet. Während solche Versuche jedoch ohne größere Schwierigkeiten von der Institution der hohen Kunst »ästhetisch« entwaffnet und wieder eingegliedert werden, schockieren sie doch die kulturell beherrschte Bevölkerung und stellen sie vor ein Rätsel, deren Unverständnis nur zusätzlich dazu beiträgt, das eigene Gefühl der Unterlegenheit und die offensichtliche Rechtmäßigkeit des Beherrschtwerdens und Ausgeschlossenseins von der hohen Kultur zu bestärken. Auf diese Weise scheint die hohe Kunst selbst noch in ihren befreierischsten Momenten ein unterdrückendes Hindernis für sozio-kulturelle Emanzipation zu sein.

Das Fehlschlagen des avantgardistischen Versuchs, unsere Kunstauffassung durch die Ablehnung der Institution der hohen Kunst zu befreien und sie damit von ihrer elitistischen Ideologie loszulösen, könnte eine bedeutsame Schlußfolgerung nahelegen. Die Befreiung der Kunst und ihre Reintegration in die normale Lebenspraxis läßt sich nicht durch radikale, aber kunstinterne Reformversuche allein erreichen. Die Institution der hohen Kunst ist zu stark: ihre Fähigkeiten, Produkte ihres Protests einzuordnen und sich wiederanzueignen, sind viel zu geschmeidig und wirkungsvoll, als daß sie allein ihrer eingebürgerten Ideologie und dem Würgegriff der künstlerischen Legitimität entkommen könnten. Es wäre schön, anzunehmen, daß die Kunstkritik und die ästhetische Theorie die nötige Kraft aufbringen könnten, um die ausschließliche Herrschaft der hohen Kunst aufzubrechen und unsere Kunstauffassung zu transformieren. Sie selbst jedoch, so lange von der institutionellen Ideologie der hohen Kunst eingenommen, brauchen eine alternative kulturelle Grundlage, von der aus sie ihre Kritik formulieren und vorantreiben können. Die populäre Kunst könnte diese Grundlage bieten und somit eine vielversprechende Kraft für die Wandlung unseres Verständnisses von Kunst und ihrer Institutionen zugunsten größerer Freiheit und einer stärkeren Einbettung in die Lebenspraxis sein. Alle Schichten unserer Kultur freuen sich an den populären Künsten der Massenmedienkultur: Fernsehfilme und Komödien, Popmusik und Videos; ihren Status als ästhetisch rechtmäßige Kulturprodukte anzuerkennen, könnte dazu beitragen, die sozial unterdrückende Identifikation von Kunst und ästhetischem Geschmack mit der sozio-kulturellen Elite der hohen Kunst abzubauen. Darüber hinaus hat die Ästhetik der populären Kunst – wie sogar ihre Kritiker bestätigen[48] – die Reintegration von Kunst und Leben zum Ziel.

Wie wir im nächsten Kapitel sehen werden, ist natürlich die Frage der populären Kunst alles andere als einfach: die bloße Unterscheidung zwischen hoher und populärer Kunst ist problematisch, ihre sozio-kulturelle Einordnung und ihr emanzipatorisches Funktionieren oder Nicht-Funktionieren sind komplex und mehrdeutig. Genauso, wie es falsch ist, die populäre Kunst so zu sehen, daß sie ausschließlich den sozio-kulturell Minderbemittelten zusagt, trifft ebensowenig die Annahme zu, die Schaffenden und Eingeweihten der hohen Kunst umfaßten die beherrschende Klasse der zeitgenössischen Gesellschaft. Diese herrschende Klasse oder dieses Klassen-Fragment umfaßt nicht etwa die führenden Künstler und ihre intellektuelle Zuhörerschaft, sondern vielmehr Vertreter der Geschäftswelt des »big business«, des Bankgeschäfts und der Industrie. Die hohe Kunst ist auch nicht das Hauptinstrument ihrer kulturellen Herrschaft. Statt dessen beutet sie die Künste der populären Kultur unter dem schlauen Deckmantel des demokratischen Populismus aus und nutzt auch die manipulative Kunst der Werbung, um einen frommen Konformismus und die Anbetung des Neuen zu fördern, was den beherrschten Verbraucher in einer verwirrten Raserei der wechselnden Mode und konsequenten Unsicherheit bezüglich seines eigenen Geschmacks erhält. Im Gegensatz dazu repräsentiert die hohe Kunst (und mit ihr die Ausbildung) – zur Zeit zumindest – den einzigen ernstzunehmenden Rivalen des materiellen Kapitals und des nach außen gewendeten Konsums als einer Quelle sozialen Status und Legitimierung, mögen wir auch bedauern, daß ein Großteil ihres legitimierenden Potentials aus ihren traditionellen Klassengrenzen kommt. Ihr symbolisches »kulturelles Kapital«, wie Bourdieu es nennt[49], stellt die vorzügliche Waffe des Künstlers und des Intellektuellen gegen die totale Herrschaft des Geldes dar; und das Geld – nicht die Oper – unterhält und motiviert die ungerechte Gesellschaftsordnung, die so viele von uns beklagen.

(3) Die hohe Kunst muß sich auch dem Vorwurf stellen, sie unterstütze implizit eine erbärmliche und ungeheuerliche soziale Realität, indem sie eine Ersatz-Vorstellungswelt anbietet, in der unsere frustrierten Wünsche nach einem glücklicheren Leben und unsere gerechten Forderungen nach einer besseren Gesellschaft ersetzt, sublimiert und zufriedengestellt werden – aber eben nur in der Phantasie, nicht in der Wirklichkeit. Auf diese Weise wird progressive Praxis durch das halluzinatorische Glück dessen, was Marcuse den »realen Schein«[50] der Kunst nennt, gelähmt. Die Verzauberung durch die glanzvollen Erzeugnisse der Kunst verstellt den Blick auf die unglücklichen und sündhaften materiellen Bedingungen, unter denen sie hervorgebracht und bewundert werden. Die befriedigende Schönheit und Vollkommenheit der Kunst lullt uns verführerisch ein, so daß wir annehmen, ihre Schöpfer – Menschheit und Gesellschaft – hätten ebensolche Vollkommenheit und Befriedigung erlangt, wenigstens in der geistigen Welt der Kunst, die der krassen, prosaischen materiellen Existenz für überlegen gehalten wird. Diese eskapistischen Illusionen gestatten uns, die wirklichen Bedingungen (die nur deswegen nicht bejammert, weil sie jämmerlich ignoriert werden) zu tolerieren und damit weiter bestehen zu lassen – liegen sie doch hinter einer fesselnden ästhetischen Fassade verborgen. Aus diesem Grund prangert Dewey unsere Institution der hohen Kunst als den »Schönheitssalon einer Zivilisation« an.[51] Marcuse will auf dasselbe hinaus, wenn er den »affirmativen Charakter der Kultur« kritisiert. Nicht nur durch ihr befriedigendes Bild einer besseren Ordnung der »Einheit« und der »Freiheit«, sondern vor allem durch ihren Anspruch, allgemein als der mate-

riellen Realität überlegen geschätzt zu werden, dient die hohe Kunst als »die Rechtfertigung der bestehenden Daseinsform« (*Aufsätze*, S. 195).

»Ihr entscheidender Zug ist die Behauptung einer allgemein verpflichtenden, unbedingt zu bejahenden, ewig besseren, wertvolleren Welt, welche von der tatsächlichen Welt des alltäglichen Daseinskampfes wesentlich verschieden ist, die aber jedes Individuum ›von innen her‹, ohne jene Tatsächlichkeit zu verändern, für sich realisieren kann.« (*Aufsätze* 192)

Darüber hinaus bietet diese Konzentration auf die personale Kultivierung und Wertschätzung der höheren Welt der Kunst eine gefährliche Flucht in die Innerlichkeit und individualistische Isolation, die nicht nur die einsame Fragmentierung der Gesellschaft, die sie widerspiegelt und verstärkt, sondern auch lebenspraktische Solidarität verhindert. Wenn die Kunst tatsächlich einmal soziales Unglück und Einsamkeit abbildet und sich dagegen auflehnt, dann wird dieser Protest ästhetisch vereinnahmt und in der imaginativen Kunsterfahrung des Individuums als Teil seines Vergnügens an dem Werk befriedigend entlastet und erzeugt so nicht wirkliche Kritik oder den Wunsch, die Welt zu verändern. Auf diese Weise, schließt Marcuse, wird sogar »die rebellische Idee [...] zum Hebel der Rechtfertigung« (*Aufsätze* 216).

Die beträchtliche Kraft dieser Überlegung läßt sich anerkennen, ohne daß wir den Schluß ziehen müssen, daß die verführerischen Werke der hohen Kunst insgesamt wie die verhängnisvollen Sirenen gemieden werden müssen. Wir müssen einfach darauf bestehen, daß unsere Kunstkritik ethisch genauer und stärker sozio-politisch engagiert sein soll, daß sie von der ästhetischen Wertschätzung einzelner Werke zur Kritik unserer sozio-kulturellen Realität fortschreite – einschließlich unserer Institution der Kunst. Wir müssen darüber hinaus erkennen, daß viele Werke uns zu einer solchen Kritik nötigen, indem sie die sozialen und ethischen Grenzen der hohen Kunst und ihrer puristischen ästhetischen Ideologie herausarbeiten. Dennoch sind Kunstwerke, erinnert uns Adorno, »a priori gesellschaftlich schuldig, während ein jedes, das den Namen verdient, seine Schuld zu büßen trachtet«. (*ÄT* 348). Eine solche Buße durch sozio-ethische Selbstkritik findet sich sogar in der Poesie eines überzeugt politischen und kulturell Konservativen wie T. S. Eliot, dem ich mich jetzt zuwende.

Drei

Eliot ist zwar manchmal als formalistischer Ästhet verdammt worden,[52] bestand aber auf der sozialen Natur und Funktion der Kunst. Er hat sich auch Mühe gegeben (gegen Dichter wie Shelley, Arnolds und Richards), darauf zu bestehen, daß die Kunst selbst weder die Welt noch einzelne Personen retten kann. In beißender Entlarvung des vermeintlichen Status des Dichters als Weltherrscher, Prophet und Erlöserfigur sagt Eliot, er wäre erfreut, wenn er für den Dichter eine Rolle in der Gesellschaft retten könne, die der des »Varieté-Schauspielers« gleichkommt.[53] Und obwohl der Schwierigkeitsgrad seiner Verse durchaus auf Elitismus hindeutet, ist es Eliots poetisches Ideal gewesen, das größtmögliche Publikum zu erreichen. Dies wird in seinem Lob Dantes und Shakespeares deutlich und stärker sogar noch in seiner Verteidigung des poetischen Dramas und in seinem eigenen Bemühen, ein größeres Publikum zu erreichen, indem er sich dem Theater zuwandte. »Ich glaube, daß ein Dichter ganz natürlich vorzieht, für ein größtmögliches und sehr gemischtes Publikum zu schreiben [...] Ich selbst hätte gerne ein Publikum, das weder des Lesens noch des Schreibens mächtig ist [...] Das ideale Medium für Dichtung, ist [also], meiner Meinung nach, [...] das Theater.«[54]

Während Eliot selbst der Tradition und dem Kanon der hohen Kunst zutiefst verpflichtet war, war er doch auch kritisch gegenüber ihren Anmaßungen und Wirkungen auf soziale Unterschiede und Isolation. Außerdem, obwohl er auf der Macht der Kunst, zu belehren und zu erbauen, bestand, warnte er ebenso vor ihrer Macht, zu täuschen und zu verderben. In diesem Sinne ist seine zugegebenermaßen unaufgeklärte Verdammung von Hardy und Lawrence als abtrünniger Autoren zu verstehen.[55] Tatsächlich war Eliot der Ansicht, daß die Kunst höchst gefährlich und verzerrend sei, wenn sie als ausschließlich ästhetische Kost genossen wird – wenn zum Beispiel Literatur »nur zum Vergnügen« gelesen werde. Er kritisierte also die Idee der rein literarischen Wertschätzung als eine gefährliche »Abstraktion« und bestand darauf, daß die Literaturkritik über das eng gefaßt Literarische hinausgehen solle, um Ideologiekritik einzuschließen – zum Beispiel: »Kritik von einem eindeutigen ethischen und theologischen Standpunkt aus.«[56] Wie Adorno trat auch Eliot konsequent für eine zweistufige Theorie der Wertschätzung von Kunst ein. Die erste Stufe bedeutet eine mitfühlende, vorläufige Aufnahme des Werks und seiner Welt-Sicht, die zweite eine bewußte ideologische Kritik dieser Welt.[57] Es gibt also nicht nur eine Antwort auf die Frage nach dem sozio-ethischen oder kognitiven Wert der Kunst. Je nachdem, wie erfolgreich wir beide Ebenen ausführen, kann die Kunst erziehende Befreierin oder fesselnde Betrügerin sein. Im folgenden werde ich diese Idee auf Eliots eigene Verse anwenden, um zu zeigen, wie die Kunst selbst nach kritischer Anerkennung verlangt, um sowohl ihre sozio-ethischen Defizite als auch ihr Potential zu zeigen. Wenden wir uns seinem frühen Gedicht »Bildnis einer Dame«, das zwischen 1910 und 1911 entstanden ist, zu.

Bildnis einer Dame

> Und du hast –
> Hurerei getrieben: das aber war in anderm Land,
> Und außerdem, die Kleine ist längst tot.
> *Der Jude von Malta*

I
In Rauch und Nebel des Dezembernachmittags
Läßt du den Auftritt sich von selbst abspielen – er tut so
    als ob –
Mit »heut den Nachmittag hab ich mir für dich freigehalten«;
Und im verdunkelten Gemach vier wachsne Kerzen,
Vier helle Ringe an der Decke über uns,
Die Stimmung – wie in Julias Gruft
Bereitet für alles, was gesagt wird oder ungesagt bleibt.
Wir haben grade, sagen wir, dem neuesten Polen nachgelauscht
Und zwar Präludien, durch Haar und Fingerkuppen übermittelt.
»So innerlich, dieser Chopin, ich finde seine Seele

Sollte nur unter Freunden angerufen werden
So zwei bis drei, die seinen Jugendschmelz nicht anrührn,
Der im Konzertsalon betastet und betan wird.«
– Und so schleppt das Gespräch sich hin
Recht wetterwendisch und mit behutsamen Abbitten
Über gedämpftem Geigenklang im Hintergrund,
Mit fernen Kornetten vermengt
Und fängt dann an.
»Du kannst dir gar nicht vorstelln, was sie mir bedeuten, meine Freunde,
Und, tja, wie selten und wie wunderbar es ist,
In einem Leben das so dicht verwoben ist aus lauter Kleinigkeiten
(Weil ich es wirklich kaum ertrage...das wußtest du? Blind bist du nicht! Wie scharfsinnig du bist!)
Einen Freund zu finden, der solche Eigenschaften hat,
Der hat und gibt,
All diese Eigenschaften, aus denen Freundschaft lebt.
Wie wichtig mir es ist, dir das zu sagen –
Ohne derlei Freunde – Leben, welch *cauchemar*!«

Zwischen dem Bogenlauf der Violinen
Und den Arietten
Der gesprungnen Kornetten
Entsteht in meinem Hirn ein dumpfes Tam-Tam-Toben
Das, ganz absurd, ein eigenes Präludium trommelt,
Launenhaft monoton,
Das heißt, wenigstens *ein* »falscher Ton«.
– Laß uns Luft schöpfen gehn in einer Tabaktrance,
Denkmäler bewundern,
Letzte Neuigkeiten diskutiern,
Unsere Uhren nach den Straßenuhren stelln.
Dann eine halbe Stunde sitzen und unser Bockbier trinken.

II
Jetzt da der Flieder blüht
Hat sie in ihrer Schale Flieder stehn
Und zwirbelt einen Zweig in ihren Fingern, da sie spricht.
»Ach, Freund, du weißt ja nicht, du weißt ja nicht
Was Leben ist, obwohl dus in Händen hältst«:
(Sie zwirbelt sachte ihren Flieder)
»Du läßt es dir entfließen, läßt es fließen,
Die Jugend ist grausam und kennt keine Reue
Und lächelt über Dinge, die sie nicht begreift.«
Ich lächle, klar,
Und trinke weiter Tee.

»Und doch, bei diesen Sonnenuntergängen im April, die mir
   irgendwie
Mein begrabnes Leben zurückrufen und Paris im Frühling,
find ich mich unermeßlich ruhig und die Welt
Am Ende doch ganz wunderbar und jung.«

Die Stimme kehrt zurück, beharrlich und verzerrt
Wie eine aufgezarrte Violine an einem Spätnachmittag im August:
»Stets bin ich sicher, daß du dich verstehst
Auf mein Gefühl, stets sicher, daß du spürst ...
Sicher, daß über die große Kluft noch deine Hand nach mir reicht.

Du, du bist unverletzbar, hast keine Achillesferse.
Du wirst weitermachen und hast dus erst geschafft
Kannst du sagen: An diesem Punkt hat schon so mancher
   aufgegeben.
Doch was hab ich, was habe ich, mein Freund,
Das ich dir geben könnte, was könntest du von mir erhalten?
Nichts als meine Freundschaft und die Sympathie
Von einer, die fast am Ende ihrer Reise ist.

Hier sitzen werde ich und den Freunden Tee einschenken ...«

Ich greif zum Hut: womit kann ich sie, feige wie ich bin,
Schon schadlos halten für das, was sie mir da gesagt hat?
Im Park sieht man mich jeden Morgen
Wie ich die Comics lese und den Sport.
Interessiern tut mich besonders,
Daß eine englische Gräfin auf die Bühne geht.
Ein Grieche wurde umgebracht auf einem Polen-Ball,
Ein neuer Bankbetrüger hat gestanden.
Ich wahr die Fassung
Bleibe selbstbeherrscht.
Es sei denn, daß ein Leierkasten müde und mechanisch
Einen abgedroschnen Schlager ewig wiederholt
Oder daß der Geruch von Hyazinthen aus dem Garten weht
Und Dinge in mir aufruft, die andere begehrten.
Sind diese Annahmen richtig oder falsch?

III
Oktobernacht; ich gehe wieder zu ihr wie gewöhnlich,
Spür allerdings ein leichtes Unbehagen,
Ich steig die Stufen hoch und drück die Klinke ihrer Tür
Und fühle mich als wäre ich auf allen vieren raufgekrochen.
»Also, du gehst ins Ausland ... so ... und kommst wann zurück?

Ach was, die Frage ist ja zwecklos.
Du wirst kaum wissen, wann du wiederkommst,
Du wirst so viel entdecken, was zu lernen lohnt.«
Mein Lächeln fällt wie Blei ins bric-à-brac.

»Vielleicht kannst du mir schreiben.«
Für einen Augenblick brennt meine Selbstbeherrschung auf –
Grade *da*mit hatte ich ja gerechnet.
»Ich frage mich seit kurzer Zeit recht oft
(Obwohl der Anfang nie sein Ende kennt!)
Warum wir niemals Freunde wurden.«
Ich fühle mich wie einer der erst lächelt, sich dann umdreht
Und unerwartet sein Gesicht im Spiegel sieht.
Meine Beherrschung flackert; um uns ist echte Dunkelheit.

»Denn alle sagten das, all unsre Freunde,
Sie alle meinten, unsre Gefühle würden sich so gut
Ergänzen! Was mich angeht – ich kann es kaum verstehn.
Man muß es halt dem Schicksal überlassen.
Du wirst mir schreiben, unbedingt.
Vielleicht ist es noch nicht zu spät.
Hier sitzen werde ich und den Freunden Tee einschenken.«

Und jede sich verändernde Gestalt muß ich ausborgen
Um mich auszudrücken ... tanzen, tanzen
Wie ein Tanzbär tanzen,
Schrein wie ein Papagei, schnattern wie ein Affe.
Laß uns Luft schöpfen gehn in einer Tabaktrance –

Nun ja! und was wenn eines Nachmittags sie plötzlich stirbt,
An einem rauchig-trüben Nachmittag, an einem rosagelben Abend
Stirbt und mich mit meinem Federhalter sitzen läßt
Derweil der Rauch herabkommt von den Dächern;
Für einen Augenblick im Zweifel
Nicht wissend was ich fühlen soll, noch ob ich es verstehe
Noch ob es weise oder sinnlos, zu spät oder zu früh ...
Hat sie daraus nicht doch noch ihren Vorteil?
Diese Musik dringt durch, sie »stirbt so hin«
Jetzt wo wir grad vom Sterben sprechen –
Und hätt ich dann das Recht zu lächeln?[58]

Dieses Gedicht erfaßt die schwierige Beziehung zwischen einer sentimentalen älteren Frau, deren Kunstliebe und ästhetisches Verhalten an Affektiertheit grenzen, und einem jungen Mann, dem diese ästhetische Künstlichkeit ebenso schmerzhaft bewußt ist, wie er auch sich aufbäumende Furcht vor ihrem zugrundeliegenden, ganz ursprünglichen Gefühl empfindet. Die Beziehung wird in drei Besuchen des jungen Mannes, der zugleich der Erzähler des Gedichts ist, bei ihr zu Hause im Zeitraum von Dezember bis Oktober vorgestellt. Obwohl der Erzähler jünger ist als Eliots Figur des Prufrock, besitzt er doch auch dessen Ironie, seine schmerzerfüllte Befangenheit bei der Begegnung mit Frauen (was in beiden Gedichten mit der Unentschlossenheit auf der Treppe verknüpft ist), und er teilt auch dessen ängstliche Unfähigkeit der direkten Mitteilung von Gefühl. Erst in der letzten Strophe wird klar, daß der junge Erzähler der Autor des Gedichts ist: »mit meinem Federhalter«, die Beziehung zurückrufend und sie beschreibend.[59] Er scheint nicht mit normaler Arbeit belastet zu sein, da wir ihn »jeden Morgen im Park« sehen; und, wie die Dame erkennt, ist er sowohl vielversprechend als auch ehrgeizig: »Du, du bist unverletzbar, hast keine Achillesferse./Du wirst weitermachen und hast dus erst geschafft/Kannst du sagen: An diesem Punkt hat schon so mancher aufgegeben.« Tatsächlich findet ihr letztes Treffen anläßlich seines Weggangs nach Europa statt, wo er »so viel entdecken [wird] was zu lernen lohnt«.

Die reiche Ironie dieses Gedichts hat mindestens zwei Ebenen. Wir schätzen das Laforguesche Luftablassen des überanstrengten Romantizismus der Frau, das der Erzähler an den Tag legt, wir sehen aber auch, daß das, was er als seine rechtmäßige Besorgnis um individuelle Integrität und »Selbstbeherrschung« zeigt, nichts als ein Deckmantel für unausgegorenen, dem Selbstschutz dienenden Egoismus und die Angst vor Offenheit ist. Gewiß sind die zentralen Themen des Gedichts die dem Selbstschutz dienende »Selbstgenügsamkeit« und des »Kommunikationsversagens«, wie Hugh Kenner und Stephen Spender dies vorschlagen. Und ebenso die unbefriedigende Spannung zwischen dem »dekadenten Romantizismus« und dem ironischen, aber »stumpfen Realismus«, die A. D. Moody als das Thema des Gedichts proklamiert.[60] Für mindestens ebenso zentral halte ich – und dies wird die leitende Fragestellung meiner Interpretation sein – die Spannung zwischen zwei Sichtweisen des sozio-ethischen Werts der Kunst: die romantische Idee der Kunst als einer moralischen Erzieherin, die unsere menschlichen Sympathien und unsere Sorge um andere weckt und vertieft, ist der Lehre entgegengesetzt, daß die Kunst moralisch korrumpiere, indem sie Affektiertheiten, fehlgeleitete Gefühle und Elitismus hervorruft. Im Verlauf des Gedichts ringt Eliot mit diesen beiden Sichtweisen und schwankt zwischen ihnen, schließlich gibt er eine scheinbar sehr qualifizierte Rechtfertigung der Kunst, die mit der übereinstimmt, die er auch in seinen theoretischen Schriften gibt. Diese Idee besteht darin, daß die Kunst nur durch die Kritik ihrer eigenen moralischen Grenzen und Gefahren moralischen Wert besitze. Und diese Idee wird allein durch unsere kritische Reflexion auf jene Grenzen im Gedicht selbst glänzend demonstriert und zum Ausdruck gebracht, wie der junge Dichter-Erzähler es geschrieben hat. Bevor wir jedoch untersuchen, wie das Gedicht die Kontroverse um den sozio-ethischen Wert der Kunst vorstellt und ausarbeitet, sollten wir uns noch besser mit den beiden widerstreitenden Sichtweisen vertraut machen.

Die Vorlage, der paradigmatische Text der romantischen Lehre von der Kunst als moralischer Erzieherin ist Schillers *Über die ästhetische Erziehung des Menschen* von 1795.[61] Schiller schreibt inmitten des Aufruhrs der Französischen Revolution und geht davon aus, daß wir eine gute politische Gesellschaft und hochrangiges intellektuelles Denken nur durch »Veredlung des Charakters« erreichen können. Wie können wir jedoch das Letztere erreichen, ohne zugleich zirkulär auf die gute Gesellschaft und das gute Denken zurückzugreifen? Seine Antwort und sein »Werkzeug ist die schöne Kunst«, die Vorbilder an Schönheit und Perfektion zur Verfügung stellt, die unseren Charakter beseelen und erheben (*ÄEM*, Neunter Brief, 1. und 2.). Die Kunst, die vorzüglich mit dem Schein befaßt ist und von der Vorstellung geleitet wird, ist nicht auf die politischen und intellektuellen Bedingungen ihres Zeitalters beschränkt. Die ästhetische Vorstellungskraft vermag die veredelnde Schönheit und Wahrheit vergangener Kunstwerke, die harmonischere Zeiten hervorbrachten, wahrzunehmen. »Die Menschheit hat ihre Würde verloren, aber die Kunst hat sie gerettet und aufbewahrt in bedeutenden Steinen;

die Wahrheit lebt in der Täuschung fort, und aus dem Nachbilde wird das Urbild wieder hergestellt werden« (*ÄEM*, Neunter Brief, 4.). Die Vorstellungskraft der Kunst kann auch vorwärts blicken, um noch nicht realisierte schöne Formen ins Auge zu fassen, die in ihrem Reich des Scheins existieren (*ÄEM*, Ende Neunter Brief). Es ist vergeblich, sagt Schiller, versuchen zu wollen, den Charakter und das Gefühl zu verbessern, indem man dem gemeinen und bloß »sinnlichen Menschen« moralische Regeln einimpft, »[man] muss erst seine Natur verändern« durch die Ästhetik und auf die Ästhetik hin (*ÄEM*, Dreiundzwanzigster Brief, 5.). »Verjage die Willkür, die Frivolität, die Rohigkeit aus ihren Vergnügungen, so wirst du sie unvermerkt auch aus ihren Handlungen, endlich aus ihren Gesinnungen verbannen. [...] [U]mgib sie mit edeln, mit grossen, mit geistreichen Formen, schliesse sie ringsum mit den Symbolen des Vortrefflichen ein, bis der Schein die Wirklichkeit und die Kunst die Natur überwindet«, indem sie sie verbessert (*ÄEM*, Neunter Brief, 5.).

Schiller stützt seine Sichtweise von der Notwendigkeit ästhetischer Erziehung auf eine grundlegende Theorie über das Wesen des Menschen. Der Mensch hat zwei Grundtriebe: einen sinnlichen oder materiellen, den *Stofftrieb*, der »von dem physischen Dasein des Menschen oder von seiner sinnlichen Natur [ausgeht]«, und den *Formtrieb*, der »von dem absoluten Dasein des Menschen oder von seiner vernünftigen Natur [ausgeht]« (*ÄEM*, Zwölfter Brief, 2. und 5.). Der Stofftrieb nötigt uns, die sich ändernde Welt zu erfahren, um unsere materiellen Bedürfnisse zu befriedigen. Und da er an diese sich ändernde materielle Welt gebunden ist, ist er gewöhnlicher und »dringt« ständig »auf Veränderung«, wie um »die vielfältigsten Berührungen mit der Welt« zu erfahren (*ÄEM*, Dreizehnter Brief, 1. und 3.). Im Gegensatz dazu zielt der Formtrieb, der die »vernünftige« Existenz und das »absolute Dasein« des Menschen widerspiegelt, auf »Unveränderlichkeit« ab. Da in der steter Wandlung unterworfenen Sinnenwelt absolute Unveränderlichkeit unmöglich ist, besteht unsere formale und vernünftige Natur »auf Einheit und Beharrung« im Wechsel der Erscheinungen und will dies erreichen, indem sie sich teilweise von der sich ändernden Welt zurückzieht, um stabilere Formen zu erlangen, die sie dann auf die Erfahrung anzuwenden sucht. Für Schiller konstituiert schon der Begriff einer festen beharrenden Person »bei allem Wechsel des Zustands« durch seine formale Einheit das Modell und damit die Bedingung menschlicher Rationalität und Freiheit, die die Moral erfordert (*ÄEM*, Elfter Brief, 2. und 6.).

Schiller kann nicht zugeben, daß Form- und Stofftrieb, die miteinander im Streit liegen, völlig unvereinbar sind, denn das hieße, daß unsere Menschennatur zur Spaltung verurteilt ist. Er besteht jedoch auf ihrer Neigung, miteinander im Streit zu liegen und einander zu durchkreuzen; daher ist es »die Aufgabe der K u l t u r [...] [ü]ber diese zu wachen und einem jeden dieser beiden Triebe seine Grenzen zu sichern« (*ÄEM*, Dreizehnter Brief, 2.). In diesem Konflikt kommt die Kunst zu Hilfe, wenn Schiller einen dritten, vermittelnden Trieb einführt, »in welchem beide verbunden wirken« (*ÄEM*, Vierzehnter Brief, 5.). Diesen Trieb nennt er den *Spieltrieb*, der im Herzen von Kunst und Kultur seinen Sitz hat. So, wie »[d]er Gegenstand des sinnlichen Triebes [...] L e b e n [heißt], [...] und [d]er Gegenstand des Formtriebes [...] G e s t a l t [heißt], [wird also] [d]er Gegenstand des Spieltriebs [...] l e b e n d e G e s t a l t heißen können; ein Begriff, der allen ästhetischen Beschaffenheiten der Erscheinungen und mit einem Worte dem, was man in weitester Bedeutung S c h ö n h e i t nennt, zur Bezeichnung dient« (*ÄEM*, Fünfzehnter Brief, 2.). Die Bemühungen des Spieltriebs, die Prinzipien des Lebens und die Prinzipien der Form miteinander in Harmonie zu bringen, kommen allerdings selten ganz zum Ziel. Übrig bleibt deshalb, daß die Schönheit dazu tendiert, entweder »energisch« oder »schmelzend« zu sein, je nachdem, ob das Leben oder die Form in der Lebensform dominieren (*ÄEM*, Sechzehnter Brief, 2.).

Da jedoch die beiden Grundtriebe sich nur im Spiel irgendwie in Harmonie befinden, ist »[der Mensch] n u r d a g a n z M e n s c h, w o e r s p i e l t«. So wird das Spiel zur Grundlage für »das ganze Gebäude der ästhetischen Kunst und der noch schwirigern Lebenskunst« (*ÄEM*, Fünfzehnter Brief, 9.). Schiller folgert, daß wir die Kunst und die Schönheit in alle Dimensionen des Lebens und ins Zentrum unserer Erziehung einführen müssen, »weil nur aus dem ästhetischen, nicht aber aus dem physischen Zustande der moralische sich entwickeln kann« (*ÄEM*, Dreiundzwanzigster Brief, 6.). Denn es ist die Schönheit, die am besten »auf die Empfindung wirkt« (*ÄEM*, Achtzehnter Brief, 4.), um »grosse Gesinnungen« (*ÄEM*, Dreiundzwanzigster Brief, 5.) zu inspirieren und uns » e d l e r begehren« läßt (*ÄEM*, Dreiundzwanzigster Brief, 8.). Die Rolle der Kunst, eine menschlichere Gesellschaft hervorzubringen, liegt nicht allein in ihrer moralischen Erziehung des Individuums durch die Entwicklung einer harmonischen Seele und edler Gefühle, sondern auch in ihrer starken kommunikativen Kraft. »Die ungesellige Begierde muss ihrer Selbstsucht entsagen« (*ÄEM*, Siebenundzwanzigster Brief, 11) – in der Anmut der Kunstschönheit.

»Wenn schon das Bedürfnis den Menschen in die Gesellschaft nötigt und die Vernunft gesellige Grundsätze in ihm pflanzt, so kann die Schönheit allein ihm einen g e s e l l i g e n C h a r a k t e r erteilen. Der Geschmack allein bringt Harmonie in die Gesellschaft, weil er Harmonie in dem Individuum stiftet. Alle andre Formen der Vorstellung trennen den Menschen, weil sie sich ausschliessend entweder auf den sinnlichen oder auf den geistigen Teil seines Wesens gründen; nur die schöne Vorstellung macht ein Ganzes aus ihm, weil seine beiden Naturen dann zusammenstimmen müssen. Alle andere Formen der Mitteilung trennen die Gesellschaft, weil sie sich ausschliessend entweder auf die Privatempfänglichkeit oder auf die Privatfertigkeit der einzelnen Glieder, also auf das Unterscheidende zwischen Menschen und Menschen beziehen; nur die schöne Mitteilung vereinigt die Gesellschaft, weil sie sich auf das Gemeinsame aller bezieht. [...] Kein Vorzug, keine Alleinherrschaft wird gedultet, soweit der Geschmack regiert und das Reich des schönen Scheins sich verbreitet.« (*ÄEM*, Siebenundzwanzigster Brief, 10. und 11.)

Gegen diese romantische Idee, daß die Kunst unser Empfindungsvermögen fördere und damit unsere Fähigkeiten zum moralischen Gefühl und menschlichen Verständnis fördere, finden wir zwei Hauptargumentationslinien, die die Vorwürfe wiederbeleben, die weiter vorne in diesem Kapitel vorgebracht wurden.

Die erste besteht darin, daß die Beschäftigung mit Kunst unser Gefühl künstlich werden läßt, daß die Hingabe an eine ästhetische Erziehung einen dekadenten Ästhetizismus erzeuge. Unsere natürlichen menschlichen Sympathien könnten einfach als gewöhnlich oder vulgär abgewiesen werden, anstatt künstlerische Verfeinerung zu erfahren. Darüber hinaus besteht die Gefahr, daß unser großartiges menschliches Potential zu Gefühl und tiefer Emotion sich nicht auf Mitmenschen, sondern auf Kunstwerke richtet. Die ästhetischen Emotionen der Kunst dienen dann nicht etwa als wirksame Stimulanz wirklichen moralischen Fühlens und Handelns, sondern als ein oberflächlicher und selbstbetrügerischer Ersatz für sie. Wir können nicht oft genug an die ästhetisch verfeinerten Nazi-Offiziere erinnert werden, deren Tränen bei Beethoven ihren menschlichen Gefühlen Ausdruck verliehen und die doch auf ganz und gar unmenschliche Weise das Abschlachten von unschuldigen Kindern in großem Rahmen orchestrierten. Und dieses Paradox wiederholt sich ständig in weniger extremen Formen, so wie wenn wir, triefend von Betroffenheit für die dort dargestellten Opfer der Gesellschaft, aus dem Theater kommen und dann gehetzt die wirklichen Opfer links liegenlassen, die auf den kalten Straßen, auf denen sie leben, unsere Betroffenheit und Sorge wirklich nötig hätten. Der Schein der Kunst ist weder so unschuldig, noch moralisch so wirksam, wie Schiller dies darstellt. Schönheit als Schein und Kunst als Spiel der Vorstellungskraft fördern die Zersplitterung des Ästhetischen als einer Realitätsflucht – eine Idee, die zur Rechtfertigung der häßlichen Brutalität der realen, nicht-ästhetischen Welt beiträgt.

Zum zweiten kann dem universellen und demokratischen Appellcharakter der Kunst, dem Geschmack von Freiheit von »Privileg« und »Autokratie« nicht länger mehr große Glaubwürdigkeit geschenkt werden. Was Schiller (und auch Hume und Kant) mit Universalität meinten, war nicht der natürliche Geschmack aller Menschen in allen Klassen, eingeschlossen den gewöhnlichen Durchschnittsgeschmack, sondern einfach der Geschmack einer kulturell privilegierten Gesellschaft. Statt die Gesellschaft unzweideutig zu vereinen, spaltet die schöne Kunst die Gesellschaft durch ihre privilegierende Absetzung des Handwerks, der Unterhaltung und der populären Kunst und verbreitert diese Spaltung noch. Und durch diese zusätzliche Unterscheidung zwischen einer privilegierten und einer normalen oder gewöhnlichen Weise, Kunst zu schätzen, kann die Kunst die Gesellschaft[62] noch weiter in die privilegierte Elite, die sie *geschmackvoll* schätzen kann, und jene anderen, die Kunst zwar mögen, sie aber nicht angemessen verstehen können sollen, aufspalten. Beide vorgetragenen Argumente gegen den moralischen und sozialen Wert der Kunst lassen sich sehr klar in Eliots Gedicht erkennen, zu dem wir jetzt zurückkehren.

Vier

Die ältere, sentimentale Gastgeberin steht für die gute und die schlechte Seite der ästhetischen Erziehung. Sie scheint den Freuden der Kunst und dem Vergnügen der Freundschaft – den beiden Säulen von G. E. Moores idealem Leben und der »Bloomsbury-Ethik« – ganz hingegeben zu sein.[63] Darüber hinaus ist ihr Gefühl für den jungen Mann fest, unveränderlich und äußert sich in einer ästhetischen Form. Tatsächlich machen ihre unbeugsame Festigkeit und ihr Rückzug aus der Welt (eingefangen in ihrem wehmütigen Refrain (»hier sitzen werde ich und den Freunden Tee einschenken«) sie zum Ausdruck der Schillerschen Auffassung der festen Idee der Form. Und ihr Ritual des Tee-Eingießens trifft genau Schillers Begriff der »schmelzenden Schönheit« (*ÄEM*, Sechzehnter Brief, 3.), die von Formen beherrscht wird, deren Lebensenergien zum größten Teil entkräftet sind, wie auch – wie die Heldin später selbst zugibt – ihr »begrabnes Leben« es war. Genau so, wie der Formtrieb das aktive, gestaltgebende Prinzip ist, so ist die Gastgeberin die formende und führende Figur dieses Stücks. Angesichts ihrer Entschlossenheit zur Freundschaft ist der junge Mann eher derjenige, der passiv (und ausweichend) reagiert, wie es zum sinnlichen Trieb paßt, der nach Schiller grundsätzlich rezeptiv und abwartend ist.

Die Liebe der Gastgeberin zur Kunst und zum Ästhetischen

weist jedoch Nebentöne der Affektiertheit, der allzu süßen Sentimentalität und des Snobismus auf – zumindest für das ironische Auge des jungen Erzählers. Sie inszeniert das Treffen wie eine romantische »Szene«: »Mit ›heut den Nachmittag hab ich mir für dich freigehalten‹;/Und im verdunkelten Gemach vier wachsne Kerzen,/Vier helle Ringe an der Decke über uns,/Die Stimmung – wie in Julias Gruft.« Obwohl die Szene sowohl die Form der Kunst als auch ihre Aura heraufbeschwört (in den vier Kerzen und den vier hellen Ringen), erkennen wir, daß ihre romantische Inszenierung künstlich und ihrer Beziehung auf groteske Weise unangemessen ist. Sie ist keine junge Julia, die ihren Romeo empfängt, und ihr ironisches Bildnis ist nicht einfach das einer älteren Frau, sondern das »einer Dame«, was sowohl sie als auch die Porträtmalerei mit den Klassenunterschieden der Privilegien in Verbindung setzt. Ganz ähnlich lassen ihre Kommentare zur Musik (spöttisch vom Erzähler als sentimentaler »Geigenklang [...] Mit fernen Kornetten vermengt«, später »Geigen« und »gesprungne Kornette« wiedergegeben) nicht so sehr aufmerksame Wertschätzung, als vielmehr ästhetische Ziererei und Elitismus erkennen. »›So innerlich, dieser Chopin, ich finde seine Seele/Sollte nur unter Freunden angerufen werden/So zwei bis drei, die seinen Jugendschmelz nicht anrührn,/Der im Konzertsalon betastet und betan wird.‹«

Dieser Snobismus wird durch das gemeinsame Thema der Freunde sofort mit ihrer Suche nach Freundschaft verbunden und legt damit nahe, daß diese Suche nicht eine umfassende moralische Suche nach genereller Gemeinschaft ist, sondern gleichermaßen auf elitistischen Snobismus hinausläuft, da sie nur »einen Freund [...], der solche Eigenschaften« von Distinktion besitzt, sucht, die die Freundschaft so besonders und raffiniert machen, als wäre sie Kunst. Dem Formtrieb noch genauer Ausdruck verleihend gibt sie der Kunst den Vorzug vor dem Leben (»Weil ich es wirklich kaum ertrage«), weil sie findet, daß das Leben »aus lauter Kleinigkeiten [...] so dicht verwoben« und nicht so ästhetisch komponiert ist, wie sie ihr eigenes Leben zu gestalten sucht. Schon die Schilderung ihres kunstvoll inszenierten Zimmers als »Julias Grab« verbindet ihr Kunstprinzip stark mit dem Tod, der jedes Leben erstickt; und der junge Mann, Symbol der Lebensenergie, fühlt sich dort – was nicht überrascht – ängstlich und bedroht.

In seiner rastlosen, reaktiven Natur, seinen gewöhnlicheren Wünschen, in seinem ungeduldigen Gefühl für die Zeit und die Ereignisse, seinem Drang nach Veränderung und Leben vertritt der junge Mann den sinnlichen Trieb. Er ist der Besucher in Bewegung, der mehr als andere »weitermachen wird«, der »ins Ausland geht«, und der zu rastlos ist, um in diesem formellen Besuchszimmer still zu sitzen und statt dessen vorschlägt:

> – Laß uns Luft schöpfen gehn in einer Tabaktrance,
> Denkmäler bewundern,
> Letzte Neuigkeiten diskutiern,
> Unsere Uhren nach den Straßenuhren stelln.
> Dann eine halbe Stunde sitzen und unser Bockbier trinken.

Seine Rolle als Symbol des sinnlichen, sich verändernden Lebens drückt sich später in der Klage der Frau noch deutlicher aus: »Ach, Freund, du weißt ja nicht, du weißt ja nicht/Was Leben ist, obwohl dus in Händen hältst«; und das unmenschliche Wesen seines sinnlichen Triebs zum Leben ist eingefangen in den Tierbildern, in denen seine Reaktion auf ihr menschliches Gefühl sich ausdrückt:

> Und jede sich verändernde Gestalt muß ich ausborgen
> Um mich auszudrücken ... tanzen, tanzen
> Wie ein Tanzbär tanzen,
> Schrein wie ein Papagei, schnattern wie ein Affe.
> Laß uns Luft schöpfen gehn in einer Tabaktrance –

Die letzte Zeile ist der für äußerliche Bewegung eintretende Kehrreim, der in einem scharfen Kontrast zu der innerlichen Teezeremonie des Kehrreims der Frau steht.

Als Leser teilen wir die Abneigung des Erzählers gegenüber der snobistischen Künstlichkeit des ästhetischen Lebens der Frau, das durch elitistische Kunst und ästhetisierte Freundschft gekennzeichnet ist, und wir können sein gelangweiltes »Präludium« der rhythmisch primitiven Auflehnung nachempfinden:

> Zwischen dem Bogenlauf der Violinen
> Und den Arietten
> Der gesprungnen Kornetten
> Entsteht in meinem Hirn ein dumpfes Tam-Tam-Toben
> Das, ganz absurd, ein eigenes Präludium trommelt,
> Launenhaft monoton,
> Das heißt, wenigstens ein »falscher Ton«.

Sein falscher Ton steht in Anführungszeichen, was in Anbetracht der Ironie des Erzählers nahelegt, daß seine wilde und launenhafte Monotonie nur falsch ist, wenn es nach den stilisierten und künstlichen Vorstellungen der »wahren« Musik geht, wie sie der romantisch verfeinerte Geschmack der Frau für die hohe Kunst billigt. Da jedoch ein solcher Geschmack und solche Vorstellungen nicht natürlich, sondern vielmehr das Ergebnis eines ausgefeilten kulturellen Trainings (wenn nicht sogar auch von Ziererei und Getue) in einer äußerst artifiziellen Gesellschaft sind, erscheint der primitive »falsche Ton« natürlicher, wahrer und »bestimmter« als der »Bogenlauf der Violinen« und die »Arietten/der gesprungnen Kornetten«, die ihre ästhetisch verfeinerten Annäherungsversuche ausdrücken. Diese Versuche, sein Gefühl ästhetisch zu erziehen, werden im nächsten Abschnitt noch deutlicher als falsche Töne herausgestellt, bis hinunter zu der Formulierung »beharrlich und verzerrt/Wie eine aufgezargte Violine an einem Spätnachmittag im August«, die versucht, sein Herz zu bewegen, unterstützt von der Schönheit des Flieders, »Und zwirbelt einen Zweig in ihren Fingern, da sie spricht«. Die Ästhetik ist in ihren verdrehenden Händen sowohl elitistisch selektiv als auch hoffnungslos ohne Wirkung, statt kraftvoll und universell mitteilsam zu sein. Sie vermittelt dem Erzähler nur eines: das Verlangen, seinen Hut zu nehmen (»Ich greif zum Hut«) und zu fliehen.

Die unkritisch ästhetische, romantische Erziehung der Frau scheint ein echter Fehlschlag zu sein. Wenn aber die traditionellen Formen der hohen Kunst und die Ästhetik zu artifiziell sind, um menschliches Gefühl mitzuteilen und zu erziehen und damit unser Leben verbessern zu können, hat dann der kritische Erzähler etwas Besseres anzubieten? Dies scheint klarerweise nicht der Fall zu sein. Obwohl ihr ästhetisches Reich des Scheins, prachtvoller Freundschaft und Kunst ihn abstößt und anscheinend ängstigt, scheint er im »wirklichen Leben«, in das er flieht und das er in gewisser Weise repräsentiert, nicht glücklicher zu sein. Denn was ist sein Leben anderes als der einsam vagabundierende Konsum zusammenhangloser Sensationsmeldungen und niederer Vergnügungen, die das entfremdete moderne Leben typischerweise zu bieten hat? Diese sensationellen Kleinigkeiten, die er konsumiert, um seinen sinnlichen Trieb zu stillen, werden nicht direkt und in integrierter Form erfahren, sondern nur mittelbar durch das, was Walter Benjamin als das zusammenhanglose Medium der Tageszeitung bezeichnet hat.

> Im Park sieht man mich jeden Morgen
> Wie ich die Comics lese und den Sport.
> Interessiern tut mich besonders,
> Daß eine englische Gräfin auf die Bühne geht.
> Ein Grieche wurde umgebracht auf einem Polen-Ball,
> Ein neuer Bankbetrüger hat gestanden.

Diese Begebenheiten sind solche bedeutungslosen »Kleinigkeiten« (*odds and ends*) und solche kläglich unsensationellen Sensationen, die die anti-romantische Stichelei des Erzählers unterhöhlen, wenn er »dem neuesten Polen nach[...]lauscht/Und zwar Präludien, durch Haar und Fingerkuppen übermittelt« (durch Haar und Fingerkuppen – nicht durch seine Seele). Denn selbst die Chopinsche Romantik, deren man so schnell überdrüssig wird, scheint dem grausigen, leblosen und in gewisser Weise unwirklichen Realismus des üblichen Rummels der Massenmedien überlegen zu sein – Skandalgeschichten, Comics und Sport. Diese Bezugnahme auf den Skandal weist auf mehr hin als auf soziale Degradierung und Korruption. Es gibt einen Hinweis in dem Mord des Griechen auf dem Polen-Ball (der den Polen Chopin ins Gedächtnis ruft), wie die frühere griechische Ästhetik – in der die Kunst viel robuster, demokratischer und damit stark in das wirkliche Leben der Gesellschaft eingebettet war – von einem fremden und artifiziellen Romantizismus zur Strecke gebracht wurde, in dem die Kunst sich zu einem ätherischen Reich des reinen Ästhetizismus vergeistigt hat.[64]

In jedem Fall scheint das zusammenhanglose und bedeutungslose wirkliche Leben des Erzählers kaum besser zu sein als der affektierte ästhetische Schein der Dame. Er selbst ist offensichtlich nicht begeistert davon, obwohl er diese indifferente Haltung der Herausforderung des wirklichen Gefühls, das die Schönheit hervorbringen kann, vorzuziehen scheint. Die Schönheit und das Gefühl stellen eine Herausforderung dar, weil sie seine eigennützige Selbstgenügsamkeit gefährden, indem sie nahelegen, daß es vielleicht lohnendere (wenn auch gefährlichere) Projekte der Erfüllung gibt als die, die das berechnende Eigeninteresse des sinnlichen Triebes diktieren. In dieser alltäglichen weltlichen Routine, so sagt er:

> Ich wahr die Fassung
> Bleibe selbstbeherrscht.
> Es sei denn, daß ein Leierkasten müde und mechanisch
> Einen abgedroschnen Schlager ewig wiederholt
> Oder daß der Geruch von Hyazinthen aus dem Garten weht
> Und Dinge in mir aufruft, die andere begehrten.
> Sind diese Annahmen richtig oder falsch?

Mit Laforguescher Ironie gegen die bekannte Phalanx des Ästhetizismus bewaffnet – die romantisch geschmiedeten und exklusiven hochtrabenden Präludien von Chopin und der vermutlich lilafarbene Flieder des verfeinerten Fühlens der Gastgeberin – ist der junge Erzähler jedenfalls verletzlich berührt von der natürlicheren Musik und Schönheit der Straße und des Gartens. Sie sind nicht für eine Elite abgepackt, sondern sind gemeinschaftlich offen und werden von vielen geteilt. Das Lied ist ein gewöhnlicher Schlager, und der Garten ist draußen an der frischen Luft. Diese ästhetischen Gegenstände sind, auch wenn sie abgedroschen oder nicht so kunstvoll wie die Aufführung des Polen und die Inszenierung der Frau herauskommen, ehrlicher, direkter und offener als die »Bogenläufe der Violinen« und das »Zwirbeln des Fliederzweigs«. Aus diesem Grund haben sie eine stärkere emotionale Wirkung.

Die ästhetische Erfahrung stellt ein tiefes und natürliches Bedürfnis des Menschen dar, das, wenn es im Reich der hohen

Kunst enttäuscht wird, sich an anderem Ort Befriedigung sucht. Wie Dewey beklagte, »[w]enn das, was die Gebildetenschicht unter Kunst versteht, aufgrund seiner Entrücktheit für die Masse des Volkes zum blutleeren Gebilde wird, dann richtet sich das Verlangen nach Ästhetik leicht auf das Billige und Vulgäre« (*AE* 12). Eliot teilt hier diese Beschwerde gegen die elitistische und vergeistigende Zersplitterung der schönen Kunst, er preist weder gewöhnliche Schlager als große Kunst an, noch verdammt er (und damit der Erzähler, der von ihnen berührt wird) sie als wertlos und vulgär. Wir können dem Bild des Leierkastenlieds entnehmen – »müde und mechanisch«, »abgedroschen« und »gemein« (wobei das letzte Attribut zwischen dem positiven »geteilt« und dem negativen »vulgär« schwankt) –, daß eine solche Kunst nicht eine Verkörperung des ästhetischen Ideals darstellt. Dasselbe gilt für den primitiven Rhythmus des jungen Mannes, der sich als reaktiver Protest gegen die künstlichen Anstrengungen der Frau entwickelt. Es ist ein »dumpfes Tam-Tam-Toben«, »[d]as, ganz absurd, ein eigenes Präludium trommelt«, »launenhafte Monotonie«.[65] Es stellt offensichtlich (selbst für den jungen Erzähler) nicht das dar, was gute Kunst sein sollte, auch wenn es viel lebendiger und bezwingender als der dekadente Romantizismus der Frau zu sein scheint. Eliot scheint sagen zu wollen, daß die vollständige Rückkehr zum Primitiven kein gangbarer Weg für die westliche Ästhetik ist, wenn die Kunst auch ihre primitiven Wurzeln, Rhythmen und Lebensenergien nicht vollständig aufgeben darf. Mögen wir die verfeinerte Dekadenz auch verachten, so vermag der naive Primitivismus uns doch nicht voll und ganz zu befriedigen, der letztlich unserer sozio-kulturellen Erfahrung widerspricht und damit für uns ein eigenes verfeinertes Getue und einen eigenen Eskapismus beinhaltet.

Dieses Dilemma, das sich in dem negativen Bild des Tam-Tam-Tobens und des abgedroschenen Lieds widerspiegelt, läßt sich auch in der Person des Erzählers fassen. Wir wissen, daß er eine kultivierte Person von einigem Talent sein muß, wenn nicht durch seine Sprache und augenscheinliche Dichterlaufbahn, dann zumindest durch die Aufmerksamkeit und das Lob, die die verfeinerte Dame ihm zuteil werden lassen. Seine spürbar ironische Kritik an der spätromantischen Kunst und am Ästhetizismus legt eine ästhetische Feinheit nahe, die weit über die ästhetische Schwärmerei der Frau hinausgeht, eine kulturelle Prägung, die es ihm unmöglich zu machen scheint, in den primitiven und »abgedroschenen, gewöhnlichen« Formen der populären Kunst volle Befriedigung zu finden.

Der junge Mann ist auch dem Gefühl gegenüber nicht einfach plump unempfindlich. Er nimmt die Gefühle der Frau genau wahr, ohne von ihnen allerdings mitfühlend bewegt zu werden – wie ein Kenner eine ästhetische Eigenschaft oder ein ästhetisches Gefühl bemerkt, ohne es selbst wirklich zu fühlen. Seine Unempfindlichkeit ist ein Mangel an menschlichem Gefühl, nicht an Wahrnehmung. Er hat Angst, daß das Gefühl seine »Selbstbeherrschung« unterläuft und ihn letztlich in den sentimentalen Überschwang und in die nach Freundschaft hungernde Schwäche der Frau hineinzieht. So von sich selbst eingenommen und auf der Suche nach sich selbst, kann er nicht anders, als die Motive der Frau für eine Freundschaft ebenfalls als bedrohlich selbstsüchtig anzusehen – und deshalb schreckt er aus Angst vor ihnen zurück. Schiller scheint diesen jungen Mann fast zu beschreiben, wenn er sagt: »Stolze Selbstgenügsamkeit zieht das Herz des Weltmanns zusammen, das in dem rohen Naturmenschen noch oft sympathetisch schlägt [...] Nur in einer völligen Abschwörung der Empfindsamkeit glaubt man gegen ihre Verirrungen Schutz zu finden« (*ÄEM*, Fünfter Brief). Ein so beschaffener Mann, der sich sogar »unter den Kultiviertesten« findet, befindet sich nicht weit entfernt von dem Zustand der ethischen Grausamkeit. »Mit *seiner* Menschenwürde unbekannt, ist er weit entfernt, sie in andern zu ehren, und der eignen wilden Gier sich bewußt, fürchtet er sie in jedem Geschöpf, das ihm ähnlich sieht. Nie erblickt er andre in sich, nur sich in andern, und die Gesellschaft, anstatt ihn zur Gattung auszudehnen, schließt ihn nur enger und enger in sein Individuum ein« (*ÄEM*, Vierundzwanzigster Brief). Seine Auffassung vom Sinn des Lebens als »Selbstsuche« macht ihn »[e]wig einförmig in seinen Zwecken, ewig wechselnd in seinen Urteilen« (*ÄEM*, Vierundzwanzigster Brief), die nicht allein die tägliche Routine des morgendlichen Lesens und die vorgeschlagenen »Tabaktrance«-Ausflüge zu öffentlichen Denkmälern, »Straßenuhren« und Trinkhallen, sondern auch seine schwankende Unsicherheit, darüber, ob Ideen »richtig oder falsch« sind, nahelegen.

Der ästhetische Zauber kann jedoch, so Schiller, berühren und schließlich selbst ein verhärtetes Herz erweichen; und Eliots junger Weltmann ist von dem Gassenhauer und den Hyazinthen wirklich – wenn auch in nicht angemessener Weise – bewegt. Obwohl er durch solch gewöhnliche und einfache Schönheit (oder durch sein zuvor erwähntes primitives Tam-Tam-Toben) nicht völlig zu menschlichem Streben und zu menschlichem Mitgefühl bewegt wird, wird er dadurch doch wenigstens aus seiner Selbstbeherrschung so weit herausgerissen, daß er, was »andere Menschen begehrt haben« und die Gültigkeit oder den Wert solcher Begehren in Betracht zieht: »Sind diese Annahmen richtig oder falsch?« Eine solche Fragestellung ist freilich noch immer weit entfernt von ethischer Selbstkritik und Reform. Denn »richtig und falsch« müssen gar nicht ethisch »richtig oder falsch« bedeuten, sondern könnten einfach »wahr oder falsch« oder nur »richtig oder falsch in einem instrumentellen Sinn« (so wie es eine »richtige Weise« des Betrügens oder Folterns gibt) heißen.

Bei dem dritten Treffen, das den Höhepunkt darstellt, können wir außerdem sehen, daß der junge Mann der Selbstbeherrschung und der Ablehnung solchen menschlichen Mitgefühls, das ihn bei der Frau so ängstigt, verpflichtet bleibt. Dennoch scheint seine Selbstbeherrschung durch die ästhetische Erfahrung der vorangegangenen Strophe bereits etwas geschwächt zu sein. Denn er gesteht, »ein leichtes Unbehagen« zu verspüren, als er sich der Wohnung der Frau nähert, er fühlt sich, als sei er die Treppen »auf allen vieren raufgekrochen«. Der junge Mann muß sich, als er der Frau vor der Abreise nach Europa seinen Abschiedsbesuch abstattet, der ganzen Wucht ihres Gefühls, ihrem fortgesetzten Wunsch nach Freundschaft (jetzt in Form des Briefwechsels) und ihrer Enttäuschung darüber, daß ihre freundschaftlichen Gefühle nicht erwidert wurden, aussetzen.

»Vielleicht kannst du mir schreiben.«
Für einen Augenblick brennt meine Selbstbeherrschung auf –
Grade damit hatte ich ja gerechnet.
»Ich frage mich seit kurzer Zeit recht oft
(Obwohl der Anfang nie sein Ende kennt!)
Warum wir niemals Freunde wurden.«
Ich fühle mich wie einer der erst lächelt, sich dann umdreht
Und unerwartet sein Gesicht im Spiegel sieht.
Meine Beherrschung flackert; um uns ist echte Dunkelheit.

Wenn wir genau lesen, dann merken wir, daß es nicht ihr Wunsch oder ihre schwermütigen Gefühle sind, die die Selbstbeherrschung des jungen Mannes so völlig durcheinanderbringen. Vielmehr ist es sein Gewahrwerden der eigenen falsch und grausam lächelnden Antwort, die mit der kritischen Selbstwahrnehmung verglichen wird, die sich einstellt, wenn man das eigene verlegene Lächeln im Spiegel auffängt – »[u]nd unerwartet sein Gesicht im Spiegel sieht«. Die Metapher, ein Bild im Spiegel einzufangen, ist jedoch die älteste und durchsichtigste Metapher für die Kunst und ihre *Mimesis*. Eliot legt damit auf metaphorische Weise nahe, daß die Kunst die Selbstbeherrschung eines verhärteten Mannes umstürzen kann und daß sie dies durch die kritische Repräsentation seines Bildes oder seines Handelns erreichen kann. Kunst, ließe sich sagen, kann uns dabei helfen, die Übel des Lebens und der Gesellschaft zu kritisieren, indem sie sie einfach darstellt, und diese Kritik stellt einen notwendigen Schritt auf dem Weg zu ethischer und sozialer Verbesserung dar. Ästhetische Erziehung ist nur dann möglich, wenn sie Kritik miteinbezieht; Kunst dient nur dann der Erbauung, wenn ihre Spiegelbilder nicht bloß produziert oder konsumiert werden, sondern indem sie kritisch aufgenommen und eingeschätzt werden. Dieses Thema wird durch die Wiederholung in der Schlußstrophe des Gedichts noch einmal hervorgehoben.

Zuvor sehen wir in der vorletzten Strophe, daß die Kunst das Bild, das sie einfängt, nicht nur spiegelt, sondern auch intensiviert. Diese Intensivierung durch die künstlerische Wiedergabe erscheint in dem schmerzvoll wiederholten Reim und Rhythmus der abschließenden Bitte der Frau.

> Man muß es halt dem Schicksal überlassen.
> Du wirst mir schreiben, unbedingt.
> Vielleicht ist es noch nicht zu spät.
> Hier sitzen werde ich und den Freunden Tee einschenken.

Hier scheint es wieder so zu sein, daß die Kunst des Gefühls, und nicht das Gefühl selbst die Selbstbeherrschung des Erzählers überwindet und ihn sich selbst als unmenschlich enthüllt. Seine Antwort kann weder der Menschlichkeit noch der ästhetischen Kraft der Bitte der Frau entsprechen; seine groben und wechselnden Versuche, einen Ausdruck zu finden, sind nichts als die grotesken, menschenunwürdigen Possen eines Zirkustiers.

> Und jede sich verändernde Gestalt muß ich ausborgen
> Um mich auszudrücken ... tanzen, tanzen
> Wie ein Tanzbär tanzen,
> Schrein wie ein Papagei, schnattern wie ein Affe.
> Laß uns Luft schöpfen gehn in einer Tabaktrance –

Die Schlußstrophe zeigt den Erzähler allein, in Europa, er stellt sich den möglichen Tod der sentimentalen Dame vor. Denn sie hatte schon klagend von ihrem »begrabnen Leben« gesprochen, als sie ihm »die Freundschaft und die Sympathie/Von einer, die fast am Ende ihrer Reise ist«, angeboten hatte. Wenn der junge Mann sich ihren Tod mit lebendiger, detailreicher Kunst ausmalt, während er »mit seinem Federhalter« sitzt, offensichtlich, um sich die Erinnerung an ihr wiederholtes Angebot und seine wiederholte Verweigerung von Sympathie ins Gedächtnis zurückzurufen, dann wird er als der Dichter gezeigt, der den Rahmen der rückblickenden Erzählung festschreibt, und als der Mann, der das Leiden anderer als Material für seine Kunst ausbeutet. Die Kunst kann sich menschliches Gefühl zur Beute machen, statt es zu entwickeln; tatsächlich kann sie es verleugnen und verzerren, um es sich noch besser zur Beute zu machen. Auf der anderen Seite bewegt jedoch seine poetische Darstellung ihres Todes den jungen Mann dazu, die Gültigkeit seiner eigenen Gefühle und die ethische Rechtmäßigkeit seiner Pose der kaltlächelnden Ironie gegenüber den menschlichen Gefühlen anderer zu hinterfragen. Hier scheint es der hohen Kunst der Dichtung zu gelingen, wirkliches moralisches Gefühl hervorzubringen, das dem primitiven Tam-Tam-Toben und dem abgedroschenen Gassenhauer nicht angemessen sind. Aber ist das wirklich der Fall? Der komplexe Schluß des Gedichts bedarf der eingehenden Untersuchung.

> Nun ja! und was wenn eines Nachmittags sie plötzlich stirbt,
> An einem rauchig-trüben Nachmittag, an einem rosagelben Abend
> Stirbt und mich mit meinem Federhalter sitzen läßt
> Derweil der Rauch herabkommt von den Dächern;
> Für einen Augenblick im Zweifel
> Nicht wissend was ich fühlen soll, noch ob ich es verstehe
> Noch ob es weise oder sinnlos, zu spät oder zu früh...
> Hat sie daraus nicht doch noch ihren Vorteil?
> Diese Musik dringt durch, sie »stirbt so hin«
> Jetzt wo wir grad vom Sterben sprechen –
> Und hätt ich dann das Recht zu lächeln?

Es stimmt, daß die künstlerisch lebhafte Schilderung ihres Todes dazu führt, daß er sein eigenes Gefühl – oder vielmehr dessen Fehlen – kritisch betrachtet. Darüber hinaus bringt ihm diese ästhetische Kunst nicht wirklich den Vorteil des lebendigen Gefühls der Frau nahe, die er verächtlich als peinliche Schwäche abtut. Indem man sich frei fühlt vom Joch der Selbstbeherrschung und dem eigenen Lauf folgt, bleibt es einem erspart, »nicht zu wissen, was man fühlen soll«. Man braucht es nicht zu wissen; man fühlt es einfach. Weiter ist nicht zu leugnen, daß die künstlerische Schilderung ihres vorgestellten Todes (nicht nur in ihrer reich ausgemalten Atmosphäre: »an einem rauchig-trüben Nachmittag, an einem rosagelben Abend«, sondern auch in seinem musikalisch gestalteten »Dahinsterben«) in der letzten Zeile des Gedichts zum ersten Mal zu einer wirklich ethischen Fragestellung des Erzählers führt. Das »hätt ich dann« und »Recht« der Zeile »Und hätt ich dann das Recht zu lächeln?« sind die ersten und allein eindeutig ethischen Begriffe des Gedichts, denn »richtige oder falsche« Annahmen können, wie wir gesehen haben, sehr wohl nicht-ethische Bedeutung besitzen.

Auf der anderen Seite kann das Gedicht so gelesen werden, daß der Vorteil der Frau letztlich nicht in ihrem Gefühl, sondern in ihrem Tod liegt, der das Ende des Gefühls bedeutet. Der junge Mann, nun ganz klar als Dichter gezeigt und damit unter der Ägide der Kunst, könnte dann so verstanden werden, daß er den künstlerischen Tod über das Leben des wirklichen Gefühls erhebt. Die Kunst ist natürlich immer schon dem Leben gegenübergestellt worden, und der Tod unleugbar ebenso. Indem er dieses Gedicht über die Frau schreibt, versucht er noch einmal, dem wirklichen Gefühl für sie zu entkommen; und die Kunst ermöglicht ihm diese Flucht. Darüber hinaus findet man seit der Spätromantik und dem »l'art pour l'art« oft das Bestehen auf der Trennung und Reinigung der Kunst von gewöhnlichen Anliegen und Gefühlen des Alltagslebens: die Ansicht, daß ästhetische Empfindungen nicht mit denen des wirklichen Lebens durcheinandergebracht werden sollten. Clive Bell zum Beispiel vertritt diese Ansicht[66], und auch Eliot selbst hat dies (für eine kurze Zeit) getan, wenn auch erst einige Jahre nach Vollendung dieses Gedichts. Auf der Höhe seiner objektivistischen Kritik, 1920, stellt er fest, daß »ein Literaturkritiker sollte keine Emotionen haben, außer denen, die unmittelbar vom Kunstwerk hervorgerufen werden – und diese können, wenn sie gültig sind, vielleicht überhaupt nicht Emotionen genannt werden«.[67]

Vielleicht ist der junge Erzähler-Dichter also von seiner Kunst nicht zu wirklichem Gefühl und wirklicher Sympathie bewegt, sondern bloß zu ästhetischem Gefühl. Vielleicht nährt oder weckt die Kunst nicht wirkliche ethische Sympathie und Praxis, sondern bietet vielmehr eine einfache Fluchtmöglichkeit vor ihnen durch die Ersatzbefriedigung der vorgestellten künstlerischen Sympathie, die in eine gefällige Form gegossen werden kann und kein wirkliches Handeln oder die unmittelbare Konfrontation mit dem einfachen Gefühl verlangt. Es ließe sich also sagen, daß der junge Erzähler-Dichter bei aller ästhetischen Raffinesse moralisch ungebildet bleibt, weil er nicht zuläßt, daß sich menschliche Gefühle in die rein ästhetische Einschätzung des Todes der Dame mischen. Denn die Einschätzung ihres Todes geschieht deutlich in rein ästhetischen Begriffen, einfach als »so hinsterbende« Musik und nicht in Begriffen eines wirklichen Todes – als Leiden, Verlust, Trauer oder ethische Reue. Dies legt nahe, daß die ästhetische Erziehung, statt uns für das wirklich moralische Gefühl und die menschliche Sympathie zu öffnen, an eine ästhetisch raffinierte, moralisch jedoch unempfindliche Haltung gewöhnt, aus der heraus wir dazu neigen, alles, selbst Menschen, als Gegenstände für den ästhetischen Gebrauch zu betrachten. Noch in dieser Schlußstrophe, in der der Erzähler so stark aufgewühlt ist, scheint er die Dame wie einen ästhetischen Gegenstand zu behandeln (Gegenstand seines Gedichts »Bildnis einer Dame«), und nicht wie einen Zweck an sich, der menschliche Würde besitzt. Es ist sehr fraglich, ob es tatsächlich ihr Schicksal ist, das ihn berührt, oder nicht vielmehr – in narzißtischem Ästhetizismus – seine eigene kunstvolle Darstellung davon. Tatsächlich scheint die Echtheit seines Gefühls – und damit die ganze Ästhetisierung des Lebens, die noch die trostlose Brutalität des Todes zu einem Moment des ästhetischen Genusses statt des leidenden Mitgefühls macht – durch den Dichter-Erzähler selbst in Frage gestellt zu werden. Die Schlußfrage des Gedichts »Und hätt ich dann das Recht zu lächeln?« macht dies sehr, sehr deutlich und ist so bedeutungsreich und vielschichtig, daß sie noch lange nachhallt, wenn die Worte längst gelesen sind.

Die Frage ist nicht nur, ob der junge Erzähler das Recht haben sollte, über die Verrücktheit der vergangenen emotionalen Schwäche der Frau ironisch zu lächeln und über sein schließliches Entkommen – durch ihren Tod – vor ihren Forderungen nach wirklichem Gefühl und Freundschaft mit Erleichterung zu lächeln. Es stellt sich auch die Frage, ob der Erzähler-Dichter das Recht hat, mit Befriedigung über die feine Weise zu lächeln, auf die er ihr bedrohend wirkliches Gefühl und Leiden in ein wohlgeschmiedetes und angenehm verdauliches Kunstwerk verwandelt hat, das das mittelbare Leben und Gefühl durch ästhetische Emotion bietet. Er scheint sich dieser tendenziösen Ästhetisierung ihres Todes jedoch wohl bewußt zu sein; und angesichts seiner Fähigkeit zur Selbstkritik (belegt durch seine Beschreibungen der Verlegenheit, wenn er nicht »selbstbeherrscht« ist), mag er ironisch lächeln über die Erkenntnis, daß seine ästhetische Haltung menschlichem Leben und Tod gegenüber unmoralisch ist. Sollte ich das Recht haben zu lächeln, fragt er auch, über meinen grausamen, unmenschlichen Ästhetizismus, und sogar über meine überlegene »intellektuelle« Wahrnehmung dieses moralischen Mangels? Haben wir in der Kritik das Recht, über uns selbst und unsere ethischen Schwächen zu lachen, wenn sie doch in Wirklichkeit keinen Anlaß zum Lachen geben?

Diese abschließende, widerhallende Frage hält hier nicht schon in einer Antwort inne, sondern führt uns noch weiter, über den Erzähler-Dichter hinaus zu dem wirklichen Dichter und schließlich zum Leser und Kritiker. Wenn wir den jungen Erzähler-Dichter mit dem jungen Eliot identifizieren, der dieses Werk im Alter von 23 Jahren abschloß, dann sehen wir Eliot fragen, ob er selbst das Recht besitzt, in kritischer Überlegenheit über den Ästhetizismus und den Selbstbetrug des jungen Erzählers, daß das Leben als Kunst behandelt werden kann, zu lächeln. Oder lächelt er in Zustimmung zu solchem Selbstbetrug? Denn was tut Eliot anderes, wenn er dieses Gedicht schreibt. Wenn er die problematische Ästhetisierung von Übeln kritisiert, die mehr verlangen als eine ästhetische Behandlung, dann hat er das Problem einfach reproduziert, indem er einen weiteren ästhetischen Gegenstand hervorgebracht hat, der unseren ästhetischen Gefühlen und sogar dem hochgesonnenen ästhetischen Sinn genügt, den manche von uns für »moralische Inhalte« in der Kunst haben. Die raffinierte künstlerische Darstellung oder Ästhetisierung dieses Inhalts jedoch verlagert die Aufmerksamkeit vom Grundproblem selbst, das im Leben sitzt und im Leben selbst, nicht in der Kunst, gelöst werden muß. Hier zeigt sich ein Teil des grundlegend aporetischen Wesens der Kunst, die uns beständig von dem Problem ablenkt, eben indem sie uns darauf hinweist.

Schließlich ist der Leser-Kritiker nicht immun gegen diese Frage und die Gefahr des Selbstbetrugs. Sollte ich das Recht haben, über Eliots paradoxe Ästhetisierung des Ethischen zu lächeln, indem ich genau diesen Fehler zu kritisieren versuche? Denn zeigt er nicht sein eigenes Wissen um die Schwierigkeit in dieser widerhallenden Schlußfrage, die damit als an ihn selbst als letztlichem Autor des Gedichts gerichtet verstanden werden kann – das heißt, an jemanden, der sich dem Kunstschaffen hingibt und sich nicht in der direkteren sozialen Kritik und der moralischen Praxis engagiert. Wenn wir Leser-Kritiker die moralische Botschaft und das Rätsel des Gedichts als ästhetische Kost schätzen, dann haben wir kaum mehr das Recht als Eliot oder der junge Erzähler in der Kunst des Schreibens, zu lächeln, bleiben zufrieden und glücklich in unseren edlen Gefühlen und Lektüre-Feinheiten.

Sollte es auch nur die Spur einer Antwort auf dieses moralische Paradox der Kunst geben, dann scheint es die folgende zu sein: Wir müssen unsere Kritik von Kunstwerken und ihrem moralischen Inhalt zu einem kritischen Bewußtsein der sozialen Rolle der Kunst selbst, und darüber hinaus zu einer umfassenderen Kritik unserer sozialen Welt bringen, in der die Kunst dem Leben und menschlichen Mitgefühl gegenüber so fremd sein kann. Dieses kritische Bewußtsein kann durch die Kunst angeregt, nicht jedoch aus sich selbst hervorgebracht werden. Die Kunst kann, wie wir in »Bildnis einer Dame« sehen, bestenfalls in einer fesselnden und mehrdeutigen Frage thematisieren, was die Kritik – so weit gefaßt, daß sie auch philosophische, moralische und soziale Kritik einschließt – klären und zu beantworten suchen muß.

Und sollten wir also das Recht haben, hier aufzuhören? Wir haben vielmehr die Pflicht, die Kritik unserer unglücklichen soziokulturellen Fragmentierung weiterzuverfolgen, in der die Freundschaft in Furcht, Flucht und Isolation untergeht und in der Schönheit und Gefühl nicht in glücklicher Gemeinschaft, sondern in der kunstvollen Illusion des einsamen Todes einer Dame und dem einsamen Bedauern eines jungen Mannes verwirklicht werden. Unsere sozio-kulturelle Fragmentierung findet Ausdruck und Unterstützung in der scharfen Trennung der hohen Kunst von populären Formen künstlerischen Ausdrucks, denen sogar der Status von Kunst abgesprochen wird. Wir müssen in unserer Kultur, um volle ästhetische Rechtfertigung zu erlangen, die steile Treppe der Vergeistigung und der elitistischen Verfeinerung erklimmen, ganz so, wie der junge Mann die Treppe hinaufsteigen muß, um das kunstvolle Heiligtum der Dame zu erreichen. Und wenn es dort oben drückend und düster zu sein scheint, dann wagt man es nicht, die Fenster aufzustoßen, um frische Luft und populäre Lieder hereinzulassen. Man fühlt sich statt dessen wie ein Wilder oder ein Tier (»ein Tanzbär«) nicht in der Lage, die reine Luft der Kunst einzuatmen, und muß schließlich in einem völlig anderen kulturellen Bereich Zuflucht nehmen.

Wenn der junge Mann für die eher populären Formen des künstlerischen Ausdrucks steht, während die Dame die hohe Kunst vertritt, dann symbolisiert die Unfähigkeit der beiden, zu kommunizieren oder zusammenzubleiben, ein schwerwiegendes kulturelles Problem. Ausgeschlossen aus der ästhetischen Ehrbarkeit und Anerkennung unserer künstlerischen Tradition, fehlen der populären Kunst das künstlerische Bemühen und die Kontrolle, die sie ästhetisch befriedigender und empfindungsfähiger machen könnten. Abgeschoben in die Deformation durch die Zwänge des Lebens, die zum Großteil die entmenschlichenden Zwänge des wirtschaftlichen Gewinns sind, wird sie zwar robust, technisch ausgeklügelt, aber brutal ungehobelt, was die Sensibilität betrifft. Im Gegensatz dazu bleibt die hohe Kunst, wie auch die Dame, zurück, um in ihrer erstickenden Reinheit und leblosen Spiritualität alleine zu sterben, abgetrennt von den erfrischenden Lebensenergien (Schillers »schmelzender Schönheit«), die zu den populären Ausdrucksformen genauso wie zu dem jungen Mann gehören.

Diese beklagenswerte kulturelle Trennung zwischen ernsthafter hoher Kunst und illegitimer Kunst scheint uns vor ein nicht hinzunehmendes ästhetisches Dilemma zu stellen: zwischen der erstickend todgeweihten Künstlichkeit des Hohen und dem entmenschlichenden dumpfen Primitivismus des Populären. Diesem Dilemma und dieser Trennung muß durch die fortgesetzte Kritik an unserer institutionellen Kunstideologie wegen ihrer offenen Zurückweisung der populären Kunst als ästhetisch illegitim und sozio-kulturell zersetzend begegnet werden.[68]

3 Form und »Funk«: die ästhetische Herausforderung durch die populäre Kunst

Eins

Die populäre Kunst ist bei Ästhetikern und Kulturtheoretikern nie beliebt gewesen – zumindest nicht als Gegenstand ihres akademischen Interesses. Sofern sie sie nicht überhaupt als etwas ignorierten, was unter ihrer Würde war, wurde die populäre Kultur als geistloser, geschmackloser Müll verleumdet.[69] Die Verunglimpfung der populären Kunst oder der Massenkultur (der Streit über den angemessenen Begriff ist bezeichnend und lehrreich[70]) scheint besonders zwingend zu sein, da er weitgehend von Intellektuellen mit völlig unterschiedlichen sozio-politischen Ansichten und Programmen gutgeheißen wird. Es ergibt sich der seltene Umstand, daß rechte Reaktionäre und radikale Marxisten sich die Hände reichen und gemeinsame Sache machen.

Es ist nicht leicht, sich einer so machtvollen Koalition entgegenzustellen, will man die populäre Kunst verteidigen. Dennoch ist dies genau das, was ich in diesem Kapitel tun möchte – und zwar aus einer ganzen Reihe von Gründen. Mein an Dewey orientierter Pragmatismus läßt mich nicht nur gegenüber der entfremdenden Esoterik und den totalisierenden Ansprüchen der hohen Kunst kritisch sein, sondern auch äußerst mißtrauisch jeder essentiellen und unüberbrückbaren Trennung zwischen deren Produkten und denen der populären Kultur gegenüber. Darüber hinaus lehrt uns die Geschichte selbst deutlich, daß die populäre Unterhaltung einer Kultur (z. B. das griechische oder das elisabethanische Theater) Klassiker einer späteren Epoche hervorbringen kann. Tatsächlich kann sogar in ein und derselben Kulturepoche ein bestimmtes Werk entweder als populäre oder als hohe Kunst funktionieren – je nachdem, wie es interpretiert und von seinem Publikum aufgefaßt wird. Im Amerika des 19. Jahrhunderts galt Shakespeare als hohes Theater und als Vaudeville.[71]

Da die Grenzen zwischen hoher und populärer Kunst weder klar noch unumstritten zu sein scheinen (viele Filme gehören offensichtlich beiden Gebieten an), bringt meine einfache Rede von hoher und populärer Kunst ein großes Maß an philosophischer Abstraktion und Vereinfachung mit sich. Da jedoch die globalen Verdammungen der populären Kunst in eben diesen vereinfachenden, binären Begriffen gemacht werden, glaube ich sie zu Recht zu ihrer Verteidigung anzuwenden, selbst dann, wenn ich hoffe, daß eine solche Verteidigung schließlich zur Auflösung der Dichotomie hoch/populär und zu einer feinkörnigeren und konkreten Analyse der verschiedenen Künste und der abweichenden Formen ihrer Aneignung führen wird.[72]

Der stärkste und vordringlichste Grund dafür, die populäre Kunst zu verteidigen, besteht darin, daß sie uns (sogar uns Intellektuellen) zu große ästhetische Befriedigung bietet, als daß wir ihre Denunziation als moralisch schlecht, entmenschlichend und ästhetisch illegitim gänzlich hinnehmen könnten. Sie als nur dem barbarischen Geschmack und dem dumpfen Gemüt der unaufgeklärten, manipulierten Massen angemessen zu verdammen, heißt nicht nur, uns vom Rest unserer Gemeinschaft abzuspalten, sondern auch von uns selbst. Wir kommen dahin, die Dinge zu verschmähen, die uns Freude bereiten und uns für die Freude, die sie uns schenken, zu schämen. Während jedoch konservative und marxistische Kritiker der populären Kultur unsere derzeitige gesellschaftliche und persönliche Zersplitterung beklagen (indem sie die Schuld solchen Kräften wie der Modernisierung, der Industrialisierung, der Säkularisierung und dem Kapitalismus zuschieben), bekräftigt und erneuert die strenge Legitimationslinie, die sie zwischen hoher und populärer Kultur ziehen, eben diese schmerzlichen Trennungen in der Gesellschaft – und tiefer noch in uns selbst. Während die der populären Kunst ihre Legitimation vorerst vorenthaltende Kritik, die sich gerne den Anschein eines Wächters unserer ästhetischen Befriedigung gibt, nur eine weitere Spielart des asketischen Verzichts darstellt – eine von vielen Spielarten, die seit Platon viele Intellektuelle immer wieder benutzt haben, um die ungebärdige Gewalt und den starken sinnlichen Reiz des Ästhetischen zu bändigen.

Aus diesen Gründen kann die Verteidigung der populären Kunst – auch wenn sie wohl kaum die sozio-kulturelle Befreiung der beherrschten Gruppen, die diese Kunst konsumieren, herbeiführen kann – wenigstens helfen, jene beherrschten Teile unserer selbst, die ähnlich von den ausschließlichen Ansprüchen der hohen Kultur unterdrückt werden, zu befreien. Eine solche Befreiung mit der ihr eigenen Anerkennung des Schmerzes der kulturellen Unterdrückung kann vielleicht sowohl den Stimulus als auch die Hoffnung für weitergehende Sozialreform bereitstellen.[73]

Vier Faktoren machen es besonders schwer, die populäre Kunst gegen ihre übermächtigen intellektuellen Kritiker zu verteidigen. Erstens muß die Verteidigung mehr oder weniger auf Feindesland geführt werden, da der bloße Versuch, der intellektualistischen Kritik zu begegnen, bedeutet, sowohl die Macht ihrer Forderung nach Rechtfertigung als auch die – alles andere als neutralen – Begriffe, in denen sie ihre Anklage formuliert, zu akzeptieren. Es gibt nicht viele Verteidigungen der populären Kunst. Dies liegt gewiß auch daran, daß die meisten Enthusiasten der Popkultur die intellektuelle Kritik nicht für relevant oder für mächtig genug halten, als daß sie eine Antwort verdiente. Sie halten es für unnötig, ihren Geschmack gegen die Ansprüche entfremdeter, »steifer« Intellektueller zu verteidigen und diesen Geschmack durch irgend etwas anderes zu rechtfertigen als durch die Befriedigung, die er ihnen und vielen anderen bietet.

Eine weitere, damit verwandte Schwierigkeit besteht in der Neigung der intellektuellen Apologeten der populären Kunst, gegenüber deren ästhetischen Defiziten zu nachsichtig zu sein. Sie verteidigen die populäre Kunst unter Berufung auf die »mildernden Umstände« der sozialen Bedürfnisse und demokratischen Prinzipien, statt deren ästhetische Gültigkeit aufzuzeigen – und geben damit ganz unkritisch der ästhetischen Ideologie der hohen Kunst und deren ästhetischen Kritik an der populären

Kultur recht. Herbert Gans, ein unermüdlicher Verteidiger der populären Kultur, gibt sogar ihre relative ästhetische Armut und Unterlegenheit gegenüber der hohen Kultur zu. Die hohe Kunst biete »größere und vielleicht dauerhaftere ästhetische Befriedigung«, die Erforschung tiefer »sozialer, politischer und philosophischer Fragen« sowie die Fähigkeit, »auf vielen verschiedenen Ebenen verstanden« zu werden; die populäre Kultur sei in diesen ästhetischen Hinsichten defizient (*PH* 76-79, 125). Dennoch sagt Gans, daß die unteren Klassen nicht dafür verurteilt werden können, daß sie die einzigen Kulturprodukte wählen und genießen, die sie genießen können, weil ihnen »die sozio-ökonomischen und Ausbildungsgelegenheiten, die die Voraussetzung für die Wahl der höheren Kultur sind«, fehlen. Eine demokratische Gesellschaft, die ihnen keine der hohen Kultur angemessene Ausbildung und Freizeit bieten kann, müsse davon ausgehen, daß eine Kultur entsteht, die den wirklichen Bedürfnissen und Standards des Geschmacks der Unterprivilegierten entspricht (*PH* 28, 129).

Ist sie auch bewundernswert humanitär, wird diese Verteidigung der populären Kunst den Lesern dieses Buchs doch nicht weiterhelfen. Sie entschuldigt nur diejenigen, denen die (nötige) Ausbildung und Muße fehlt, um die hohe Kultur schätzen zu können. Gans stellt klar, daß man von uns erwarten könne, daß wir denjenigen kulturellen Gehalt wählen, der dem Niveau unserer Ausbildung entspricht und daß wir negativ beurteilt werden sollten, wenn wir ständig unterhalb, jedoch positiv, wenn wir oberhalb dieses Niveaus wählen (*PH* 126-27). Die populäre Kultur ist demnach nur gut für diejenigen, die es nicht besser verstehen; sie ist nicht etwas, in dem ganz unterschiedliche soziale Klassen (und menschliche Fähigkeiten) sich in ästhetischem Vergnügen und in ästhetischer Wertschätzung vereinen können. Sie sollte nicht gefeiert, sondern höchstens toleriert werden, bis wir ausreichend erzieherische Ressourcen anbieten können, »die es jeder Person möglich machen, aus höheren Kulturen zu wählen« (*PH* 128). Diese Sozial-Apologien für die populäre Kunst unterminieren eine wirkliche Verteidigung, da sie den alten Mythos von der bitteren ästhetischen Armut und die Diagnose derselben Art von sozialer und persönlicher Fragmentierung fortschreiben, auf dem auch die Kritik, der sie sich entgegenstellen, fußt.

Eine wirkliche Verteidigung der populären Kunst erfordert ihre *ästhetische* Rechtfertigung. Ein dritter Grund jedoch, weshalb eine solche Verteidigung so schwierig zu sein scheint, besteht darin, daß wir, wenn wir an die hohe Kunst denken, meistens nur an berühmte Meisterwerke denken, während die populäre Kunst mit ihren durchschnittlichsten und standardisierten Produkten identifiziert wird. Es gibt jedoch sehr wohl auch mittelmäßige und sogar schlechte Werke in der hohen Kunst – wie sogar ihre eifrigsten Anwälte werden zugeben müssen. Und genau wie die hohe Kunst nicht eine Sammlung makelloser Meisterwerke ist, so ist auch die populäre Kunst nicht ein in sich undifferenzierter Abgrund der Geschmacklosigkeit, in dem keinerlei ästhetische Kriterien eine Rolle spielen. In beiden Kunsttypen (die Unterscheidung zwischen beiden verstehe ich als flexibel und historisch, nicht streng und intrinsisch) gibt es Raum und Bedarf für ästhetische Unterscheidungen von Erfolg und Fehlschlag.

Schließlich besteht das vielleicht schwierigste Problem in der Tendenz des intellektuellen Diskurses, den Begriff »ästhetisch« als Begriff der hohen Kunst und des verfeinerten Stils zu verwenden, als wäre der bloße Begriff einer populären Ästhetik schon ein Widerspruch in sich. Diese Tendenz hat einige, die den populären kulturellen Bedürfnissen aufgeschlossen gegenüberstehen und die die »interesselose« und »nicht-kommerzielle« Ideologie der hohen Kultur durchschauen, davon abgehalten, die Existenz einer populären Ästhetik anzuerkennen, die nicht völlig negativ, beherrscht und verarmt ist. Das prominenteste Beispiel dieser bedauerlichen Einseitigkeit ist Pierre Bourdieu, der die verborgene Ökonomie und die verschleierten Interessen der sogenannten interesselosen Ästhetik der hohen Kultur rigoros und genau bloßlegt. Auch er selbst bleibt dennoch zu sehr im Bann des Mythos, den er entmystifiziert, als daß er die Existenz einer wie immer legitimierten populären Ästhetik anerkennen könnte. Er verwendet diesen Begriff nur in diskriminierenden Anführungszeichen und betont wiederholt, daß die sogenannte populäre

Ästhetik nichts weiter ist als der Hintergrund oder ein negativer Bezugspunkt, von dem jede legitime Ästhetik sich distanzieren müsse, um Legitimität zu erlangen.[74]

Gewiß stammt der Begriff »ästhetisch« aus einem intellektuellen Zusammenhang und wurde am häufigsten verwandt, um die hohe Kunst und die besonders raffinierte Wertschätzung der Natur zu bezeichnen. Seine Verwendung jedoch ist heute sicherlich nicht mehr so eng. Man braucht sich nur die vielen Modeschulen und Kosmetiksalons anzusehen, die sich »ästhetische Einrichtungen« nennen und deren Angestellte »aestheticians« genannt werden.[75] Darüber hinaus werden traditionelle ästhetische Prädikate wie »Anmut«, »Eleganz«, »Einheit« und »Stil« häufig auf die Produkte der populären Kunst angewandt, ohne daß es eine ersichtliche Entsprechung gäbe. Bourdieu schätzt mehr als jeder andere die große sozio-politische Bedeutung solcher hoch bewerteten klassifikatorischen Begriffe wie »Kunst« und »Ästhetik«, und es ist somit um so überraschender und verwirrender, daß er sie so bereitwillig dem ausschließlichen Besitz der hohen Kultur überläßt. Es ist also von äußerster Wichtigkeit, ihre Freiheit von dieser monopolistischen Herrschaft zu sichern, indem man die ästhetische Legitimität der populären Kunst verteidigt.

Im Sinne einer solchen Verteidigung werde ich die Hauptanklagepunkte der Ästhetik gegen die populäre Kunst angreifen. Da es unmöglich ist, in diesem Rahmen auf alle populären Künste einzugehen, werde ich mich hauptsächlich auf die Rockmusik konzentrieren, und zwar besonders auf den von der afro-amerikanischen Kultur beeinflußten Funk. Mein Untersuchungsgegenstand wird noch enger, zugleich aber auch konkreter, wenn ich im folgenden Kapitel auf die Ästhetik des Rap eingehe und einen Rap analysiere. Diese Kapitel sollen durch die Verbindung von allgemeiner Überlegung und detaillierter Einzelanalyse zeigen, daß die populäre Kunst nicht nur den wichtigsten Anforderungen unserer ästhetischen Tradition durchaus gerecht wird, sondern auch die Macht besitzt, unsere traditionelle ästhetische Auffassung zu bereichern und neu zu fassen, so daß es diese Auffassung stärker von seiner entfremdenden Verbindung mit dem Klassenprivileg, sozio-politischer Tatenlosigkeit und der asketischen Lebensverneinung lösen kann. Bevor ich diese ästhetische Verteidigung der populären Kunst beginne, muß jedoch noch ein allgemeineres Problem betrachtet werden.

Zwei

Da sich die bittersten und abträglichsten Vorwürfe an die populäre Kunst nicht auf ihren ästhetischen Status, sondern auf ihren schädlichen sozio-kulturellen und politischen Einfluß richten, könnte man einwenden, daß eine ästhetische Verteidigung nicht wirklich etwas bewirken kann, um die populäre Kunst zu legitimieren. Obwohl ich die ernstzunehmenden sozio-politischen Auswirkungen der populären Kunst gewiß nicht in Frage stellen will, kann dieser Einwand doch entkräftet werden, wenn sich zeigen läßt, daß die scheinbar außer-ästhetischen Gefahren der populären Kunst in direkter Verbindung zu ihren angenommenen ästhetischen Fehlern stehen und weitgehend auf ihnen beruhen. Diese Antwort sollte uns weder überraschen noch wird sie als eine formalistische Reduktion des Sozio-Politischen auf das Ästhetische gesehen werden, wenn wir erst einmal anerkannt haben, daß der ästhetische Geschmack als ein Kulturprodukt selbst sozial und politisch bedingt ist. Es läßt sich vielmehr zeigen, wie die allgemeineren Klagen gegen die populäre Kunst auf dem Ästhetischen beruhen, wenn wir die recht umfassende Liste von sozio-kulturellen und politischen Anklagepunkten analysieren, die Herbert Gans in vier Gruppen zusammengestellt hat.

Die erste Gruppe betrifft den intrinsisch »negativen Charakter der Herstellung der populären Kultur« – um genau zu sein, den Vorwurf, daß sie von einer kommerziellen Großindustrie lediglich um des Profits willen produziert wird und ihren hilflosen »passiven Konsumenten« »von oben aufgedrückt« wird (*PH* 19-20). Hinter diesen Vorwürfen der Kommerzialität und des manipulatorischen Aufzwingens lassen sich jedoch im wesentlichen ästhetische Klagen dingfest machen. Die Anklage besteht nicht einfach nur darin, daß die populäre Kunst Profite bringt (denn das tut die hohe Kunst auch), sondern darin, daß sie, um profitabel zu sein, »ein homogenes und standardisiertes Produkt erzeugen muß, das einem Massenpublikum zusagt« (*PH* 20): Sie muß die strengen ästhetischen Ansprüche des persönlichen künstlerischen Ausdrucks dem Massengeschmack opfern. Dies ist ein ästhetischer Einwand gegen die Kreativität, Originalität und künstlerische Autonomie der populären Kunst.

Ähnlich kann es nicht allein der bloße Gebrauch industrieller Technologien sein, der die populäre Kunst ablehnenswert macht, da die der hohen Kultur zugerechneten Künste Musik, Literatur und Plastik sich derer ebenso bedienen. Es ist wiederum ein grundsätzlich ästhetischer Vorwurf, daß die Industrialisierung zur Standardisierung von Techniken und Einförmigkeit von Produkten führe, die beide den freien Ausdruck des kreativen Künstlers ersticken und die ästhetische Wahl des Publikums einengen. Der erstere wird von einem selbstbestimmten Schaffenden auf einen Lohnarbeiter am Fließband reduziert, während das Publikum dazu verdonnert wird, etwas zu genießen, das es nicht wirklich zufriedenstellt, weil es systematisch darauf programmiert wurde, es für genießenswert zu halten und weil der Markt keine wirkliche Alternative dazu bietet. Bei dem Vorwurf von Dwight Macdonald schließlich, daß »Massenkultur von oben aufgezwungen« werde[76], kann es sich kaum um den einfachen Vorwurf der kulturellen Indoktrination handeln, da auch die hohe Kultur in eben dieser Weise stets aufgezwungen wurde (sei dies nun durch den Hof, die Kirche, die Akademie oder die mächtigen Heiligtümer der Kunstwelt geschehen). Die tatsächliche Klage besteht darin, daß das Aufzwingen sich nicht lohne, weil die Produkte selbst nichts wert sind – wiederum eine ästhetische Behauptung.

Die zweite Gruppe der sozio-kulturellen Vorwürfe gegen die populäre Kultur richtet sich auf deren »negative Auswirkungen auf die hohe Kultur« (*PH* 19). Gans sieht hier nur zwei Hauptanklagepunkte: »daß die populäre Kultur ihren Inhalt von der hohen Kultur ausleiht, mit der Konsequenz, daß diese erniedrigt wird; und daß sie durch ökonomische Anreize potentielle Schaffende aus der hohen Kultur weglocken kann und damit die Qualität der hohen Kultur verschlechtert« (*PH* 27). Auch diese Vorwürfe richten sich wieder, wenn auch nicht ausdrücklich, auf den ästhetischen Wert der populären Kunst und hängen von dessen Leugnung ab. Da Gans die ästhetische Inferiorität der populären Kunst zugibt, muß er auf diese Vorwürfe so reagieren, daß er sagt, die Male, wo geborgt wurde, hätten nicht wirklich zu einer »Erniedrigung der hohen Kultur oder ihrer Vitalität schlechthin« geführt, und daß der Markt für hohe Kunst zu klein sei, um all die potentiellen Künstler aufnehmen zu können, die sich dann aus wirtschaftlichen Gründen der populären Kunst ergeben (*PH* 28-29). Sein grundlegendes Argument besteht an dieser Stelle und überhaupt darin, daß die populäre Kultur toleriert werden sollte, da sie »keine echte Bedrohung für die hohe Kultur oder ihre Schaffenden« darstelle (*PH* 51). Diese eher zweifelhafte Feststellung leugnet die Macht der populären Kultur und behandelt den Gegenangriff der hohen Kultur wie eine Verfolgungswahnphantasie. Es ließe sich auf Gans' Vorwürfe noch radikaler antworten, indem man die ihnen zugrunde liegenden ästhetischen Annahmen in Frage zieht.

Man könnte sogar zugeben, daß das Ausleihen von Themen und Künstlern der populären Kunst die Kraft der hohen Kultur in Frage stelle oder vielleicht mindere, dann aber weitergehen, indem man sagt, daß sie dies dadurch wieder ausgleiche, daß sie einen wirklichen eigenen ästhetischen Wert besitzt.

Zunächst sollten wir uns klarmachen, daß es in der Kultur nicht schon an sich falsch ist, Inhalte zu borgen. Die Kunstformen innerhalb der hohen Kultur haben oft Inhalt geborgt – und häufig aus populären Quellen.[77] Dieses Borgen liefert der Kunst einen Teil des starken Sinns von Eingebundensein, das eine kulturelle Tradition bereichert. Was offensichtlich das Borgen der hohen Kunst rechtfertigt, ist, daß ihre Werke ästhetischen Wert besitzen, während die populäre Kunst, so nimmt man an, keinen besitzt. Auf ähnliche Weise erhält der Vorwurf, die populäre Kunst lenke kreatives Talent von der Produktion der hohen Kunst ab, seine anklagende Wirkung aus der Voraussetzung, daß dieses abgelenkte Talent zu keinem guten Zweck gebraucht wird, weil die populäre Kunst, verglichen mit der hohen Kultur, ästhetisch wertlos sei und auch keinen anderen Wert aufweise, der dafür entschädigen könnte.

Die vorausgesetzte ästhetische Wertlosigkeit der populären Kunst liegt auch der dritten Gruppe der sozio-kulturellen Vorwürfe bei Gans zugrunde, die »die negativen Auswirkungen auf das Publikum der populären Kultur« (*PH* 19.) betreffen. Drei dieser Auswirkungen werden erläutert: »Die populäre Kultur ist emotional destruktiv, weil sie betrügerischen und eskapistischen Inhalt anbietet, der die Fähigkeit der Menschen hemmt, der Wirklichkeit ins Auge zu blicken, und [...] sie ist kulturell destruktiv, weil sie die menschliche Fähigkeit vermindert, an der hohen Kultur teilzuhaben.« (*PH* 30) Diese Kritikpunkte (die Gans zurückweist, weil sie nicht ausreichend empirisch belegt seien) hängen offensichtlich alle von der Annahme ab, daß die populäre Kunst ästhetisch arm sei. Die Anklage der falschen Befriedigung impliziert die Unfähigkeit, echte ästhetische Freude zu erzeugen. Sie kann nicht bedeuten, daß die Befriedigung nur ein sublimierter Ersatz für direktere oder einfachere Freude ist, da ein solcher Vorwurf in höherem Maße auf die raffinierteren Freuden der hohen Kunst zutrifft. In ähnlicher Weise geht der Vorwurf, die populäre Kunst könne nur durch sensationellen, unrealistischen Inhalt unterhalten, von der ästhetischen Ohnmacht der populären Kunst, uns durch bedeutungsvolle Form und realistischen Inhalt zu bewegen, aus. Und der Vorwurf, die populäre Kunst zerstöre den Intellekt und unterlaufe unsere Fähigkeit zu echter Kultur, setzt ebenso voraus, daß sie keine Feinheiten besitzt, die die intellektuelle und ästhetische Aufmerksamkeit entweder anregen oder belohnen könnten. Alle diese Annahmen des intrinsisch negativen ästhetischen Charakters der populären Kunst können mit guten Argumenten bestritten werden.

Die vierte Gruppe der »nicht-ästhetischen« Vorwürfe schließlich betrifft die »negativen Auswirkungen auf die Gesellschaft« der populären Kultur – besonders, daß sie »nicht nur das Niveau der kulturellen – oder zivilisatorischen – Qualität einer Gesellschaft reduziert, sondern auch Totalitarismus befördert, weil sie ein passives Publikum hervorbringt, das besonders empfänglich für die Techniken der Massensuggestion ist« (*PH* 19). Gans begegnet dem ersten Vorwurf hauptsächlich durch den Hinweis auf das Fehlen von empirischen Belegen. Er behauptet, es habe zumindest in Verbraucherstatistiken seit dem Aufkommen der populären Kunst in den Massenmedien (wahrscheinlich durch die besser gewordene Erziehung) einen Anstieg des Interesses an hoher Kultur gegeben (*PH* 45). Weiter besteht er jedoch darauf, daß die Freiheit und die Freude der Menschen wichtiger seien als »kulturelle Qualität« *als solche*, »daß das durchschnittliche Geschmacksniveau einer Gesellschaft nicht ein so bedeutendes Kriterium für die Qualität einer Gesellschaft darstellt wie das Wohlergehen ihrer Mitglieder« (*PH* 130). Was den zweiten Vorwurf anbelangt, so bestreitet Gans, daß die populäre Kultur entweder die Macht habe, einen Diktator an die Macht zu bringen oder aber die Pflicht habe, »ein Bollwerk gegen solche Gefahren wie den Totalitarismus« zu sein. Diese beiden Leugnungen sind, ebenso anfechtbar wie Gans' verwandte Annahme, daß die Medien bloß auf die öffentliche Meinung reagieren und höchstens »die Verstärkung bereits bestehender sozialer Trends« biete, und sie nicht forme oder umforme (*PH* 46-47)[78].

Wenn wir Gans' Verteidigung für nicht ausreichend halten, können wir eine alternative Antwort wiederum dadurch finden, daß wir die ästhetische Annahme, die den zwei Vorwürfen zugrunde liegt, herausstellen und in Zweifel ziehen. Die Vorstellung, daß die kulturelle Qualität einer Gesellschaft durch die Existenz von populärer Kultur gemindert (und nicht vielmehr durch deren Einführung kultureller und ästhetischer Vielfalt angehoben und bereichert) werde, unterstellt einfach, daß die Produkte der populären Kultur unterschiedslos von intrinsisch negativem ästhetischen Wert sind und damit notwendigerweise »das kulturelle und geschmackliche Niveau einer Gesellschaft als ganzer« herabziehen (*PH* 43-44). Warum jedoch sollten wir diese Notwendigkeit beanspruchende Unterstellung annehmen, zumal wenn wir die traditionelle intellektualistische Einseitigkeit erkennen, die ihr zugrunde liegt?

Zweitens kommt die Bezichtigung der populären Kunst, den totalitären Konformismus zu fördern, weil sie nur eine geistlose, passive Reaktion verlange, einmal mehr der Unterstellung gleich, die populäre Kunst könne keine ästhetische Aufmerksamkeit über verblödete und unkritische Passivität hinaus weder inspirieren noch belohnen. Dieser Vorwurf ließe sich wirksam schwächen, wenn wir zeigten, daß diese Kunst nicht nur intellektuell anregend sein, sondern auch »bestehende soziale Trends« aufs schärfste kritisieren kann. Meine sich anschließende Darstellung des Rap wird dies zu zeigen versuchen und weitere ästhetische Kennzeichen bloßlegen, deren Präsenz in der populären Kunst von den denunzierenden Kritikern der Massenkultur resolut bestritten wird. In Vorbereitung auf dieses Vorhaben jedoch und nachdem ich gezeigt habe, daß die scheinbar nicht-ästhetischen Anschuldigungen der populären Kunst weitgehend auf ästhetischen beruhen, sollte ich nun zunächst diese ästhetischen Vorwürfe eingehender betrachten.

Wenn ich die populäre Kunst gegen sie verteidige, dann versuche ich nicht, sie vollständig ästhetisch reinzuwaschen. Ich gebe zu, daß die Produkte der populären Kunst oft ästhetisch erbärmlich und bedauernswert wenig ansprechend sind, genauso, wie ich anerkenne, daß ihre sozialen Auswirkungen sehr schädlich sein können, besonders, wenn sie in einer passiven, alles hinnehmenden Weise konsumiert werden. Was ich allerdings bestreiten werde, sind die philosophischen Argumente, die darauf hinauslaufen, daß die populäre Kunst immer und notwendig ein ästhetischer Fehlschlag, ihrem inneren Wesen nach minderwertig und unangemessen ist: daß es (in den Worten von Dwight Macdonald) »theoretische Gründe dafür gibt, daß die Massenkultur schlecht ist und es immer sein wird«.[79]

In dem Streit über populäre Kunst muß meine Position zwischen den Polen des verdammenden Pessimismus (charakteristisch für die reaktionären Elitisten der hohen Kultur, aber auch für die an Marx orientierte Frankfurter Schule und ihre heutigen Vertreter) und den begeisterten Optimismus (exemplarisch vertreten durch die Popular Culture Association und das *Journal of Popular Culture*) angesiedelt sein. Während der erste Pol die populäre Kunst in fast schon paranoidem Terror als wahnsinnige Manipulation denunziert, der es an entsprechendem ästhetischen oder sozialen Wert fehlt, nimmt der zweite sie mit naivem Optimismus als den freien Ausdruck des besten Teils des amerikanischen Lebens und der amerikanischen Ideologie auf – ein

Optimismus, der genauso gut als besonders zynischer Pessimismus interpretiert werden könnte. Meine Zwischenposition ist ein *Meliorismus*, der die schwerwiegenden Fehler und den häufigen Mißbrauch der populären Kunst, aber auch ihre Leistungen und Möglichkeiten anerkennt. Ich behaupte, daß die populäre Kunst verbessert werden *sollte*, weil sie viel zu wünschen übrigläßt, aber auch, daß sie verbessert werden *kann*, weil sie wirklichen ästhetischen Wert erreichen kann und oft auch wirklich erreicht und weil sie wertvollen sozialen Zielen dienen kann und dient. Meine Position besteht darauf, daß die populäre Kunst ernsthafte ästhetische Aufmerksamkeit verdient, da sie als der ästhetischen Betrachtung nicht würdig abzulehnen bedeuten würde, ihre Bewertung und Zukunft den geldgierigsten Zwängen des Marktes zu überlassen. Das langfristige Ziel des Meliorismus ist es, die Fragestellung von allgemeinen Verurteilungen oder Glorifizierungen wegzulenken, so daß die Aufmerksamkeit sich besser auf konkretere Probleme und spezifische Verbesserungen konzentrieren kann. Für den Moment jedoch sind die allgemeinen philosophischen Argumente für die intrinsische ästhetische Wertlosigkeit der populären Kunst zu einflußreich, um unbeantwortet zu bleiben. Sie sind zugleich verschiedenartig und zutiefst ineinander verwoben, so daß die folgende Behandlung in Form von sechs verschiedenen Vorwürfen sich der Gefahr einiger Vereinfachung und überschneidender Wiederholung aussetzt.

Drei

(1) Die vielleicht grundlegendste ästhetische Anklage gegen populäre Kunst ist, daß sie schlichtweg keine wirkliche ästhetische Befriedigung bieten kann. Natürlich wissen sogar die feindseligsten Kritiker, daß Filme Millionen von Menschen unterhalten und daß Rockmusik das Publikum zum Tanzen bringt und vor Freude toben läßt. Diesen offensichtlichen und unbequemen Tatsachen jedoch wird sorgsam durch die Leugnung der Echtheit dieser Befriedigungen ausgewichen. Die offenkundigen Befriedigungen, Erlebnisse und Erfahrungen, die die populäre Kunst bie-

tet, werden als falsch und betrügerisch verworfen, während man im Gegensatz dazu bei der hohen Kunst davon ausgeht, daß sie etwas Echtes zu geben vermag.

Leo Löwenthal zum Beispiel sieht »die Unterschied[e] zwischen Massenkultur und Kunst« als Unterschied »zwischen der unechten Befriedigung und der echten Erfahrung«, Clement Greenberg verdammt die populären Künste (die er kollektiv und abwertend als »Kitsch« bezeichnet), weil sie nur »Ersatzerfahrungen und falsche Erlebnisse« liefern.[80] Adorno, der sich ähnlich in Schimpfreden gegen die »ausgelaugten« und »vorgetäuschten« Befriedigungen der populären Kunst ergeht, erklärt: »Anstelle des den Massen Vorenthaltenen wird von ihnen, aus Rancune genossen, was von Versagung bewirkt ist und die Stelle des Versagten usurpiert [: die Produkte der] niedrige[n] Kunst und Unterhaltung.«[81] Darüber hinaus bestehen Kritiker wie Bernard Rosenberg und Ernest van den Haag darauf, daß die Pseudofreuden und »Ersatzbefriedigungen« der »Unterhaltungsindustrie« uns davon abhalten, »wirklich befriedigende Erfahrung« zu erreichen, weil die »Ablenkung«, die sie darstellen, »uns vom Leben und allgemeiner Befriedigung« abhalten.[82]

Die Prüfung all dieser Zitate wird zeigen, daß der bemühte Eifer, die populäre Kunst jeder positiven Seite – wie Freude – zu berauben, nicht bloß dahin geführt hat, zu leugnen, daß ihre Erfahrungen und Freuden *ästhetisch* echt sind, sondern, radikaler noch, zu verneinen, daß sie überhaupt wirklich oder echt sind. Kurz, die Behauptung ihrer Falschheit – eine Strategie herrischer intellektualistischer Anmaßung – impliziert, daß die kulturelle Elite nicht nur das Recht hat, gegen das populäre Urteil die Grenzen der ästhetischen Legitimität festzulegen, sondern auch die Macht besitzt, gegen die empirische Evidenz Regeln dafür aufzustellen, was wirkliche Erfahrung oder Freude genannt werden kann. Wie kann jedoch eine so radikale Behauptung eingelöst werden? Tatsächlich wird das nie versucht, sondern statt dessen wird sie von der Autorität ihrer Verfechter und der faktischen Abwesenheit einer Opposition aufrechterhalten. Verständlicherweise erwächst ihr kein starker Widerspruch weder von den Intellektuellen, denen sie schmeichelt, oder von Nicht-Intellektuellen, denen die Stärke oder das Interesse fehlt, sie zu bestreiten und die ihn typischerweise einfach als »abstrakten Mist« ignorieren, der keinen praktischen Einfluß auf ihre Welt hat.

Was ist tatsächlich mit der Feststellung, daß »die von der populären Kultur gebotenen Befriedigungen nicht echt« seien, gemeint, welche Argumente unterstützen diese Behauptung?[83] Ist es mehr als eine rhetorische Geste, die Legitimität und Wert dieser Befriedigungen bestreitet, indem sie ihre Realität leugnet? Die vielleicht direkteste Interpretation und Rechtfertigung des Falschheitsvorwurfs besteht darin, zu sagen, die angeblichen Befriedigungen der populären Kunst seien nicht wirklich, weil sie niemals tief empfunden würden, daß sie falsch seien, weil sie bloß »ausgelaugte«, »vorgetäuschte Erlebnisse« seien. Die Erfahrung von Rockmusik jedoch, die so äußerst fesselnd und kraftvoll sein kann, daß sie mit spiritueller Besessenheit verglichen wird, straft einen solchen Vorwurf sicherlich Lügen. Selbst die strengsten Kritiker des Rock erkennen die leidenschaftlich wirkliche Macht und berauschenden Befriedigungen seiner Erfahrung an, ebenso, wie sie die schrecklichen erzieherischen Konsequenzen und die rücksichtslos kommerzialisierte Ausbeutung seiner Kraft beklagen. Besorgt wegen der unerreichten Macht der Rockmusik, zu fesseln und die Sehnsüchte und die Erfahrung der heutigen Jugend auszudrücken, verdammt Allan Bloom sie als »Gossenphänomen«. Sie gehört in den Rinnstein, nicht weil sie nicht gefällt, sondern weil die intensive Freude, die sie jungen Menschen gibt, es ihnen »sehr schwer macht, eine leidenschaftliche Beziehung zu Kunst und Denken zu haben, die das Wesen einer liberalen Erziehung« ausmachen – eine Erziehung, die Bloom in äußerst traditionalistischen und intellektualistischen Begriffen faßt.[84]

Offenkundig und bedrohlich real in ihrer Intensität und Anziehungskraft, werden die Befriedigungen der Rockmusik manchmal noch in einem weiteren Sinn als unecht abgetan – dem der Kurzlebigkeit. Sie sind nicht wirklich, weil sie flüchtig sind. »Wir werden zeitweise zerstreut [...] aber nicht befriedigt.« »Was du jetzt konsumierst, mag dich für den Augenblick zufriedenstellen; [...] einen Augenblick später bist du wieder ausgehungert.«[85]

Dieses Argument wird der Analyse jedoch nicht standhalten. Erstens ist es auf der logischen Ebene einfach falsch, von der Vergänglichkeit einer Sache auf deren Unwirklichkeit zu schließen. Dieses *non sequitur* mag überzeugend erscheinen, nicht nur, weil es eine großartige philosophische Ahnentafel vorzuweisen hat, die sich bis zu Parmenides zurückerstreckt, sondern auch, weil es einem ebenso starken psychologischen Motiv dient – unserem tiefen Bedürfnis nach Stabilität, das typischerweise mißverstanden wird als das Verlangen nach der Sicherheit totaler Beständigkeit. Trotz dieser Unterstützung solch mächtiger und schon lange bestehender Vorurteile ist die Schlußfolgerung sicherlich falsch. Etwas, das nur für eine gewisse Weile existiert, existiert doch trotzdem wirklich, und eine zeitweilige Befriedigung ist immer noch eine Befriedigung.

Zudem kann das Argument, daß Vergänglichkeit Falschheit mit sich bringe, daß Befriedigungen unwirklich und trügerisch seien, wenn sie uns später nach mehr hungern lassen, nicht dazu dienen, die populäre Kultur im Gegensatz zur hohen Kultur zu diskreditieren. Denn akzeptiert man dieses Argument erst einmal, dann trifft es ebenso auf die Befriedigungen der hohen Kunst zu. Sind wir ständig oder auch nur dauerhaft durch die Lektüre eines einzelnen Sonetts oder das Betrachten von einem Dutzend Gemälden befriedigt? Impliziert das Vorübergehen dieser Befriedigungen, daß sie irgendwie trügerisch sind? Keineswegs, denn eine der positiven Eigenschaften echten ästhetischen Vergnügens besteht gerade darin, daß es, während es befriedigt, auch zugleich den Wunsch nach mehr solchem Vergnügen weckt. Wenn dein ästhetisches Vergnügen an einem Gegenstand dich nicht mit dem Wunsch nach mehr zurückläßt, dann hat er dir wahrscheinlich nicht wirklich gefallen.[86] Tatsächlich muß das ganze Insistieren auf dauerhafter Befriedigung in Frage gestellt werden. Es scheint zu theologisch und zu weltfern zu sein. In unserer Welt des ständigen Wechsels und Begehrens gibt es keine immerwährenden Befriedigungen, und erst der Tod setzt dem Vorübergehen des Vergnügens und dem Wunsch nach mehr ein Ende.

Ein etwas anderer Kurzlebigkeitsvorwurf, der der populären Kunst gemeinhin gemacht wird, bezieht sich nicht auf die Vergänglichkeit der Befriedigungen selbst, sondern auf die Flüchtigkeit ihres Vermögens, zu befriedigen. Populäre Kunstwerke bestehen den Zeittest nicht. Sie mögen für eine Saison die Charts anführen, verlieren aber schnell die Kraft, uns zu unterhalten, und versinken bald in Vergessenheit; damit enthüllen sich ihre Zauber und Freuden als letzten Endes illusorisch. Die hohe Kunst dagegen behält ihre Kraft, zu befriedigen. Die Werke Homers und die griechische Tragödie, so wird uns oft gesagt, beweisen die Legitimität der Befriedigungen, die sie bieten, dadurch, daß sie sie schon vielen Menschen über Jahrhunderte hinweg geboten haben und sie heute immer noch bieten. Nichts in der populären Kunst wiegt diese Geschichte der Dauerhaftigkeit auf, nicht einmal die Filmklassiker und die »Golden Oldies« der populären Musik.

Doch selbst, wenn man all dies zugibt, bleibt das Argument grob fehlerhaft. Erstens ist es noch zu früh, um zu folgern, daß keiner unserer Klassiker der populären Kunst als Gegenstand des ästhetischen Genusses überleben wird. Und es ist leichter, sich vorzustellen, daß einige unserer Pop-Klassiker überleben werden, als daß es noch viele Menschen gibt, die Homer wirklich zum Vergnügen lesen. Zudem vergessen wir oft die sozio-kulturellen und institutionellen Gründe, die garantieren, daß die Klassiker der hohen Kunst weiterhin Freude bereiten. Erziehung und das Angebot von Wahlmöglichkeiten spielen eine enorme, aber oft vergessene Rolle, wenn es darum geht, die Gegenstände unseres Vergnügens zu bestimmen. Wir genießen großenteils das, an dessen Genuß wir gewöhnt worden und auf dessen Genuß wir eingestellt sind und was die Möglichkeiten unserer Umstände uns zu genießen erlauben. Da die Klassiker lange Zeit systematisch verbreitet worden sind und ihre Wertschätzung uns rigoros von mächtigen Erziehungsinstanzen eingeimpft wurde, während es (zumindest vor dem Zeitalter der Massenmedien) für die Vermittlung und Bewahrung populärer Kunstwerke keine so gut organisierte oder effiziente Struktur gab, kann es nicht überraschen, wenn die ersteren als Gegenstände allgemeiner Aufmerksamkeit – und damit auch als Gegenstände des ästhetischen Vergnügens – besser überlebt haben.

Die Kritiker der populären Kultur behaupten gerne, daß das Fernsehpublikum die Programme, die es sieht, nicht wirklich mag, aber daß es sie dennoch »genießt«, weil auf den anderen Kanälen nichts Besseres geboten wird; die Situation des Konsumenten populärer Kunst entspricht der Verhaltensweise des Gefangenen, der seine Zelle liebt, weil nichts anderes zu lieben ihm gelassen wird.[87] Eben dieses Argument der Armut an Möglichkeiten läßt sich auf den »ewigen« Genuß Homers anwenden, der heute so unbedeutend ist, daß er selbst schon fast genauso mythisch geworden ist wie die Götter und Heroen, die seine Werke bevölkern. Genau deswegen, weil die Massenmedien heute ein alternatives System von Informationsverbreitung und Erziehung bereitstellen, ist die ausschließliche Bewunderung für die Klassiker, die das traditionelle Schulsystem uns einprägte, weithin zugunsten des Interesses für die populären Künste untergraben worden. Dies soll jedoch nicht bedeuten, daß die klassischen Autoren und die hohe Kunst kein ästhetisches Interesse mehr verdienen oder befriedigen können, sondern lediglich die Zurückweisung ihres traditionellen Monopols auf legitime ästhetische Aufmerksamkeit.

Das Argument, die populäre Kunst sei nicht echt, weil sie kurzlebig ist, ist auch deswegen fehlerhaft, weil es vergißt, daß viele der großen Klassiker der hohen Kunst ursprünglich als populäre Kunst entstanden sind und als solche konsumiert wurden. Die griechische Tragödie war eine äußerst populäre und rauhe Angelegenheit, ebenso wie das Elisabethanische Drama; und viele jetzt hochgeschätzte Romane (wie *Wuthering Heights*) waren einst als effekthascherischer kommerzieller Müll verschrien – in ähnlicher Weise, wie in jüngster Zeit Filme, Fernsehen und Rockmusik verdammt worden sind. Zu bestreiten, daß populäre Kunstwerke überleben, indem man einfach die populären Ursprünge derjenigen Kunstwerke, die tatsächlich überlebt haben, ignoriert, ist mehr als ein harmloses Versehen. Es handelt sich vielmehr um ausbeuterische Enteignung der kulturellen Ressourcen der beherrschten Mehrheit durch eine herrschende Elite. Denn sind diese Werke erst einmal als ausschließlich hohe Kunst neu eingeordnet, so wird ihre Weise der Aneignung neu bestimmt, so daß ihre populäre Wertschätzung herabgewürdigt und abgewertet wird und sie somit wesentlich dem distinguierteren Genuß der kulturellen Elite vorbehalten bleiben.

Schließlich: Selbst wenn wir zugeben, daß populäre Kunstwerke vergänglich sind und ihre Macht, zu gefallen, von kurzer Dauer ist, macht sie dies weder selbst wertlos noch die Befriedigungen durch sie unecht. Zu unterstellen, daß dies der Fall sei, bedeutet, jede Art von Freude und Wert mit Dauerhaftigkeit gleichzusetzen. Vergängliche Dinge können jedoch durchaus wertvoll sein, und manchmal liegt ihr Wert sogar gerade in ihrer Vergänglichkeit. Kurze Begegnungen können manchmal süßer und besser sein als dauerhafte Beziehungen. Die Zurückweisung des Vergänglichen ist ein recht beharrliches Vorurteil unserer intellektuellen Kultur, und vielleicht war es für frühere Bedingungen äußerst dienlich, unter denen das Überleben so unsicher war, daß Aufmerksamkeit und Wert auf die dauerhaftesten Dinge gerichtet werden mußten. Es ist nichtsdestotrotz ein Vorurteil, das unsere Freude verdirbt und trübt. Es verbaut sogar den Weg zu einem dauerhafter befriedigenden Leben. Denn, sind vergängliche Freuden erst einmal als relativ wertlos und als der Aufmerksamkeit unwürdig abgetan, wird kein ernsthaftes Denken mehr darauf verwandt, wie sie am besten zu erreichen, zu wiederholen und sicher ins Leben zu integrieren sind. Konsequenterweise werden diese Freuden und ihre manchmal explosiven Auswirkungen auf das Leben auf gefährliche Weise den Launen des Zufalls, der blinden Begierde und den indoktrinären Zwängen der Werbung überlassen.

Die Befriedigungen der populären Kunst werden noch in einem weiteren Sinn als nicht echt getadelt: als bloßer Ersatz für Freuden, die irgendwie grundlegender oder wirklicher sein sollen. Adorno, der zu Recht Einspruch gegen die sozialen Bedingungen erhebt, die uns »sinnlich [u]nmittelbare« Befriedigung vorenthalten, beklagt, daß die populäre Kunst falsche Surrogate für solche Freude als eine Art betäubender Flucht liefere. »Anstelle des den Massen Vorenthaltenen wird von ihnen, aus Rancune genossen, was von Versagung bewirkt ist und die Stelle des Versagten usurpiert« (*ÄT* 19, 340). Dennoch sind die Freuden der hohen Kunst, wie Adorno zugeben muß, nicht weniger vermittelt und vom wirklichen Leben ebenso weit entfernt; und sie können ebenso gut eskapistischen Zielen dienen.

Genauso oft jedoch siedelt der Vorwurf, nur Ersatz zu sein, echte Befriedigung im Ultimativen und nicht im Unmittelbaren an: in einer verschobenen und damit vollständigeren Befriedigung. Van den Haag vergleicht die populäre Kunst ausdrücklich mit dem Masturbieren, weil sie bloße Entladung von Spannung und nicht wirkliche Befriedigung verschaffe, und verurteilt sie dafür, uns mit energieraubenden »Ersatzbefriedigungen, die das Individuum unfähig zu wirklichen Befriedigungen machen«, überschwemme und uns auf diese Weise von »letzter Befriedigung« abhalte.[88] Im nämlichen Stil der schlüpfrigen Andeutung weist Allan Bloom auf das betrügerische Wesen der Rockmusik hin, wenn er sie mit nicht zurückgehaltener und abweichender sexueller Lust in Verbindung bringt: »Rockmusik bietet vorzeitige Ekstase« für Kinder und Teenager, »als seien sie bereits in der Lage, die letzte, völlige Befriedigung zu genießen«.[89]

Gewiß vermehren Aufschub und Widerstand oft diese Befriedigung, wo jedoch läßt sich die »völlige« und »letzte« Befriedigung finden? Wohl kaum in dieser Welt, der das Ende des Wünschens und Begehrens fremd ist. Wirkliche Befriedigung wird lieber in einen transzendentalen Bereich verwiesen – für Bloom das Reich der platonischen Ideen, für Adorno eine marxistische Utopie und für van den Haag das christliche Leben nach dem Tode. Die einzigen Freuden, die sie scheinbar zulassen wollen, sind die, die wir nicht erlangen können – zumindest nicht in dieser Welt. Auch die ästhetischen Freuden der hohen Kunst entgehen dieser Sanktionierung nicht. »In der falschen Welt«, erkärt Adorno bitter, »ist alle *hedone* falsch. So überlebt Begehren in der Kunst.« Und van den Haag intoniert düster dieselbe Weise demütiger Pein: »Was die Freuden dieses Lebens anbelangt, so lohnt es sich nicht, ihnen nachzujagen.«[90] Damit erweist sich der Kritikpunkt, die populäre Kunst biete nur falsche Freuden, weniger als eine Verteidigung der wahren Freude statt vielmehr als eine Maske der Ablehnung aller weltlichen Freude überhaupt – eine Strategie, die von asketischen Geistern übernommen wurde, die die Freude als eine gefährliche Ablenkung von ihren transzendentalen Zielen fürchten oder einfach als eine beschwerliche Bedrohung ihres grundlegend asketischen Ethos.

Es gibt zwei letzte Gründe, die manchmal für die Falschheit der Befriedigungen der populären Kunst angeführt werden. Der erste besteht in der Behauptung, daß, weil »echte Erfahrung [...] die Anstrengung der Teilnahme voraussetzt«, die populäre Kunst jedoch keine solche »wirklich befriedigende Erfahrung« bieten könne. Der zweite trifft die Feststellung, daß ihre Erfahrung nicht echt sein könne, weil es ihr nicht gelinge, »das ganze Individuum in seiner Beziehung zur Welt zu umfassen«.[91] Beide Argumente jedoch gehen über den Vorwurf der falschen Befriedigung hinaus zu zwei weiteren Kritikweisen an der populären Kunst, die wichtig genug sind, um jeweils einzeln behandelt zu werden: die Vorwürfe der anstrengungslosen Passivität und der leeren Oberflächlichkeit.

(2) Die populäre Kunst wird oft verdammt, weil sie keine ästhetische Herausforderung oder aktive Reaktion biete. Im Gegensatz zur hohen Kunst, deren Wertschätzung der ästhetischen Anstrengung bedarf und somit ästhetische Aktivität und sich daraus ergebende Befriedigung anregt, bewirkt und verlangt die populäre Kunst leblose und undankbare Passivität. Ihre »einfache[n] und repetitive[n] Struktur«, so Bourdieu, lassen »nur eine passive, abwesende Teilnahme« zu (*FU* 602). Diese anstrengungslose Passivität soll nicht nur ihre große Anziehungskraft, sondern auch ihre Unfähigkeit, wirklich zu befriedigen, erklären. Ihrer »Anstrengungslosigkeit« fallen diejenigen von uns zum Opfer, die zu müde und beladen sind, um nach wirklichen Herausforderungen zu suchen. Da Genuß jedoch (wie Aristoteles festgestellt hat) ein Nebenprodukt der Aktivität und wesentlich an sie gebunden ist, führt unser Mangel an aktiver Anstrengung letztlich zu freudloser Langeweile. Statt voller Energie und intensiv auf ein Kunstwerk anzusprechen (wie wir das in der hohen Kunst tun können), nehmen wir es faul und träge, in passiver, einfallsloser Lethargie auf. Es könnte auch energischere Untersuchung und Antwort nicht zulassen. So wird das Publikum der populären Kunst not-

wendig von aktiv Teilnehmenden zu »passiven Konsumenten« gemacht, die »so passiv wie möglich« sein müssen.[92]

»Daran«, so Adorno und Horkheimer, »krankt unheilbar alles Amüsement.«

»Das Vergnügen erstarrt zur Langeweile, weil es, um Vergnügen zu bleiben, nicht wieder Anstrengungen kosten soll und daher streng in den ausgefahrenen Assoziationsgleisen sich bewegt. Der Zuschauer soll keiner eigenen Gedanken bedürfen: das Produkt zeichnet jede Reaktion vor: nicht durch seinen sachlichen Zusammenhang – dieser zerfällt, soweit er Denken beansprucht –, sondern durch Signale. Jede logische Verbindung, die geistigen Atem voraussetzt, wird peinlich vermieden.«[93]

Ein Großteil der populären Kunst mag der Analyse von Horkheimer und Adorno entsprechen. Ihre Kritik verrät jedoch auch, daß sie alle legitime Aktivität mit ernsthaftem Denken: von »Anstrengung überhaupt« und »geistige Anstrengung« des Intellekts vereinfachend gleichsetzen. Die Kritiker der populären Kultur geben ungern zu, daß es menschlich wertvolle und ästhetisch lohnende Aktivitäten gibt, die nicht in intellektueller Anstrengung bestehen. Selbst wenn alle Kunst und jeder ästhetische Genuß tatsächlich aktive Bemühung oder Überwindung eines Widerstands erfordern, folgt daraus noch nicht, daß sie mühevolles »unabhängiges Denken« erfordern. Es gibt auch andere, leiblichere Formen der Anstrengung, des Widerstands und der Befriedigung.

Rockmusik genießt man normalerweise, indem man sich bewegt, tanzt und mitsingt, oftmals in so intensiver Anstrengung, daß wir in Schweiß ausbrechen und uns schließlich völlig verausgaben. Solche Anstrengungen bringen, wie Dewey bemerkte, das Überwinden von Widerständen wie »Peinlichkeit, Furcht, Unsicherheit und Faulheit«[94] mit sich. Klarerweise gibt es auf der leiblichen Ebene viel anstrengendere Aktivität in der Wertschätzung des Rock als bei der anspruchsvollen Musik, deren Konzerte uns dazu verdammen, in bewegungsloser Stille zu verharren, was oft zwar nicht abgestumpfte Passivität herbeiführt, aber doch schnarchenden Schlaf. Das Wort »funky«, das viele Rocksongs charakterisiert und empfiehlt, leitet sich von einem afrikanischen Wort ab, das so viel bedeutet wie »positive sweat«, »guter

Schweiß«, und eine afrikanische Ästhetik zum Ausdruck bringt, die durch äußerst aktives und gemeinsames leidenschaftliches Engagement, und nicht durch objektive, ausgewogene Unnahbarkeit gekennzeichnet ist.[95] Die weitaus energievollere und kinästhetische Reaktion, die die Rockmusik hervorruft, unterstreicht die grundlegende Passivität der traditionellen ästhetischen Haltung der interesselosen, distanzierten Kontemplation – eine kontemplative Haltung, die ihre Wurzeln in der Suche nach philosophischem und theologischem Wissen statt nach Vergnügen hat, nach individueller Aufklärung und nicht nach gemeinschaftlicher Interaktion oder sozialer Veränderung. Populäre Kunstformen wie die Rockmusik bieten somit eine völlig revidierte Ästhetik an, die eine freudige Rückkehr der leiblichen Dimension mit sich bringt, die die Philosophie lange unterdrückt hat, um ihre eigene Vorherrschaft (durch die Vorherrschaft des Intellekts) in allen wichtigen menschlichen Bereichen zu bewahren. Es ist kein Wunder, daß die ästhetische Legitimität dieser Kunst heftig bestritten wird und ihre verkörperten und verkörpernden Bemühungen als irrationaler Rückschritt gegenüber dem wahren (nämlich intellektuellen) Zweck der Kunst ignoriert oder zurückgewiesen werden. Die Tatsache, daß diese Kunst und ihre Wertschätzung ihre Wurzeln in keiner westlichen Zivilisation haben, macht sie sogar noch rückschrittlicher und noch weniger akzeptabel.

Für Adorno ist Popmusik »regressiv« und ästhetisch wertlos, weil sie körperliche Stimulanz ist; für Allan Bloom besteht die Schwierigkeit der Rockmusik darin, daß sie tief an die »Sinnlichkeit« und an »sexuelles Begehren« appelliere, was sie »*alogon*« mache. »Sie ist überhaupt nicht vernünftig, sie steht der Vernunft feindlich gegenüber.« Mark Miller macht denselben Fehler, wenn er die ästhetische Illegitimität und intellektuelle Verderbtheit aus der bloßen Tatsache herleitet, daß die Rockmusik einen sinnlicheren Zugang bietet. »Rock'n'Roll«, so klagt er, John Lennon zitierend, »erreicht dich ohne den Umweg über dein Hirn«; und diese sinnliche Unmittelbarkeit wird grundsätzlich mißverstanden: als anstrengungslose Nichtigkeit und passive »Immobilität«, so daß »alle Rockmusik der Bedingung von Berieselungsmusik gehorche«. Kurz, weil Rockmusik ohne intellektuelle »Interpretation« genossen werden kann, ist sie aus eben diesem Grunde nicht »geistig« genug, um ästhetisch legitim sein zu können, und ihre sogenannten »Künstler und Zuhörer sind anti-intellektuell und normalerweise bedröhnt«. Der einzige und vergängliche Wert der Rockmusik habe in dem kritischen Bewußtsein gelegen, das ihre erste provokante Herausforderung mit sich brachte; und in einer Bemerkung, die dem körperverachtenden Cartesianismus der Popkulturkritiker untreu wird, klagt Miller, daß der Körper der Rockmusik »weitertanzte [...] nachdem er seine Seele« des ursprünglichen Protests verloren hatte.[96]

Ihrer antileiblichen Feindseligkeit entsprechend sind den Argumenten von Adorno, Bloom und Miller zwei logische Fehler gemeinsam, die sie ungültig machen. Erstens bedeutet die sinnliche Anziehungskraft der Rockmusik nicht Anti-Intellektualismus (weder bei denen, die sie machen, noch bei denen, die sie hören). Dies würde nur folgen, wenn das Sinnliche mit dem Intellekt nicht vereinbar wäre; und warum sollten wir das als mit Sinnen begabte Intellekte annehmen? Es ist nur die Annahme intellektueller Ausschließlichkeit, ein machtvolles philosophisches Vorurteil mit platonischer Ahnentafel, die diese Denker dazu bringt, anzunehmen, Intellekt und Sinnlichkeit schlössen einander aus. Ein zweiter Fehler besteht darin, zu folgern, daß, weil Rockmusik ohne angestrengtes Denken und Interpretieren genossen werden kann, ihr Genuß deswegen keine reflektierte Analyse enthalte oder lohne. Wenn sie auf einer niedrigen intellektuellen Ebene genossen werden *kann*, folgt daraus noch nicht, daß sie so konsumiert werden *muß* und darüber hinaus nichts zu bieten hat.

(3) Befassen wir uns jetzt mit dem Vorwurf, die populäre Kunst sei zu oberflächlich, um den Intellekt beschäftigen zu können. Denn wenn sie nur die leiblichen und die unreifen Dimensionen der menschlichen Erfahrung beschäftigen oder befriedigen kann, dann wäre ihr Wert zwar ernstlich eingeschränkt – wenn auch meiner Meinung nach noch längst nicht zu vernachlässigen. Der Vorwurf der intellektuellen Oberflächlichkeit läßt sich typischerweise in zwei spezifischere Behauptungen untergliedern.

(a) Die erste ist, daß die populäre Kunst nicht mit den tiefen Realitäten und wirklichen Problemen des Lebens umgehen kann und demzufolge bestrebt ist, uns mit einer eskapistischen Traumwelt von Pseudoproblemen und einfachen, klischeehaften Lösungen zu trösten. Im Gegensatz zur hohen (oder wahren) Kunst, die »meistens die tieferliegenden Schichten des Lebens in Angriff nimmt« und »das Wesentliche« der Wirklichkeit behandelt, lenkt die populäre Kunst »vom Leben« und von den »wirklichen und wichtigsten Problemen« des Lebens ab; besonders lenken ihre Werke die Massen davon ab, »sich in stärkerem Maße ihrer wirklichen Bedürfnisse bewußt zu werden«.[97] Dwight Macdonald erklärt, die populäre Kunst könne nicht anders, als »die tiefen Wirklichkeiten (Sexualität, Tod, Versagen, Unglück), [...] weil die Wirklichkeiten zu wirklich wären, [...] um [die] narkotisierte Akzeptanz zu bewirken«, die sie suche, entweder zu übersehen oder zu entleeren.[98] Diese Überlegung geht, ohne ein Kriterium dafür anzugeben, wiederum davon aus, daß das Ziel der populären Kunst immer eine betäubte, stille Benommenheit ist, während es in Wahrheit reichlich Beweise dafür gibt, daß das Gegenteil der Fall ist. Schon lange vor Woodstock ist Rockmusik oft die lautstarke und aufrüttelnde Stimme des Protests gewesen; und in den letzten Jahren hat sie sich durch Rockkonzertprojekte wie *Live Aid*, *Farm Aid* und *Human Rights Now* als wirksame Quelle für den gemeinsamen sozialen Einsatz für wichtige politische und humanitäre Anliegen erwiesen.

Van den Haag bringt das bekannteste Argument, weshalb die Produkte der Massenmedien nicht mit der Wirklichkeit umgehen können sollen: die populäre Kunst muß ein Publikum erreichen, das größer ist als das der anspruchsvollen Kunst, und ist somit gezwungen, ihre Produkte auf das Aufnahmevermögen dieses größeren Publikums zurechtzuschneiden. Dies wiederum bedeutet für van den Haag und andere Kultursnobs, daß diese Produkte zu stark zurechtgestutzt werden, als daß sie wirklich noch wichtige Fragen oder bedeutsame Erfahrungen umfassen könnten.

»Sie müssen also jede menschliche Erfahrung, die falsch verstanden werden kann, auslassen – jede Erfahrung, jeden Ausdruck, deren Bedeutung nicht offensichtlich und anerkannt ist.

Das heißt, die Massenmedien können die Erfahrungen, mit denen Kunst, Philosophie und Literatur befaßt sind, nicht berühren: dort werden relevante und bedeutende menschliche Erfahrung in relevanter und bedeutender Form gezeigt. Denn ist dies der Fall, dann sind sie neu, voller Zweifel, schwierig, vielleicht anstößig, in jedem Fall leicht mißzuverstehen. [...] [Daher] können sich die Massenmedien [...] nicht mit wirklichen Problemen oder wirklichen Lösungen befassen.«[99]

Mindestens zwei grundlegend falsche Annahmen machen dieses Argument ungültig. Erstens ist die Annahme falsch, daß die populäre Kunst nicht populär sein kann, wenn ihre Form und ihr Inhalt nicht ganz und gar durchsichtig und vollständig gebilligt werden. Für diese Ansicht gibt es jedoch keinerlei Rechtfertigung außer der ebenso falschen Annahme, daß die Konsumenten der populären Kunst einfach zu dumm sind und nur das Offensichtliche und psychologisch Naive verstehen, als daß sie die Darbietung von Ansichten, denen sie letztendlich vielleicht nicht zustimmen würden, zu schätzen wüßten. Neuere Untersuchungen über Fernsehserien zeigen, daß das Massenmedienpublikum sehr wohl eine kritische und komplexe Haltung gegenüber den »Helden« und dargestellten Meinungen einzunehmen vermag[100]; und dieser Punkt wird durch die Tatsache noch gestützt, daß Rockenthusiasten, die Lieder über den Gebrauch von Drogen und Gewalttätigkeit mögen, in Wirklichkeit eine solche Lebensweise nicht schätzen. Außerdem können wir, selbst wenn wir annehmen, daß das Publikum der populären Kunst im großen und ganzen von einfacher Gemütsart ist, daraus noch nicht schließen, daß deren Inhalt ganz und gar offensichtlich und anerkannt sein muß, um zu gefallen. Denn immerhin besteht noch die Möglichkeit, daß er gefällt, auch wenn er nicht ganz oder sogar falsch verstanden wird. Bestimmt hatten die ersten Jugendlichen aus der weißen Mittelschicht, die sich für Rock'n'Roll begeisterten, keine Ahnung, was die Texte tatsächlich bedeuteten, die sie fesselten und die viele Wörter mit versteckter afro-amerikanischer Bedeutung enthielten – wie des Ausdrucks »rock'n'roll« selbst, der soviel wie »ficken« bedeutet.

Zweitens bringt van den Haags Argument zu Unrecht das

»Relevante und Bedeutungsvolle« in der menschlichen Erfahrung und im menschlichen Ausdruck mit dem Neuen und Schwierigen zusammen. Es besteht kein Grund, diese klar unterschiedenen Begriffe einander gleichzusetzen, und jede solche Gleichsetzung wird von der bleibenden Bedeutung, die die vertrauteren und traditionellen Verhaltensweisen (wie etwa sich zu verlieben, Kindern einen Gutenachtkuß zu geben, Feiertagssitten und Mahlzeiten) oft in unserem Leben haben. Diese falsche Gleichsetzung unterläuft van den Haag und anderen wegen ihrer Treue zur hochmodernen Ästhetik der Originalität und Schwierigkeit, die unbemerkt als allgemeiner Standard der Relevanz und Bedeutsamkeit von Erfahrung eingeschmuggelt wurde. Schlimmer noch: sie wird zum Standard »des Realen«, so daß die gewöhnlichen Probleme, mit denen sich die populäre Kunst befaßt – enttäuschte Liebe, wirtschaftliche Schwierigkeiten, Familienstreit, Entfremdung, Drogen, Sexualität und Gewalttätigkeit –, als unreal abgelehnt werden können, während die der künstlerischen Darstellung würdigen »realen Probleme« nur diejenigen sind, die neuartig und abgehoben genug sind, der Erfahrung und dem Verständnis des allgemeinen Publikums entgehen. Dies ist für die Privilegierten und Konservativen gewiß eine praktische Strategie, um die Realitäten derer zu ignorieren und zu unterdrücken, die sie beherrschen, indem sie ihnen die ästhetische Legitimität ihres Ausdrucks verweigern – eine Strategie, die ein lebendiges Beispiel für Bourdieus Feststellung gibt, daß ästhetische Konflikte häufig im Grunde genommen politische Konflikte sind, »für die Macht, die herrschende Bestimmung der Wirklichkeit einzuführen, und sozialer Wirklichkeit im Besonderen«.[101] So unattraktiv banal sie für den Kulturästheten auch immer sein mögen – solche »nicht wirklichen« Probleme (und die gewöhnlichen »nicht wirklichen« Menschen, deren Leben sie ausmachen) sind ein wesentlicher Teil unserer Welt. Armut und Gewalt, Sex und Drogen, »überzählige Teile und gebrochene Herzen«, *spare parts and broken hearts* (um Bruce Springsteen zu zitieren), »halten diese Welt am Laufen«, *keep this world turnin' around*; und sie haben Möglichkeiten, ihre verdrängte Wirklichkeit sehr gewaltig zu behaupten, wenn man das Theater verläßt und einen die Straße anspringt.[102]

(b) Die populäre Kunst ist in dem noch weiteren Sinn als oberflächlich und leer verdammt worden, daß sie keine »tiefen Wirklichkeiten« und »wirklichen Probleme« anspreche. Dieser Vorwurf besteht einfach darin, zu sagen, daß es den populären Kunstwerken an ausreichend Komplexität, Feinheiten und Bedeutungsebenen fehlt, um in irgendeiner Weise geistig anregend zu sein, oder »ernsthaftes Interesse aufrechterhalten kann«. Im Gegensatz zur hohen Kunst, die »meistens komplex ist«, so daß ihr »Inhalt auf verschiedenen Ebenen wahrgenommen und verstanden werden kann«, ist die populäre Kunst gezwungen, ihre große Beliebtheit zu erlangen, indem sie sich nur mit »deutlichen, leicht erkennbaren Bildern«, falschen Stereotypen und leeren Klischees abgibt.[103] Daher füllt sie, nicht in der Lage, unseren Intellekt zu beschäftigen, (in Adornos Worten) nur »[D]ie leere Zeit mit Leerem aus ...« (*ÄT* 348).

Gewiß sind zu viele Massenmedienprodukte langweilig oberflächlich und eindimensional. Der Schluß der Kulturkritiker, daß alle so sein müssen, ist jedoch falsch. Indem sie implizit dem gleichmacherischen Vorurteil »alle Massenkultur ist identisch«[104] beipflichten, ignorieren sie entschieden die komplexen Feinheiten, die sich tatsächlich in populären Kunstwerken finden lassen. Selbst Adorno hat schließlich erkannt, daß populäre Werke oft vielfältige Bedeutungsebenen haben, die aufeinander aufbauen und alle zur Gesamtwirkung beitragen.[105] Und John Fiskes Untersuchung über Fernsehserien zeigt, daß deren Beliebtheit in Wirklichkeit oft gerade auf ihrer Vielschichtigkeit, Vielstimmigkeit und Vieldeutigkeit beruht, so daß sie gleichzeitig unterschiedlich verstanden werden und damit eine breite »Palette von Gruppen mit verschiedenen, oft konfligierenden Interessen« ansprechen können. Denn, wie Medien- und Marketingexperten feststellen, ist das normale Fernsehpublikum nicht eine »homogene Masse«, sondern vielmehr die wechselnde Zusammensetzung aus vielen verschiedenen sozialen Gruppen, die »Fernsehen aktiv lesen, um aus ihm Bedeutungen herauszuholen, die sich mit ihrer sozialen Erfahrung verbinden«.[106]

Es ist typisch für intellektualistische Kritiker, daß es ihnen nicht gelingt, die vielschichtigen, vielstimmigen und nuancierten

Bedeutungen der populären Kunst zu erkennen, weil sie von Anfang an »abgeturnt« und nicht willens sind, diesen Werken die einfühlende Aufmerksamkeit zu schenken, die nötig ist, um solche Feinheiten herauszukitzeln. Manchmal verstehen sie die in Frage stehenden Werke aber auch einfach nicht. Die Rockmusik ist lange Zeit Trägerin versteckter Botschaften gewesen. So, wie die Rockmusik unter den repressiven Bedingungen von Sklaverei und kultureller Unterdrückung entstanden ist, brauchte sie die komplexen Ebenen (sowohl leiblich als auch diskursiv), um harmlose und geistlose Ruhe vorzutäuschen, während sie doch zugleich Protest und Stolz zum Ausdruck brachte. Diese Tradition hat sich von der schwarzen zur Jugendkultur durchgehalten, so daß Bob Dylan 1965 einem Interviewer sagen konnte: »Wenn ich dir erzählen würde, worum es in unserer Musik wirklich geht, würde man uns wahrscheinlich verhaften.«[107] Noch heute finden wir intelligente erwachsene Menschen, die fest davon überzeugt sind, daß die Texte von Rockmusik allesamt trivial und hirnverbrannt seien – die aber auch zugeben müssen, daß sie wegen des rauhen Sounds und der ungewöhnlichen Diktion die Bedeutung dieser Texte gar nicht verstehen können. Da unsere Bevölkerung jung genug ist, um mit Elvis und Little Richard aufgewachsen zu sein und daher genügend durchblickt, um sich nicht zu sehr über Krach und Unsinn der klassischen Tradition der Rockmusik zu beschweren, richtet sich nun der Vorwurf des bedeutungslosen Krachs und der abstoßenden leeren Texte auf Genres wie Punk- und Rapmusik, in denen sowohl der Krach als auch die sprachliche Abweichung bewußt thematisiert werden, um zur semantischen und formalen Komplexität bestimmter Lieder beitragen zu können.[108]

(4) Unsere Kultur betrachtet die Kunst als etwas durch und durch Schöpferisches und Originelles, als notwendig mit Erneuerung und Experiment verbunden. Das ist der Grund dafür, daß viele Ästhetiker behaupten, ein Kunstwerk sei immer einzigartig, und aus diesem Grunde besteht selbst ein Traditionalist wie T. S. Eliot darauf, daß ein Werk, das »nicht neu wäre [...] also auch kein Kunstwerk wäre«.[109] Im Gegensatz dazu wird nicht

nur die populäre Kunst weltweit als unoriginell und monoton verunglimpft, sondern auch behauptet, daß dies aufgrund ihrer Produktionsweisen und Motive notwendigerweise der Fall sei. Unvermeidlich sind ihre Produkte »flach und standardisiert«, weil sie technologisch nach Formeln und »vorgefertigten Clichés« von einer profithungrigen Industrie produziert werden, die darauf abstellt, »den Konsumentengeschmack zu bedienen, statt ihn zu entwickeln oder autonom zu kultivieren«.[110] Daher zeigt kein Produkt der Massenkultur (im Gegensatz zur schöpferischen Originalität und anderen) »ein Merkmal echter Kunst, vielmehr besitzt die Massenkultur in allen ihren Medien ihre eigenen unverwechselbaren Charakterzüge: Standardisierung, Stereotypen, konservative Einstellung, Verlogenheit, manipulierte Gebrauchsgüter«.[111]

Die Behauptung, die populäre Kunst sei notwendigerweise unkreativ, beruht auf drei Überlegungen. Erstens schließen ihre Standardisierung und technologische Produktion Kreativität aus, weil sie der Individualität Grenzen setzen.[112] Zweitens zerstören die Gruppenproduktion und Arbeitsteilung den ursprünglichen Ausdruck, weil sie mehr erfordern als die Entscheidung eines einzelnen Künstlers.[113] Drittens ist der Wunsch, ein sehr großes Publikum zu unterhalten, unverträglich mit dem individuellen Ausdruck des Selbst und daher auch mit ursprünglichem ästhetischen Ausdruck. Alle diese Überlegungen beruhen auf der Annahme, daß ästhetisches Hervorbringen notwendig individualistisch sei – ein fragwürdiger romantischer Mythos, der sich aus der bürgerlich-liberalen Ideologie des Individualismus nährt – und zugleich über die wesentlich gemeinschaftliche Dimension der Kunst hinwegtäuscht. Keines dieser Argumente kann überzeugen; sie können auch populäre Werke nicht von denen der hohen Kunst trennen.

Standardisierung läßt sich in der hohen ebenso wie in der populären Kunst finden. Beide verwenden Konventionen oder Formeln, um die Kommunikation zu erleichtern, um bestimmte ästhetische Formen und Effekte zu erreichen, deren Nutzen sich erwiesen hat, und um eine solide Basis bereitzustellen, von der aus sich kreative Ausarbeitungen und Innovationen durchführen lassen. Die Länge eines Sonetts ist ebenso rigide festgelegter Standard wie die Länge einer Situationskomödie im Fernsehen – und keine dieser Begrenzungen schließt Kreativität aus. Was den ästhetischen Wert von Formeln, Konventionen und Hervorbringungsstandards bestimmt, ist, ob sie einfallsreich angewandt werden. Beutet die populäre Kunst sie auch zu oft in routinisierter, mechanischer Weise aus, so hat doch die hohe Kunst auch ihre eigenen tödlich langweiligen Formen der eintönigen Standardisierung wie die akademische Weltfremdheit, in der die »schöpferische Aktivität«, so Clement Greenberg, »schwindet«.[114] Was den Einsatz technologischer Erfindungen anbelangt, so gibt es ihn natürlich auch in der hohen Kunst, und die Technologie stellt weniger ein Hindernis als einen Impuls für ästhetische Kreativität dar (wie die Geschichte der Architektur zeigt). Die Technologie der populären Kunst hat dazu beigetragen, neue künstlerische Formen wie den Film, die Fernsehserie und das Musikvideo zu erfinden; und teilweise ist es diese abenteuerliche und unberechenbare kreative Macht, die für die schwächer werdende Autorität der hohen Kunst und ihre Wächter so bedrohlich ist, die deren Vorwurf, die populäre Kunst sei kreativ impotent, motiviert.[115]

Das zweite Argument ist nicht weniger problematisch. Wir können nicht auf einem Widerspruch zwischen kollektiver Herstellung und künstlerischer Kreativität bestehen, ohne dabei die ästhetische Legitimität griechischer Tempel, gotischer Kathedralen und der Werke der mündlichen Erzähltraditionen in Zweifel zu ziehen. Es läßt sich nicht leugnen, daß kreative künstlerische Ansprüche durch kommerzielle Zwänge (am hartnäckigsten vielleicht in Hollywood) oft frustriert oder korrumpiert wurden. Dies ist jedoch etwas, das sich, wie Dewey sagen würde, nur in der Praxis bekämpfen und verbessern läßt – es muß nicht prinzipiell als notwendiger Widerspruch zwischen ursprünglichem Ausdruck und Gruppenarbeit festgemauert werden. Obwohl die kollektive Produktion dem freien Flug der individuellen Vorstellungskraft zweifellos Grenzen setzen wird, so ist auch wahr, daß die Zusammenarbeit mehrerer Köpfe für diese Kreativität entschädigen kann, indem sie der Vorstellungskraft zusätzliche Quellen anbietet. In jedem Fall dürfen wir nicht vergessen, daß die individuelle Vorstellungskraft stets in einer Art von Zusammenarbeit mit einer größeren Gemeinschaft steht, sofern sie Konventionen einer Tradition übernimmt und sich die Reaktionen des Publikums vorstellt. So kann sogar der hohe Künstler als sozial konstruiertes und motiviertes Selbst in dem bloßen Akt, sich selbst zu gefallen, auch versuchen wollen, einem breiten Publikum zu gefallen – und seien es auch nur die imaginierten Legionen der Nachwelt.

Solche Überlegungen stehen auch in Verbindung zu dem dritten und am weitesten verbreiteten Argument für den intrinsischen Kreativitätsmangel der populären Kunst. Dieses Argument beruht auf der Behauptung, daß Popularität eine künstlerische Form und Inhalt brauche, die vom gesamten Massenpublikum leicht verstanden und wertgeschätzt werden können; und dies wiederum bedeutet, daß der persönliche kreative Ausdruck wegfällt, damit an den kleinsten gemeinsamen Nenner appelliert werden kann. Daher können, sowohl was die Form, als auch, was den Inhalt anbelangt, nur die einfachsten Stereotype gezeigt werden. Kurz, weil »Massenmedien homogenisierte Kost anbieten müssen, um dem Durchschnittsgeschmack zu entsprechen«, können sie nichts Kreatives oder Provokatives sagen, sondern beschränken sich darauf, nur »das Offensichtliche und Bewährte« zum Ausdruck zu bringen.[116] Wir wissen, daß diese Schlußfolgerung falsch ist, und wenn es nur an der Tatsache liegt, daß die Produkte der populären Kunst immer wieder die Empfindlichkeiten von Otto Normalverbraucher schockiert und beleidigt haben. Wir müssen jedoch die Irrtümer herausstellen, die dazu geführt haben, daß so viele Kulturkritiker dieses Argument für plausibel halten.

Der erste Fehler besteht in der Verwechslung von »großem Publikum« mit »Massenpublikum«. Popularität erfordert lediglich das erste, wogegen nur das zweite ein homogenes, undifferenziertes Ganzes impliziert. Anspruchsvolle Kulturkritiker gehen fälschlicherweise davon aus, daß das Publikum der populären Kultur eine solche Masse ist. Die Struktur dieses Publikums nach unterschiedlichen Geschmacksgruppen, die unterschiedliche soziale und Erziehungshintergründe und -ideologien widerspiegeln, entgeht ihnen völlig, ebenso wie die Tatsache, daß ganz unterschiedliche Interpretationsstrategien für die populären Kunstwerke angewandt werden, um sie für den Geschmack der jeweiligen Sozialerfahrung einer Gruppe relevanter und angenehmer zu machen. Medienuntersuchungen zeigen, daß ein Werk, das eine besondere Sichtweise zum Ausdruck bringt, bei einem Publikum äußerst beliebt sein kann, das diese Sichtweise ablehnt (oder einfach nicht kapiert), weil dieses Publikum das Werk systematisch fehlinterpretiert, indem es seine Bedeutung in einer für es selbst interessanteren oder nützlicheren Weise kreativ »dekodiert« oder rekonstituiert. Deshalb können Feministinnen, Marxisten und traditionelle marokkanische Juden in Israel gleichermaßen überzeugte Fans von *Dallas* sein, und deshalb ist »*Denver Clan* zur Kultshow unter amerikanischen Schwulen geworden«.[117]

Doch selbst wenn wir das Argument des kreativen Mißverstehens, das auf demokratischere Weise die Kreativität der populären Kunst in ihren vielfältigen Konsumenten und nicht in ihren offiziellen Schöpfern ansiedelt, beiseite lassen, gibt es weitere Gründe dafür, zwischen einem großen und einem Massenpublikum zu unterscheiden. Denn eine spezielle Geschmacksgruppe, die einen erkennbaren sozialen oder ethnischen Hintergrund (oder eine Ideologie oder künstlerische Tradition) gemeinsam haben, kann ganz klar abtrennbar sein von dem, was als das homogene Massenpublikum der Durchschnittsamerikaner angesehen wird und kann immer noch groß genug sein, um ein großes Publikum auszumachen, dessen Befriedigung eine Kunst hinreichend populär macht, damit sie als populäre Kunst gilt und die Reichweite der Massenmedien besitzt. Die Tatsache, daß es solche unverkennbaren sehr großen Zuschauermengen gibt, bedeutet, daß die populäre Kunst sich nicht selbst auf Stile, Stereotypen und Ansichten beschränken muß, die von *dem* Publikum (das es vielleicht gar nicht gibt) verstanden und akzeptiert werden.

Der ausdrücklich sexuelle Inhalt von Scratching im schwarzen Englisch und die anti-amerikanische Wut vieler Rap-Hits sind für die große Mehrheit der »Durchschnittsamerikaner« bei weitem nicht »offensichtlich und bewährt«, das hindert jedoch solche Lieder nicht daran, eine enorme Popularität zu erlangen. Tatsächlich leitet sich ihre Popularität genau von dieser ihrer unverwechselbaren ethnischen und ideologischen Ausrichtung und ihrer Herausforderung der akzeptierten öffentlichen Standards her: ein »Public Enemy« zu sein, wie eine allgemein gefeierte, öffentlich jedoch angeprangerte Rapgruppe sich raffinierterweise selbst nennt. Auch ist diese auf Unterscheidung beruhende Popularität nicht notwendig auf das junge schwarze Ghettopublikum beschränkt. Denn die Botschaft des Rap, bittere Ungerechtigkeit und gewalttätiger Protest gegen repressive Autorität, kann von der entfremdeten Jugend unterschiedlicher sozialer Hintergründe oder sogar von marginalisierten Intellektuellen, die unzufrieden mit dem System sind und sich gerne in den Stilen, Wendungen und der Sprachform unterrichten lassen, angenommen werden. Kurz, wie schon Rock vor Rap gezeigt hat, bedarf Popularität nicht der Konformität eines weltweiten »Durchschnittsgeschmacks«; auch schließt sie nicht die Entwicklung von Bedeutungen aus, die wirklich nur von den Eingeweihten einer Subkultur oder gegenkulturellen künstlerischen Traditionen verstanden werden.

Die populären Künstler sind auch Konsumenten der populären Kunst und machen einen Teil ihres Publikums aus. Oft teilen sie den Geschmack derer, an die sich ihre Arbeit richtet. Es kann hier keinen Widerspruch zwischen dem Wunsch, sich kreativ auszudrücken, und dem, dem eigenen großen Publikum zu gefallen, geben. Der zweite Fehler des dritten Arguments besteht darin, anzunehmen, daß ein solcher Konflikt sich nicht vermeiden ließe. Er stammt aus dem romantischen Mythos vom Individualgenie, der davon ausgeht, daß Rückzug aus der Gesellschaft und Verachtung für deren allgemeine Werte für die künstlerische Integrität und Vision unerläßlich seien. Diesem Mythos lagen historische und sozio-ökonomische Zwänge zugrunde, die heute weitgehend bekannt sind. Er entwickelte sich, als die Künstler von den traditionellen Formen der gesellschaftlichen Unterstützung abgeschnitten wurden und in der sich schnell verändernden Gesellschaft des 19. Jahrhunderts sich sowohl ihrer eigenen Rolle als auch ihres Publikums unsicher waren. Heute würden diesen Mythos nur noch wenige für glaubwürdig halten, und selbst ein so offensichtlich elitistischer Künstler wie T. S. Eliot lehnt ihn ausdrücklich ab, wenn er die notwendige Verbindung des Künstlers mit der Gemeinschaft betont und den Wunsch formuliert, so viele Menschen wie möglich in dieser Gemeinschaft zu erreichen.[118]

Schließlich basiert das Argument, die Beliebtheit der populären Kunst erfordere sklavische Anpassung an anerkannte Stereotypen, auf der Annahme, daß die Konsumenten der populären Kunst zu einfältig seien, um die Darstellung von Ansichten, die sie ungewöhnlich und unannehmbar finden mögen, schätzen zu können. Doch, wie bereits angemerkt, zeigen empirische Befunde des Medienkonsums, daß dies nicht zutrifft; die Medienkonsumenten sind nicht die »Kulturtrottel« (in der Formulierung von Stuart Hall), für die die anspruchsvollen Intellektuellen sie halten.[119] Die ganze Idee, daß das Publikum der populären Kunst psychologisch zu naiv und zu eindimensional sei, um mit widersprüchlichen Ideen und der Mehrdeutigkeit von Werten sich zu unterhalten oder unterhalten zu werden, scheint durch die verblüffende Erfahrung des postmodernen Lebens widerlegt zu werden, in dem das alltägliche Zurechtkommen oftmals nicht allein die Unterhaltung, sondern sogar das gleichzeitige Innehaben einander entgegengesetzter Rollen und widersprüchlicher Sprachspiele nötig macht. Die Vielzahl der Haltungen und die unschlüssige Suspension sowohl des Glaubens als auch der Ungläubigkeit sind kein ästhetischer Luxus mehr, sondern eine Lebensnotwendigkeit. Denn worauf kann man sich ohne Selbstbetrug oder Ironie noch in voller Überzeugung und mit ganzem Risiko einlassen?

(5) Die Frage der Übereinstimmung mit öffentlichen Standards führt zu einem fünften schweren ästhetischen Vorwurf gegen die populäre Kunst: das Fehlen ästhetischer Autonomie und ästhetischen Widerstands. »Wohl bleibt« – für Ästhetiker – ihre Autonomie »irrevokabel« (*ÄT* 1) und essentiell für ihren Wert. Selbst Adorno und Bourdieu, die anerkennen, daß diese Autonomie das Produkt sozio-historischer Faktoren ist und einer sozialen Agenda des Klassenunterschieds dient, bestehen nichtsdestoweniger darauf, daß sie für die künstlerische Legitimität und den bloßen Begriff der ästhetischen Wertschätzung unabdingbar ist. Denn die Kunst muß *als* Kunst und nicht als etwas anderes ge-

schaffen und geschätzt werden, sagt Bourdieu, »ein autonomes künstlerisches Produktionsfeld, dem es gelingt, in der Produktion wie Konsumption die eigenen Normen durchzusetzen«, und dem es gelingt, externe Funktionen oder »einer anderen Notwendigkeit als der in der Tradition der betreffenden künstlerischen Disziplin sedimentierten jede Anerkennung« abzulehnen. Der Kern dieser Normen heißt »dem Vorrang einräumen, worin der Künstler Meister ist: der Form, dem Stil, der Manier, und eben nicht dem ›Inhalt‹, diesem äußerlichen Referenten, der zwangsläufig die Unterwerfung unter Funktionen mit sich bringt – sei es auch die elementarste: darstellen, bedeuten, aussagen«. (*FU* 21-22). Ähnlich haben für Adorno die Kunstnormen ausschließlich die Funktion, der Kunst selbst zu dienen. »Kunst wird human in dem Augenblick, da sie den Dienst kündigt« und sollte »von der Kindlichkeit des einfach zu Genießenden sich entfernen«, so daß das »autonome« Kunstwerk [...] einzig in sich funktionell [ist]« (*ÄT* 96, 143, 293). Im Gegensatz dazu verwirkt die populäre Kunst ihre ästhetische Gültigkeit allein schon durch ihren Wunsch, zu unterhalten und den gewöhnlichen menschlichen Bedürfnissen statt rein künstlerischen Zielen zu dienen. Warum jedoch muß Funktionalität zu künstlerischer und ästhetischer Illegitimität führen?

Letzten Endes beruhen diese Folgerungen darauf, Kunst und Ästhetik als dem Leben oder der Wirklichkeit wesentlich entgegengesetzt zu definieren. Für Adorno definiert und rechtfertigt sich die Kunst, obwohl sie im Materiellen und im sozialen Leben verwurzelt ist und dadurch geformt wird, selbst allein »durch ihre Differenz von der verhexten Wirklichkeit« unserer Welt und abgeschieden von ihren praktischen funktionalen Anforderungen. Indem sie ihren eigenen freien und imaginativen Bereich einfordert, repräsentiert die Kunst eine Kritik an der unaufhörlich kramenden Funktionalität der Welt: »[s]oweit von Kunstwerken eine gesellschaftliche Funktion sich prädizieren läßt, ist es ihre Funktionslosigkeit« (*ÄT* 336-37). Ähnlich behauptet Bourdieu, daß der bloße Begriff der ästhetischen Haltung »einen Bruch mit dem alltäglichen Verhalten zur Welt ein[schließt]« (*FU* 23). Da die populäre Kunst den »Zusammenhang zwischen Kunst und

Leben« bestätigt, »was die Unterordnung der Form unter die Funktion einschließt« (*FU* 64), folgert Bourdieu, daß sie nicht als legitime Kunst gelten kann. Sie kann ästhetisch nicht durch irgendeine sogenannte populäre Ästhetik legitimiert werden, weil eine solche Ästhetik, so Bourdieu, diesen Namen gar nicht verdient. Erstens läßt sich diese Ästhetik niemals bewußt und positiv formulieren (»für sich selbst«), sondern dient lediglich als »negativer Referenzpunkt« für die legitime, dem Leben entgegengesetzte Ästhetik (*FU* 23 u.ö.); und zweitens sagt Bourdieu, daß die populäre Ästhetik, indem sie die Belange des wirklichen Lebens und seine Freuden akzeptiert und damit die reine Autonomie der Kunst in Frage stellt, disqualifiziert als wesentlich der Kunst entgegengesetzt, und weil sie mit einer »systematischen Reduktion der Dinge der Kunst auf die Dinge des Lebens« befaßt ist (*FU* 24).

Diese anti-fundamentalistischen Argumente gegen die populäre Kunst hängen alle von der Annahme ab, daß Kunst und wirkliches Leben einander wesentlich ausschließen und voneinander getrennt sein sollten. Doch auch wenn dies ein uraltes Dogma der Ästhetik ist – warum sollte diese Ansicht hingenommen werden? Ihre Herkunft und Motivation sollten eher mißtrauisch stimmen. Sie haben ihre Grundlage in Platons Angriff auf die doppelte Realitätsferne der Kunst und wurden von einer philosophischen Tradition unterstützt, die immer darauf erpicht war, selbst dann, wenn sie die Kunst verteidigte, auf ihrer Entfernung von der Wirklichkeit zu bestehen, wie um die Souveränität der Philosophie bei der Bestimmung dessen, was Wirklichkeit ist – die wirkliche Natur der Kunst eingeschlossen –, sicherzustellen.

Wenn wir diese Dinge jedoch ohne philosophische Vorurteile und historische Engstirnigkeit betrachten, sehen wir, daß die Kunst gewiß einen Teil des Lebens ausmacht, ebenso, wie das Leben die Substanz der Kunst bildet und sich selbst sogar künstlerisch in der »Lebenskunst« konstituiert.[120] Sowohl als Objekte als auch als Erfahrungen sind Kunstwerke Teil unserer Welt und spielen eine Rolle in unserem Leben. Musik wird eingesetzt, um Säuglinge in den Schlaf zu wiegen oder um patriotische Gefühle zu wecken. Dichtung findet Anwendung im Gebet und wenn man um jemanden wirbt; Fabeln, um moralische Lektionen zu verabreichen. In der Kultur des antiken Athen waren die Künste aufs engste in das alltägliche Leben und sein Ethos eingebettet. Gemälde und Skulpturen wurden nicht für den rein visuellen Genuß in Museen aufgestellt, sondern dienten vielmehr (wie die Architektur) klar umrissenen religiösen, sozialen und politischen Zwecken. Musik und Gesang waren Teil der religiösen Riten und bürgerlichen Zeremonien der Bevölkerung. Die klassischen griechischen Dramen zielten darauf ab, die soziale Einheit und den Bürgerstolz zu bestärken, indem sie gemeinsame Mythen neu erzählten und in Festspielen in Verbindung mit sportlichen Wettkämpfen aufgeführt wurden. Sie bildeten die populäre Kultur – und das Verhalten dort war kaum formaler und vornehmer als bei heutigen Rockkonzerten.[121] Kurz, obwohl die griechische Kunst den modernen Autonomiebegriff der Kunst noch gar nicht kannte, besaß sie durchaus ästhetische Macht.

Bourdieu weiß dies natürlich gut, und sein eigenes Werk hält an der historischen Entwicklung des 19. Jahrhunderts fest, in der die Kunst sich in *autonome* Kunst verwandelte und Ästhetik in *reine* Ästhetik. Seine puristischen Definitionen legen jedoch nahe, daß geschichtliche Veränderungen unwiderruflich fortbestehen und daß Kunst und Ästhetik, einmal in reine Autonomie verwandelt, in einer weniger reinen und lebensverleugnenden Form nicht mehr legitim sein können. Die Geschichte jedoch setzt ihre Transformationen fort; und die neuesten Entwicklungen der postmodernen Kultur legen nahe, daß das puristische Ideal sich auflöst und die Ästhetik frei in alle Bereiche des Lebens hineinströmt. Außerdem scheint Bourdieu, obwohl er selbst ständig auf die tieferen materiellen Bedingungen und versteckten Sozialinteressen in der ästhetischen Reinheit (die sie alles andere als rein sein lassen, obwohl sie allgemein als rein mißverstanden wird) eindringlich offenlegt, die Idee nicht zu schätzen, daß wir diese kollektive Fehleinschätzung der reinen Autonomie durchbrechen können und doch immer noch eine lebensfähige Ästhetik behalten. Er lehnt die Möglichkeit einer alternativen Ästhetik ab, in der dem Leben eine zentrale Stellung zukommt und populäre

Kunst und Erfahrung versöhnt werden. Eine solche Ästhetik ist nicht nur möglich; sie wird durch Deweys pragmatistische Kunsttheorie, die die Energien, Bedürfnisse und Freuden der »lebendigen Kreatur« für die ästhetische Erfahrung zentral sein läßt, bereits machtvoll vertreten.

Die Autonomie der Kunst drückt sich nicht einfach nur in ihrem Unterschied vom Leben aus, sondern in ihrem Verständnis des eigenen Werts und im selbstbestätigenden Widerstand gegenüber der Gesellschaft. »Einzig durch ihre gesellschaftliche Resistenzkraft erhält Kunst sich am Leben«, insistiert z. B. Adorno. Wenn es ihr nicht gelingt, diesen autonomen Unterschied durch diesen Widerstand zu bestätigen, degeneriert sie zu einer bloßen »Ware« (*ÄT* 335). Doch selbst wenn die hohe Kunst weithin zur Ware wurde, beansprucht sie doch mit stolzer Stimme autonomen Wert, wogegen die populäre Kunst nicht einmal mehr vorgibt, Kunst zu sein, sondern sich selbst ein »Geschäft« oder eine »Industrie« nennt. Schlimmer noch, ihre Produkte bestärken diesen Mangel an Widerstand, wenn sie eine konservative, konformistische »Botschaft« und unhinterfragten Gehorsam liefern.[122] Solche Bemerkungen zeigen eine vertraute Art von Kritik: weil echte Kunst »vom Anerkannten abweichen« und ihm opponieren muß, kann die notwendige Übereinstimmung der populären Kunst mit dem Durchschnittsgeschmack – und ihre daher konservative Haltung – nicht als Kunst durchgehen.[123]

Beide Prämissen des Arguments haben sich jedoch als unhaltbar erwiesen. Widerstand gegen die Gesellschaft gehört nicht zum ewigen Wesen der Kunst, sondern zu einer besonderen ästhetischen Ideologie, die im 19. Jahrhundert als ein Ergebnis sozio-ökonomischer Entwicklungen aufkam, die den traditionellen Formen von sozialer Einbettung und Unterstützung, die Kunst und Künstler zuvor erfahren hatten, ein Ende setzte. Nicht nur vor, sondern auch während der Herrschaft der Ideologie des *l'art pour l'art* hat es hochgeschätzte Werke der hohen Kunst gegeben, die oftmals weit davon entfernt waren, in Form und Inhalt anti-konservativ und in der Opposition zu sein.[124] Zudem müssen populäre Kunstwerke nicht notwendig konservativ oder konformistisch sein, um Popularität zu erlangen.

Bourdieu bringt ein subtileres Argument vor: die populäre Kunst kann nicht ästhetisch legitim sein, weil sie ihre eigene ästhetische Gültigkeit oder Autonomie prinzipiell negiert, indem sie implizit die Herrschaft der Ästhetik der hohen Kunst akzeptiert, die hochmütig auf sie herabschaut. Wir leben in einer Kultur, in der die Ästhetik der hohen Kunst, die »Legitimität der reinen Einstellung zur Kunst so umfassend anerkannt [wird], daß darüber völlig vergessen wird, daß die Definition von Kunst und damit auch die der Lebensart Gegenstand der Klassenauseinandersetzungen ist«. Daher muß die populäre Ästhetik (die er mit der Arbeiterklasse verbindet), einfach durch ihre Existenz in dieser Kultur, die »keine *autonome* [Ästhetik] ist, sich vielmehr zwangsläufig immer in bezug auf die *dominanten* Ästhetiken definieren« (*FU* 81, 91). Da es unter diesen Standards der populären Kunst nicht gelingt, sich als Kunst zu qualifizieren, und da sie es nicht schafft, ihre eigene Legitimation zu bestätigen oder hervorzubringen, folgert Bourdieu, daß es in gewisser Weise »keine populäre Kunst gibt« und daß die populäre Kultur »unwillkürlich dem herrschenden Kulturbegriff verhaftet [bleibt]« und sich daher selbst ungültig macht (*FU* 616). Eine solche Selbstdelegitimierung kann entweder die Form resignierter »Herabsetzung« oder »selbstzerstörerischer Rehabilitierung« durch hoffnungsloses Abkupfern der hohen Kultur annehmen (*FU* 92).

Wie zwingend dieses Argument für die von Bourdieu untersuchte französische Kultur auch sein mag, als allgemeines Argument gegen die populäre Kultur kann es nicht überzeugen. Denn zumindest in Amerika behauptet diese Kunst ihren ästhetischen Status sehr wohl und stellt auch eigene ästhetische Legitimationsformen. Es betrachten nicht nur viele Künstler ihre Aufgabe so, daß sie über bloße Unterhaltung hinausgeht, sondern es wird auch der künstlerische Status ihrer Kunst häufig in ihren Arbeiten selbst zum Thema gemacht. Außerdem verleihen Preise wie Oscar, Emmy und Grammy (die weder vollständig von Verkaufszahlen bestimmt werden noch auf diese reduzierbar sind) in den Augen der meisten Amerikaner nicht nur ästhetische Legitimation, sondern sogar ein gewisses künstlerisches Prestige. Es gibt auch ein großes und weiter wachsendes Angebot von ästhetischer Kritik der populären Künste, einschließlich einiger ästhetisch ausgerichteter historischer Untersuchungen zu ihrer Entwicklung. Diese Kritik, die sich nicht nur in Zeitschriften und Büchern, sondern auch in den Massenmedien findet, ist ganz klar eine Form des legitimierenden Diskurses; und sie arbeitet mit denselben Prädikaten, die auf die hohe Kunst angewandt werden (obwohl sich auch neue Prädikate wie »funky« finden). Dieser gemeinsame Gebrauch von Prädikaten und kritischem Diskurs bedeutet nicht die Unterwerfung dieses Diskurses unter die hohe Kunst – sofern wir nicht von vornherein davon ausgehen, daß die Ästhetik der hohen Kunst die ausschließliche Kontrolle über den legitimen Gebrauch des ästhetischen Diskurses besitzt: dies setzte die ausschließliche ästhetische Legitimität gerade voraus, und genau diese Ausschließlichkeit bestreitet die populäre Kunst.

In ähnlicher Weise ist es falsch, davon auszugehen, daß das offensichtliche Fehlen einer erkennbaren philosophischen Ästhetik die ästhetische Legitimität der populären Kultur ausschließe. Legitimation kann andere, mächtigere Formen als die der philosophischen Theorie annehmen, und die populäre Kunst kann durch die Erfahrungen, die sie bietet, durch das Hören, Sehen und die kritischen Praktiken, die sie so weithin erzeugt, ästhetisch legitimiert werden. Ebenso, wie es falsch ist, die Legitimation allgemein mit *philosophischer* Legitimation zu verwechseln, ist es falsch, die sozial anerkannte ästhetische Legitimität auf das zu beschränken, was von der sozial marginalisierten intellektuellen Gemeinschaft garantiert wird. Natürlich nehmen Amerikaner weder die Philosophie noch die kulturelle Vorherrschaft der Intellektuellen so ernst, wie Franzosen und andere Europäer dies tun. Diese sorglose Rebellenhaltung, wie sie sich in der populären amerikanischen Kultur verkörpert findet, macht, glaube ich, einen Großteil des Reizes und des Werts für Europäer aus, besonders für die jungen und kulturell beherrschten unter ihnen. Denn sie gibt ihnen ein unschätzbares Werkzeug in die Hand für ihre zunehmende Befreiung von der festgefahrenen und beengenden kulturellen Herrschaft der repressiven Tradition einer körperlosen, intellektualistischen Philosophie und einer hohen höfischen Kunst.

Wenn ich Bourdieus allgemeinen Anspruch unter Berufung auf die Unterschiede amerikanischer Kultur kritisiere, so bestärke ich gleichwohl nur seine grundlegendere Überzeugung, daß Kunst und Ästhetik nicht universale, zeitlose Ideen sind, sondern vielmehr Kulturprodukte, die von sozialen und historischen Bedingungen gebildet und umgeformt werden. Denn gewisse sozio-historische Faktoren könnten sehr gut erklären, weshalb ausgerechnet in Amerika die populären Künste am schönsten blühen, nachdem sie den Würgegriff, in dem die hohe Kunst Ästhetik und kulturelle Legitimität festhält, so erfolgreich abgeschüttelt hat. Diese Faktoren genau aufzuzeigen und nachzuzeichnen, würde detaillierte sozio-historische Forschungen nötig machen, die den Rahmen dieses Kapitels weit überschreiten. Die folgenden Faktoren scheinen jedoch wesentlich für jede Erklärung zu sein.

Wenn erstens Amerika auch bei weitem keine klassenlose Gesellschaft ist, so ist seine Sozialstruktur doch immer noch erheblich flexibler und dezentraler als die Sozialstrukturen traditioneller europäischer Gesellschaften; und die herrschende Ideologie war stets offener egalitär und anti-aristokratisch. Zweitens mußte Amerika als Nation der Neuen Welt für seine politische und wirtschaftliche Unabhängigkeit von Europa kämpfen und neigte dazu, sich auch der kulturellen Herrschaft Europas zu widersetzen; und die hohe Kultur wurde ganz klar als aristokratische europäische Importware empfunden, die mitunter zu gewalttätigem patriotischen Widerstand geführt hat.[125] Drittens gab es in Amerika, einer Nation von Einwanderern aus unterschiedlichen Kulturen, keine einheitliche nationale Tradition der hohen Kunst, die sich unproblematisch aus der Alten Welt hätte importieren lassen und dann verpflichtend gewesen wäre; es gab auch kein zentrales Schulsystem, das die kulturelle Einheit gefördert hätte. Der befreiende Effekt, den die kulturelle Vielfalt auf die populäre Kunst hatte, zeigt sich am dramatischsten in der Entwicklung von Blues, Jazz und Rock aus afrikanischen kulturellen Quellen – von Afro-Amerikanern, die so brutal aus der herrschenden Gesellschaft ausgeschlossen waren, daß sie sich gewiß nicht in der Gewalt ihrer herrschenden Ästhetik befanden.[126]

Der vielleicht wichtigste Grund für die größere kulturelle Freiheit ist jedoch, daß die amerikanische Gesellschaft die beiden traditionellen Institutionen nicht besaß, die die europäische hohe Kultur im Großen strukturiert und ihre beherrschende Kraft aufrechterhalten haben: Hof und Nationalkirche. Viele vertreten die These, daß die Idee der hohen Kunst hauptsächlich eine Erfindung von Adligen war, um ihr dauerndes soziales Privileg über das zunehmend wohlhabendere Bürgertum zu behalten – eine Strategie der Distinktion, die die sozial aufstrebenden Bürger später nachahmen sollten.[127] Die kirchliche Tradition bot auf der anderen Seite ein machtvoll und institutionell eingebürgertes Ideal der hoch spiritualisierten Erfahrung und die Gewohnheit frommer Aufmerksamkeit auf Kunstwerke. Außerdem bot sie eine intellektuelle Priesterklasse, die die Richtigkeit solch transzendenter Erfahrungen und deren Diskurs steuern und regeln konnte. Als der theologische Glaube verlorenging, religiöse Gefühle und dunkle vergeistigte Gewohnheiten jedoch weiterhin enorme Macht besaßen, wurden diese auf die Religion der hohen Kunst projiziert, ein neues Reich der nicht-weltlichen Erfahrung und andächtigen Ernsthaftigkeit mit einer neuen priesterhaften Klasse von intellektuellen Künstlern und Kritikern. Die religiöse Tradition in Amerika war längst nicht so stark, und ihr herrschender, mürrischer Puritanismus war der ästhetischen Aneignung gegenüber bemerkenswert wenig aufgeschlossen. Als säkulare Republik ohne traditionelle Aristokratie und mit vielen verschiedenen Glaubenszugehörigkeiten konnte Amerika besser dem widerstehen, was Bourdieu als den essentiellen »Bildungsadel« beschreibt (*FU* 31-167). Auf diese Weise konnten die populären Künste in Amerika ästhetische Anerkennung finden, ohne zugleich aristokratische Distinktion oder quasi-religiösen Wert beanspruchen zu müssen.[128]

(6) Schließlich wird die populäre Kunst dafür verurteilt, daß sie keine angemessene Form erreicht habe. Abraham Kaplan sagt es sehr deutlich: »Was die populäre Kunst so unästhetisch macht, ist ihre Formlosigkeit. Sie betreibt und erlaubt nicht einmal den zur Schaffung einer künstlerischen Form erforderlichen

Aufwand.«[129] Im Gegensatz zur hohen Kunst, die äußerst stark auf die Form bedacht ist, geht man bei der populären Kunst allgemein davon aus, daß sie viel zu sehr mit dem Inhalt beschäftigt sei, als daß die Form mehr als eine unwesentliche und untergeordnete Rolle spielen könnte, und sich daher niemals angemessen ausdrücken oder selbst thematisieren kann.

Die Argumente gegen die formale Angemessenheit der populären Kunst sind selbst vielfältig. Sowohl ihre Einheit als auch die Komplexität ihrer formalen Struktur sind strikt verneint worden. Für Macdonald und Adorno fehlt den populären Kunstwerken notwendigerweise die formale Einheit, nicht nur, weil sie Gruppenproduktionen und nicht die Schöpfung autonomer Individuen sind, sondern auch, weil sie sich auf ein regressives Publikum einstellt, das aus uneinheitlichen Individuen besteht, die die synthetisierende Fähigkeit verloren haben, die »Einheit auf vielen Ebenen« echter Kunstwerke zu erfassen. Statt der Form besitzen sie nur simple Formeln, die bloß als Projektionsfläche für einzelne, oberflächlich provokative Effekte dienen.[130]

Öfter noch ist es nicht die Einheit, sondern die formale Komplexität, die den populären Kunstwerken abgesprochen wird und dazu dient, sie von echter Kunst abzugrenzen. Bourdieu, der die ästhetische Haltung als Fähigkeit definiert, Dinge als »Form eher als Funktion« zu betrachten, sieht diese losgelöste, lebensferne Haltung als den Schlüssel zur Leistung der hohen Kunst der »formalen Komplexität« an. Nur durch diese Haltung können wir (»als letztes Stadium eines Prozesses der Eroberung künstlerischer Autonomie«) »das ›offene Kunstwerk‹ intentional und seinem Wesen nach polysemisch« (*FU* 21, 68-69) verstehen. Für Bourdieu impliziert die enge Verbindung der populären Kunst mit dem Inhalt des Lebens »die Unterordnung der Form unter die Funktion« und das daraus resultierende Scheitern, formale Komplexität zu erreichen. In der populären Kunst sind wir unmittelbarer mit dem Inhalt oder der Substanz des Werks beschäftigt; und dies, so Bourdieu, ist mit echter ästhetischer Wertschätzung unvereinbar, wenn »die Opposition zwischen der Form und der Substanz« einmal gegeben ist (*FU* 22, 316). Die ästhetische Legitimität wird nur dadurch erreicht, »daß [sie] das Interesse vom ›Inhalt‹, von den Personen und spannenden Momenten der Handlung, etc., auf die Form und die spezifischen künstlerischen Effekte verlagert, die sich nur *relational*, durch den völlig exklusiven Vergleich mit anderen Werken würdigen lassen, den die Versenkung in die Einzigartigkeit des gerade vorliegenden Werkes erschließt« (*FU* 68).

Dieses vergleichende In-Beziehung-Setzen mit anderen Arbeiten und Stilen in der bestehenden künstlerischen Tradition stellt unleugbar eine reiche Quelle für formale Komplexität in der hohen Kunst dar. Diese Intertextualität kann jedoch auch in Werken der populären Kunst vorliegen, von denen viele ganz bewußt aufeinander anspielen und einander zitieren, um eine Vielfalt von ästhetischen Effekten zu erzielen – einschließlich einer komplexen formalen Textur der implizierten kunsthistorischen Beziehungen. Auch bleiben diese Anspielungen beim Publikum der populären Kunst nicht unbemerkt, das in ihren Traditionen sich meistens besser auskennt als das Publikum der hohen Kunst in deren.[131]

Noch störender ist an Bourdieus Argument, daß er offensichtlich davon ausgeht, daß Form und Inhalt einander notwendig ausschließen, so daß wir ein Werk nicht angemessen erfahren (oder schaffen) können, es sei denn, wir verkneifen uns Hingabe an und Enthusiasmus für den Inhalt. Dies scheint nicht nur eine äußerst umstrittene Form/Inhalt-Unterscheidung bereits vorauszusetzen, sondern verwechselt auch zwei Bedeutungen von »formal« miteinander: das, was Formalität zur Schau stellt, und das, was einfach Form, Struktur oder Gestalt *besitzt*. Nur das erste bedeutet eine Setzung von Distanz, zeremoniellem Zwang und Verneinung des lebendigen Einsetzens. Doch die Form steht dem Leben nicht notwendig gegenüber, sie ist vielmehr ein immer gegenwärtiger Teil der Gestalt und des Lebensrhythmus; und die ästhetische Form (wie Bourdieu sehr wohl weiß) hat ihre tiefen – wenn auch verleugneten – Wurzeln in den organischen Körperrhythmen und in den sozialen Bedingungen, die sie zu strukturieren helfen.[132] Es läßt sich in unmittelbarerer, enthusiastischer körperlicher Hingabe genauso wie in der intellektuellen Distanz finden: die Form kann *funky* und asketisch formal sein.

An diese Fragen der formalen Komplexität und kunsthistorischen Intertextualität schließen sich zwei weitere formalistische Vorwürfe gegen die populäre Kunst an. Während die hohe Kunst für ihr geschärftes Bewußtsein des ästhetischen Mediums und für die thematisierte Sorge um das ästhetische Medium und ihre Künstler oft ihre »Hauptinspiration aus dem Medium, in dem sie arbeiten«, erhalten,[133] hält man die populäre Kunst für so vom Inhalt beherrscht, daß sie ihren Status als Medium und darstellende Form vernachlässige und somit (in Bourdieus Worten) »eine systematische Reduktion der Dinge der Kunst auf die Dinge des Lebens« vollziehe (*FU* 24). Zweitens bedeutet die mangelnde Aufmerksamkeit auf das formale Medium zusammen mit ihrem Wunsch, durch den Inhalt zu unterhalten, daß dieser Kunst der Sinn für »jede Art formalen Experimentierens« (*FU* 23) abgeht – im Gegensatz zur hohen Kunst, die sich durch »Innovation und formales Experimentieren« auszeichnet. Indem er wiederum eine grundlegende Opposition zwischen Form und Inhalt voraussetzt, vertritt Bourdieu die Ansicht, daß die populäre Kunst und ihr Publikum »Formexperimente und genuin ästhetische Effekte nur dann hinzunehmen geneigt [sind], wenn diese sich in Vergessenheit bringen und die Wahrnehmung des Gehalts des Werkes nicht behindern«. (*FU* 65)

Viele populäre Kunstwerke befassen sich sehr wohl mit der Form, indem sie ihren Stil und ihr Medium ausdrücklich in den Vordergrund stellen. Außerdem streichen viele ihren Status als Darstellung ganz bewußt heraus (wie in der Fernsehsendung *Moonlighting* und *Monty Python's Flying Circus* oder sogar in einigen der weniger anspruchsvollen Komödienfilme von Mel Brooks). Dies wird nicht nur durch Dialoge und visuelles Erzählen, das selbstbezüglich auf den Status des Werks als fiktionalem Text hinweist, erreicht, sondern auch, so Fiske, durch formale »Kunstgriffe wie übertriebene Eleganz, selbstbewußte Kameraführung, unmotivierte Schnitte und das gelegentliche Brechen der 180°-Regel«.[134] Was nun das Experimentieren anbelangt, so sind die populären Kunstformen in den Massenmedien gewiß Ergebnis von Experimenten, sowohl, was die darstellerischen Mittel, als auch, was die Form anbelangt; und obwohl der

Großteil der populären Kunst in formalen Fragen konservativ ist, gibt es fortgesetzte Bemühungen um formale Innovation, in der schöpferischen Erfindung neuer Genres und Stile (wie etwa das Rockvideo und Rap) und manchmal sogar neuer Stile innerhalb der bereits etablierten Genres.

Eine solch generelle Rede und die kurze Erwähnung von Beispielen wird kaum den nötigen Beweis erbringen, daß die populäre Kunst jene formalen Qualitäten besitzt, die die hohe Kunst als ästhetisch auszeichnen: Einheit und Komplexität, Intertextualität und offen-strukturierte Polysemie, Experimentieren und deutliche Aufmerksamkeit auf das Medium. Der einzige gute Weg, dies zu beweisen und den vorgeführten Anklagen zu begegnen, mag sein, ganz konkret zu zeigen, daß populäre Kunstwerke tatsächlich genau die ästhetischen Werte besitzen, die ihre Kritiker ausschließlich der hohen Kunst vorbehalten. Und dies wiederum kann nur geschehen in Form der sorgfältigen Untersuchung von bestimmten Werken in den jeweiligen Genres. Das nächste Kapitel läßt sich auf diese Herausforderung mit einer Untersuchung des Rap und der genauen Lektüre eines seiner Werke ein.

4 Die hohe Kunst des Rap

... rapt Poesy,
And arts, though unimagined, yet to be.
SHELLEY, Prometheus Unbound

Eins

Rap ist heute das am schnellsten wachsende Genre der populären Musik – und das am stärksten verleumdete und verfolgte. Sein Anspruch auf künstlerischen Status wird unter einer Flut von beleidigender Kritik, Zensurakten und Versuchen kommerzieller Vereinnahmung ertränkt.[135] Das kann nicht überraschen. Denn die kulturellen Wurzeln und das Hauptpublikum des Rap gehören zur schwarzen Unterschicht der amerikanischen Gesellschaft; und ihr militanter schwarzer Stolz sowie die Thematisierung der Ghettoerfahrung stellen ein bedrohliches Warnsignal für den selbstzufriedenen Status quo eben jener Gesellschaft dar. Angesichts dieses einmal gegebenen politischen Anreizes für die Schwächung des Rap ist es nicht schwer, ästhetische Gründe zu finden, die den Rap als legitime Kunstform zu diskreditieren scheinen. Rapsongs werden schließlich nicht einmal gesungen, nur gesprochen oder im Sprechgesang vorgetragen. Sie brauchen meistens weder Livemusiker noch Originalmusik, statt dessen wird ihr Soundtrack aus verschiedenen Ausschnitten (*cuts* oder »*samples*«) von Platten zusammengesetzt, die bereits fertig vorliegen und oft auch sehr bekannt sind. Schließlich scheinen die Texte primitiv und einfältig, die Sprache unzulänglich, die Reime rauh, repetitiv und oft extrem wild zu sein. Dennoch – wie schon der Titel dieses Kapitels nahelegt – bestehen eben diese Texte auf dem Rang des Rap als Dichtung und schöner Kunst und preisen ihn als solche.[136]

Ich möchte die Ästhetik des Rap – oder des »HipHop«, wie er bei den Eingeweihten auch heißt[137] – näher untersuchen. Da ich selbst diese Musik sehr mag, habe ich ein persönliches Interesse daran, ihre ästhetische Legitimität zu verteidigen.[138] Die kulturellen Fragen und ästhetischen Anliegen, die damit zusammenhängen, erstrecken sich jedoch viel weiter. Denn Rap ist meiner Meinung nach eine postmoderne populäre Kunst, die einige unserer tief eingebürgerten ästhetischen Konventionen herausfordert – nicht nur den Modernismus als künstlerischen Stil und künstlerische Ideologie, sondern auch die philosophische Doktrin der Moderne und ihre scharfe Differenzierung der kulturellen Bereiche. Obwohl jedoch Rap diese Konventionen in Frage stellt, genügt er zugleich doch auch, glaube ich, den zentralen konventionellen Kriterien für ästhetische Legitimität, die der populären Kunst gewöhnlich abgesprochen werden. Somit widersetzt er sich einer strikten Trennung zwischen hoher und populärer Kunst aus rein ästhetischen Gründen, genauso, wie er schon die Idee solcher reinen Gründe überhaupt in Frage stellt. Um diese Behauptungen zu beweisen, werde ich Rap zuerst mittels der Begriffe der postmodernen Ästhetik diskutieren. Da jedoch ästhetische Legitimität am besten durch wirkliche, kritische Rezeption gezeigt werden kann, werde ich den Großteil dieses Kapitels der genauen Lektüre eines repräsentativen Raptitels widmen, an dem sich zeigt, wie dieses Genre auf die ästhetischen Hauptanklagepunkte gegen die populäre Kunst reagieren kann.

Postmodernismus ist ein verwirrend komplexes und umstrittenes Phänomen, dessen Ästhetik sich folglich einer eindeutigen und unanfechtbaren Definition widersetzt.[139] Nichtsdestotrotz werden bestimmte Themen und stilistische Charakteristika für typisch postmodern gehalten (was nicht bedeutet, daß sie sich nicht auch in unterschiedlichem Maß ebenso in der modernen Kunst finden lassen). Zu diesen Charakteristika gehören das aneignende Recycling statt der einzigartigen, originären Schöpfung, die eklektische Mischung von Stilen, die enthusiastische Aufnahme neuer Technologie und der Massenkultur, die Herausforderung der modernen Begriffe ästhetischer Autonomie und künstlerischer Reinheit und eine Betonung des Lokalen und zeitlich Bedingten statt des vermeintlich Universalen und Ewigen. Ob wir diese Merkmale nun postmodern nennen oder nicht – Rap steckt voller Beispiele für diese postmodernen Charakteristika, betont sie oft sogar ganz bewußt und macht sie selbst zum Thema. Somit sind diese Charakteristika, auch wenn wir die ganze Kategorie der Postmoderne ablehnen, wesentlich für das Verständnis von Rap.

Aneignung durch Sampling

Künstlerische Aneignung ist der historische Entstehungsgrund von HipHop und bleibt immer das Prinzip seiner Technik und auch zentrales Merkmal seiner ästhetischen Form und Botschaft. Diese Musik wird durch die Auswahl und Kombination von Teilen von bereits fertig aufgenommenen Liedern zusammengesetzt, um einen »neuen« Soundtrack herzustellen. Dieser Soundtrack, den der DJ auf mehreren Plattentellern herstellt, bildet den musikalischen Hintergrund für die Raptexte. Diese wiederum widmen sich häufig sowohl der unnachahmlichen Virtuosität des DJs beim Sampling und Zusammensetzen der angeeigneten Musik als auch dem Rühmen der Fähigkeit des Rappers (*MC*, *Master of Ceremony*, genannt), zu texten und zu reimen. Während das preisende Selbstlob des Rappers oft seine sexuelle Attraktivität, seinen kommerziellen Erfolg und seine persönlichen Vorzüge betont, werden diese Statussymbole doch alle als zweitrangig gegenüber und ableitbar von seiner Sprachbeherrschung vorgestellt.

Für Weiße mag die Vorstellung schwierig sein, daß die verbale Virtuosität im schwarzen Ghetto so wichtig ist. Soziologische Untersuchungen zeigen jedoch, daß sie dort sehr hoch eingeschätzt wird, und die anthropologische Forschung belegt, daß die Erhaltung eines überlegenen sozialen Status durch verbale Potenz eine tief verwurzelte schwarze Tradition darstellt, die weit zu den *Griots* in Westafrika zurückreicht und sich in der Neuen Welt durch so konventionalisierte Wortstreite oder Spiele wie »Signifying« oder »The Dozens« erhalten hat.[140] Die Tatsache, daß die traditionellen Redewendungen, stilistischen Konventionen und unter Zwang entstandenen Feinheiten des afro-amerikanischen Englisch (wie etwa semantische Umkehrung und Verdrehung, vorgetäuschte Einfachheit und versteckte Parodie – alle ursprünglich entwickelt, um die eigentliche Bedeutung vor feindlichen weißen Zuhörern zu verbergen)[141] nicht erkannt werden, hat zu der falschen Überzeugung geführt, daß alle Raptexte oberflächlich und eintönig, wenn nicht sogar überhaupt insgesamt debil seien – eine einfühlsame und gründliche Lektüre wird jedoch in vielen Rapsongs nicht nur die witzige umgangssprachliche Formulierung scharfer Einsichten, sondern auch linguistische Feinheiten sowie eine große Anzahl von Bedeutungsebenen finden, deren vieldeutige Komplexität, Ambiguität und Intertextualität sich durchaus an denen des sogenannten offenen Kunstwerks, das der hohen Kunst zugerechnet wird, messen kann.

Neben seiner stilisierten, aggressiv angeberischen Sprache läßt sich das zweite auffällige Merkmal des Rap – sein dominanter, funkiger Beat – bis zu afrikanischen Ursprüngen zurückverfolgen, zu Dschungelrhythmen, die von der Rock- und Discomusik aufgenommen und dann von Rap-DJs – den musikalischen Kannibalen des städtischen Dschungels – zurückerobert wurden. Die Geburtsstätte des HipHop ist – trotz des großen afrikanischen Erbes – die Disco-Ära der finsteren Ghettos von New York: zuerst in der Bronx, dann in Harlem und schließlich in Brooklyn. Durch die Aneignung der Sounds und Techniken von Disco unterlief und veränderte er sie, ganz ähnlich wie der Jazz (eine frühere schwarze Aneignungskunst) es mit den Melodien populärer Lieder getan hatte. Im Gegensatz zum Jazz jedoch nahm HipHop nicht nur die Melodien oder musikalischen Phrasen – d. h. abstrakte musikalische Muster, die in unterschiedlichen Aufführungen exemplifiziert werden können und damit den ontologischen Status von Vorlagen (»*type entities*«) besitzen. Statt dessen übernimmt er konkrete Klangereignisse, bereits fertige Aufnahmen von Aufführungen solcher musikalischen Muster. Damit bedürfen sein Borgen und seine Verwandlung – anders als Jazz – keinerlei kreativer Fertigkeit in der Komposition oder in der Beherrschung von Musikinstrumenten, sondern lediglich im manipulativen Umgang mit dem technischen Instrumentarium, das zum Abspielen nötig ist. DJs in normalen Diskotheken hatten diese Schneide- und Überblendtechnik von einer Schallplatte zur nächsten entwickelt, indem sie die Geschwindigkeiten aufeinander abstimmten, um den sanften Übergang ohne gewaltsame Unterbrechung des Tanzflusses zu bewerkstelligen. Unzufrieden mit dem zahmen Sound von Disco und kommerziellem Pop wandten selbsternannte DJs in der Bronx diese Schneidetechnik neu an, um jene Teile der Schallplatten zu verdichten und zu verlängern, auf die sich besser tanzen ließ. Für sie war der »wichtigste Teil eines Songs der Break: der Punkt, an dem das Schlagzeug übernimmt. Das konnte der explosive Tito-Puente-Stil an den Timbales sein, den man auf Platten von Jimmy Castor Bunch hören konnte, das lockere Funk-Schlagzeug von zahllosen 60er Soul-Scheiben von Legenden wie James Brown, Dyke and The Blazers oder sogar die eckigen 4/4 Bass-Drum/Snare-Intros, wie sie Hard-Rocker vom Schlage der Stones oder Thin Lizzy lieben. In solchen Momenten hoben die Tänzer ab, und die DJs wiederholten die immer gleichen Takte, indem sie sie abwechselnd von zwei Plattenspielern kommen ließen. Bis aus dem Break langsam ein Instrumental wurde.«[142]

Kurz, HipHop hat ausdrücklich als Tanzmusik angefangen: ihn zu mögen, hieß sich zu bewegen und nicht bloß zuzuhören. Ursprünglich war er nur für Liveaufführungen gedacht (bei privaten Tanzveranstaltungen, in Schulen, Gemeindezentren und Parks), wo man die Geschicklichkeit des DJs, die Persönlichkeit und das Improvisationstalent des Rappers bewundern konnte. Er war nicht für ein Massenpublikum gedacht, und einige Jahre lang blieb er tatsächlich auf die Gegend von New York City beschränkt und damit außerhalb des Netzwerks der Massenmedien. Obwohl Rap oft informell auf Kassette mitgeschnitten, dann vervielfältigt und von der wachsenden Gemeinde von Fans und Schwarzhändlern in Umlauf gebracht wurde, wurde Rap das erste Mal 1979 vom Rundfunk gesendet und auf Platte herausgebracht. Diese beiden Singles, »Rapper's Delight« und »King Tim III (Personality Jock)« – beide von Gruppen, die nicht zum inneren Kreis der Rap Community gehörten, dafür aber Verbindungen zur Plattenindustrie hatten – provozierten einen heftigen Konkurrenzkampf in der Welt des Rap und lieferten den Ansporn und das Vorbild dafür, den Untergrund zu verlassen und auf Platte und im Rundfunk herauszukommen. Und doch wurde, als die Gruppen von der Straße ins Studio gingen, wo sie mit Livemusik arbeiten konnten, die Rolle des DJs – nämlich Aneignung und Übernahme – nicht etwa aufgegeben, sondern weiterhin in Raptexten als wesentlicher Bestandteil dieser Kunst thematisiert.[143]

Aus der Grundtechnik, zwischen gesampelten Platten hin- und herzuschneiden, hat der HipHop drei weitere formale Kunstgriffe entwickelt, die entscheidend zu seinem Klang und zu seiner Ästhetik beitragen: »scratch mixing«, »punch phrasing« und einfaches Scratching. Das erste ist einfach das Übereinanderlegen oder Mischen verschiedener Klänge von einer Platte auf eine andere, die bereits abgespielt wird.[144] *Punch Phrasing* ist die Verfeinerung dieses Mischens, bei dem der DJ die Nadel über ein bestimmtes Riff oder eine Schlagzeugstelle auf einer Platte vorwärts und rückwärts bewegt, um einen kraftvollen Schlagzeugeffekt dem Sound der anderen Platte hinzuzufügen, die währenddessen auf dem anderen Plattenteller abgespielt wird. Die dritte Methode besteht in einem wilderen, schnelleren Vorwärts- und Rückwärtskratzen auf der Platte – zu schnell, als daß man die aufgenommene Musik erkennen könnte –, bei dem ein wilder Kratzlaut entsteht, der eine eigene musikalische Qualität hat und für einen verrückten Beat sorgt.

Diese Schneide-, Misch- und Kratztechniken geben dem Rap eine Vielzahl von Formen der Aneignung, die ebenso vielseitig und phantasievoll wie die der hohen Kunst zu sein scheinen – wie etwa die Aufnahmeformen des Duchampschen Schnurrbarts auf der *Mona Lisa*, das Ausradieren eines De-Kooning-Gemäldes durch Rauschenberg und die Wieder-Ausstellung eines vorverpackten Gebrauchsbildes durch Andy Warhol. Auch was den angeeigneten Inhalt anbelangt, beweist Rap eine große Vielfalt. Er bedient sich nicht nur einer Vielzahl populärer Songs, sondern ernährt sich eklektisch auch von klassischer Musik, Titelmelodien von Fernsehserien, Werbesongs und der elektronischen Musik von Spielhöllenautomaten. Er eignet sich sogar nicht-musikalische Inhalte an, Nachrichtensendungen etwa und Teile aus den Reden von Malcolm X und Martin Luther King.[145]

Obwohl einige DJs stolz darauf waren, aus ganz unwahrscheinlichen und mysteriösen Quellen zu schöpfen und manchmal (aus Angst vor Konkurrenz) geheimzuhalten versuchten, von welchen Platten sie sampelten, hat es nie einen Versuch gegeben, die Tatsache geheimzuhalten, *daß* sie mit vorfabrizierten Klängen arbeiteten und nicht ihre eigene Originalmusik komponierten. Sie führten sogar im Gegenteil ihre Methode des Sampling öffentlich vor. Worin liegt nun die ästhetische Bedeutung dieser selbstbewußten Aneignungskunst?

Erstens fordert sie das traditionelle Ideal der Originalität und Einzigartigkeit heraus, das lange unsere Kunstvorstellung gefangenhielt. Romantik und Geniekult verglichen den Künstler mit einem göttlichen Schöpfer und vertraten die Auffassung, daß seine Werke alle neu sein und seine einzigartige Persönlichkeit verkörpern sollten. Die Moderne bestärkte dieses Dogma, daß allein radikale Neuartigkeit das Wesen der Kunst ausmache, durch die Festlegung auf künstlerischen Fortschritt und Avantgarde. Obwohl Künstler immer schon von den Werken anderer geborgt hatten, wurde diese Tatsache allgemein nicht zur Kenntnis genommen oder durch die Originalitätsideologie implizit zurückgewiesen, die zwischen originaler Schöpfung und abgeleitetem Ausleihen eine scharfe Trennlinie zog. Eine postmoderne Kunst wie Rap untergräbt diese Dichotomie durch kreatives Neuordnen und dadurch, daß sie ihre Aneignung selbst thematisiert, um zu zeigen, daß Borgen und Schöpfung keineswegs unvereinbar sind. Weiter legt sie nahe, daß das vermeintliche Originalkunstwerk selbst stets ein Produkt uneingestandenen Ausleihens ist, der einzigartige und völlig neue Text immer ein Gewebe aus den Echos und Fragmenten früherer Texte.

Originalität verliert auf diese Weise ihren ursprünglichen Status und wird zugleich neu gefaßt, so daß sie die umformende Neuaneignung und das Recycling des Alten miteinschließt. In diesem postmodernen Bild gibt es keine letzten, unberührbaren Originale, nur Aneignungen von Aneignungen und Trugbilder von Trugbildern; so kann die kreative Energie frei mit vertrauten Werken spielen – ohne die Angst, dadurch die Möglichkeit zur wahren Kreativität zu verlieren, weil sie kein Originalkunstwerk schafft. Rapsongs zelebrieren Originalität und Borgen zugleich.[146] Und so wie die Dichotomie Schöpfung/Aneignung in Frage gestellt wird, wird auch die tiefgehende Trennung von kreativem Künstler und aneignendem Publikum in Frage gestellt. Umformende Wertschätzung kann selbst zur Kunst werden.

Schneiden und Zeitlichkeit

Die charakteristische Arbeitsweise des Rap, das Sampling, greift noch ein weiteres traditionelles Ideal der Kunst an: Einheit und Integrität. Seit Aristoteles haben die Ästhetiker das Kunstwerk als ein organisches Ganzes gesehen, das in sich so vollkommen ist, daß jede auch nur geringfügige Änderung seiner Teile das Ganze zerstören würde. Außerdem haben die Ideologien der Romantik und des *l'art pour l'art* unsere Gewohnheit bestärkt, Kunstwerke als transzendent und quasi als heilige Zwecke an sich zu behandeln, deren Integrität wir respektieren und niemals verletzen sollten. Im Gegensatz zu dieser Ästhetik der strengen organischen Einheit spiegelt das Schneiden und Sampeln des Rap die »schizophrene Fragmentierung« und den »Collageneffekt« wider, wie er die postmoderne Ästhetik kennzeichnet.[147] Im Gegensatz zu einer frommen Bewunderungsästhetik für das unveränderliche, unberührbare Werk bietet HipHop die Freuden dekonstruktivistischer Kunst – die aufreizende Faszination, alte Werke auseinanderzunehmen (und darüber zu sprechen, *rapping over*), um neue zu erzeugen, das Vorgefertigte und ermüdend Vertraute zu etwas anregend Anderem umzubauen.

Das Sampeln des DJs und der Sprechgesang, *Rap*, des MC heben auch die Tatsache hervor, daß die scheinbare Einheit des Originalkunstwerks oft eine künstlich konstruierte ist (zumindest in der zeitgenössischen populären Musik, wo der Herstellungsprozeß oft sehr zerstückelt ist): eine Spur mit Instrumentalmusik wird in Memphis aufgenommen, mit einem Hintergrundchor aus New York und einer Leadstimme aus Los Angeles kombiniert – und Rap setzt diesen Prozeß der geschichteten künstlerischen Produktion einfach fort, indem er vorgefertigte musikalische Produkte auseinandernimmt und anders wieder zusammensetzt und dann die zusätzliche Schicht der Texte des MCs darüberlegt, um ein neues Werk hervorzubringen. Dabei verzichtet Rap auf den Anspruch, daß das eigene Werk unverletzlich, der künstlerische Prozeß jemals endlich sei. Für Rap gibt es kein Produkt, das einen solchen Fetisch darstellt, der nicht der aneignenden Verwandlung unterworfen werden könnte. Statt dessen impliziert das Sampeln des Rap, daß die Integrität eines Kunstwerks als Gegenstand niemals wichtiger genommen werden soll als die Möglichkeiten der fortsetzenden Neu-Schöpfung durch den Gebrauch dieses Gegenstands. Die Rap-Ästhetik verkörpert damit die Deweysche Botschaft, daß die Kunst viel eigentlicher einen Prozeß darstellt und nicht ein fertiges Produkt – eine willkommene Botschaft für unsere Kultur, deren Tendenz zur Verdinglichung und zum Zur-Ware-Machen allen künstlerischen Ausdrucks so stark ist, daß selbst Rap zum Opfer dieser Tendenz wird, gegen die er so trotzig ankämpft.

Indem er sich der zum Fetisch gewordenen Unantastbarkeit der Kunstwerke widersetzt, stellt Rap auch die traditionellen Vorstellungen von deren Monumentalität, Allgemeingültigkeit und Dauerhaftigkeit in Frage. Werke, die man bewundert, werden nicht mehr à la Eliot wahrgenommen, als »eine ideale Ordnung« der »Denkmäler«, von zeitlosem Dasein einerseits und andererseits doch von der Tradition durch die Zeit hindurch bewahrt.[148] Im Gegensatz zu der üblichen Ansicht, »ein Gedicht sei für die Ewigkeit«, betont Rap gerade die Zeitlichkeit und die wahrscheinliche Unbeständigkeit des Kunstwerks: nicht nur durch die aneignende Dekonstruktion, sondern auch dadurch, daß er in seinen Texten die eigene Vergänglichkeit zum Thema macht. Zum

Beispiel umfassen einige Texte von BDP Zeilen wie »Fresh for '88, you suckers« oder »Fresh for '89, you suckers«.[149] Solche Zeitangaben implizieren das konsequente Eingeständnis der Zeitgebundenheit; was '88 frisch ist, wird '89 sicherlich abgestanden sein und damit von der Frische eines 89er Jahrgangs abgelöst werden. In der postmodernen Rap-Ästhetik werden künstlerische Arbeiten durch kurzlebige Frische nicht etwa ästhetisch wertlos – nicht mehr zumindest, als der süße Geschmack von Sahne durch deren kurzlebige Frische an Wirklichkeit verliert.[150] Denn die Ansicht, ästhetischer Wert könne nur dann wirklich sein, wenn er den Zeittest besteht, ist nur eine eingebürgerte, aber dennoch nicht gerechtfertigte Annahme, die letztlich aus der durchgängigen philosophischen Voreingenommenheit resultiert, die Realität mit dem Bleibenden und Unveränderlichen gleichzusetzen.

Indem der Rap sich weigert, Kunstwerke als ewige Denkmäler der beständigen, unantastbaren Hingabe zu behandeln und indem er Werke (*works*) überarbeitet (*reworking*), damit sie besser funktionieren (*work better*), hinterfragt er auch ihre angenommene Allgemeingültigkeit – das Dogma, daß wirklich gute Kunst allen Menschen und allen Zeitaltern gefallen können muß, weil sie sich mit allgemeingültigen menschlichen Fragen befaßt. HipHop befaßt sich mit universalen Fragen wie Ungerechtigkeit und Unterdrückung, ist jedoch stolz darauf, als »Ghettomusik« ortsgebunden zu sein, wenn er seine Wurzeln und Verpflichtung dem schwarzen urbanen Ghetto und dessen Kultur gegenüber thematisiert. Während er es typischerweise vermeidet, die weiße Gesellschaft auszuschließen – es gibt auch weiße Rapper und weiße Hörer[151] –, konzentriert sich der Rap auf Probleme des Ghettolebens, die Angehörige der weißen und schwarzen Mittelschicht nicht kennen: Zuhälterei, Prostitution und Drogenabhängigkeit ebenso wie sich ausbreitende Geschlechtskrankheiten, Straßenmorde und gewalttätige Übergriffe durch weiße Polizisten. Die meisten Rapper definieren ihre Ortsverbundenheit in ganz bestimmten Ausdrücken, oft nicht einfach mit dem Namen der Stadt, sondern mit dem des Viertels wie etwa Compton, Harlem, Brooklyn oder die Bronx. Sogar wenn Rap international wird, bleibt er stolz auf seine jeweilige Herkunft; im französischen Rap beispielsweise finden wir dieselbe Konzentration auf bestimmte Viertel und auf lokale Probleme.[152]

Mag auch die Ortsgebundenheit ein hervorstechendes Merkmal des Zusammenbruchs des auf Internationalität abhebenden Stils der Moderne in der Postmoderne sein, so ist der starke Sinn für lokale Probleme, den Rap hat, wahrscheinlich doch eher das Ergebnis seiner Ursprünge in Nachbarschaftskonflikten und -wettbewerb. Wie Toop feststellt, half HipHop dabei, gewalttätige Rivalitäten zwischen Lokalgangs in musikalisch-verbale Wettbewerbe zwischen Rapcrews umzuformen.[153] Es ist schwierig geworden, scharfe stilistische Unterschiede in der Musik aus unterschiedlichen Gegenden herauszuarbeiten, da die regionale Unterschiedlichkeit sich schlecht aufrechterhalten läßt, wenn die Musik einmal über das System der Massenmedien verbreitet und damit kommerziellen Zwängen unterworfen wird. Eben deshalb beklagen Raptexte auch oft die eigene Vermarktung, die sie zugleich feiern.

Technologie und Massenmedienkultur

Die komplexe Haltung des Rap gegenüber der Massenverbreitung und Vermarktung spiegelt ein weiteres zentrales Kennzeichen der Postmoderne wider: ihre faszinierte und überwältigende Aufnahme der zeitgenössischen Technologie, besonders der Massenmedien. Obwohl die kommerziellen Produkte dieser Technologie so einfach und fruchtbar zu nutzen zu sein scheinen, sind die wirklichen Feinheiten der technologischen Herstellung und deren komplexe Beziehungen zu dem sozio-ökonomischen System, das sie unterhält, für das Konsumentenpublikum beängstigend unergründlich und nicht handhabbar. Gefesselt von den Möglichkeiten, die die Technologie uns bietet, sind wir Postmodernen doch auch leicht über die Macht irritiert, die sie als alles durchdringendes, aber immer weniger nachvollziehbares Medium unseres Lebens über uns besitzt. Die Faszination jedoch von ihrer ehrfurchtgebietenden Macht kann uns den zusätzlichen (vielleicht eingebildeten) Kitzel bieten, daß wir, wenn wir die Technologie wirkungsvoll einsetzen, uns selbst als ihre Beherrscher erweisen. Dieser Kitzel ist charakteristisch für das, was Jameson den »halluzinatorischen Glanz« des »›Erhabenen‹ in postmoderner oder technologischer Gestalt« nennt.[154]

An HipHop zeigt sich dieses Syndrom sehr deutlich, er wirft sich der Technologie der Massenmedien enthusiastisch in die Arme und eignet sie sich meisterlich an, bleibt dabei jedoch selbst noch immer von eben diesem technologischen System und der es unterstützenden Gesellschaft unterdrückt und selbst angeeignet. Rap wurde aus der kommerziellen Technologie der Massenmedien geboren: Platten und Plattenspieler, Verstärker und Mischpulte. Sein technologischer Charakter hat es seinen Vertretern gestattet, Musik zu schaffen, die sie auf keine andere Weise hätten zustande bringen können, entweder, weil sie sich die nötigen Musikinstrumente nicht leisten konnten, oder weil ihnen die musikalische Ausbildung fehlte, sie zu spielen.[155] Die Technologie machte ihre DJs aus Konsumenten oder bloß ausführenden Technikern zu Künstlern. »Run-DMC waren die ersten, die sagten, ein DJ ist eine Band/Selbständig, holt euch aus den Sesseln«, formuliert ein Rap von Public Enemy (»Run-DMC first said a deejay could be a band/Stand on his own feet, get you out your seat.«).[156] Ohne die kommerzielle Technologie der Massenmedien jedoch hätte die DJ-Band keine Existenzgrundlage gehabt.

Die schöpferische Virtuosität, mit der die Rapkünstler sich neue Technologien angeeignet haben, ist allerdings atemberaubend und wird in Raptexten oft gefeiert. Indem sie die vielen Platten beim Schneiden (*cutting*) und Wechseln (*changing*) auf vielen Plattentellern akrobatisch handhaben, zeigen geschickte DJs ihre physische und künstlerische Beherrschung sowohl der kommerziellen Musik als auch ihrer Technologie. Von der anfänglichen Austattung mit Plattenspielern sind die Rap-Künstler zur Übernahme von mehr (und weiter fortgeschrittener) Technologie weitergegangen: elektronisches Schlagzeug, Synthesizer, Klänge von Taschenrechnern, Telefonen und Computern, die ganze Skalen möglicher Klänge abtasten und dann die gewünschten Klänge reproduzieren und synthetisieren.

Die Technologie der Massenmedien ist auch für die beeindruckend stark wachsende Popularität von Rap entscheidend gewesen. Als ein Produkt der schwarzen Kultur, wesentlich mündliche und nicht schriftliche Kultur, mußte Rap unmittelbar gehört und durch seinen energisch bewegenden Klang aufgenommen werden, um angemessen geschätzt werden zu können. Kein Notationssystem konnte diese verrückte Musik-Collage wiedergeben, und sogar die Texte lassen sich, losgelöst vom expressiven Rhythmus, von der Intonation und der wogenden Spannung und dem Fluß der Musik, kaum angemessen in eine bloß schriftliche Form übertragen. Nur die Technologie der Massenmedien macht die weite Verbreitung und Bewahrung dieser mündlichen Gesamtkunstwerke möglich. Sowohl über das Radio als auch über das Fernsehen und über Tonträger wie Platten, Kassetten und CDs konnte der Rap sich so weit über sein ursprüngliches Ghettopublikum hinaus verbreiten und so seiner Musik und seiner Botschaft wirklich Gehör verschaffen – sogar im weißen Amerika und in Europa. Nur durch die Massenmedien konnte HipHop zu einer vernehmbaren Stimme in unserer populären Kultur werden – eine, die das Amerika der Mittelschicht gerne unterdrücken würde, weil sie oft lautstark die frustrierende Unterdrückung des Ghettolebens und den stolzen und drängenden Wunsch nach sozialem Widerstand und Wandel zum Ausdruck bringt. Ohne solche Systeme hätte Rap sein »Durchdringen zum Herz der Nation« (»penetration to the core of the nation«) (Ice-T) oder seine Gelegenheit, »die Spießer zu belehren« (»to teach the bourgeois«) (Public Enemy) nicht erreichen können.[157] Ebenso konnte HipHop nur durch die Massenmedien künstlerischen Ruhm und Erfolg erzielen, weil sein kommerzieller Erfolg die erneute künstlerische Investition möglich machte und zu einer unleugbaren Quelle des schwarzen kulturellen Stolzes wurde.

Rap hängt nicht nur von den Techniken und Technologien der Massenmedien ab, er bezieht auch einen Großteil seines Inhalts und seiner Bilderwelt aus der Massenkultur. Die Texte beziehen sich häufig auf Fernseh-Shows, berühmte Sportler, Videospiele und bekannte Markenbezeichnungen (z. B. Turnschuhe von Adidas), und deren Erkennungsmelodien oder Jingles werden manchmal gesampelt. Solche Elemente der Massenmedienkultur stellen den gemeinsamen kulturellen Hintergrund dar, der für die künstlerische Arbeit und Kommunikation in einer Gesellschaft notwendig ist, in der die Tradition der hohen Kultur weithin unbekannt oder nicht attraktiv ist, wenn nicht sogar unterdrückend fremd und ausschließend.

Doch trotz all dieser Gaben sind die Massenmedien doch nicht eindeutig Verbündete, denen man über den Weg traut. Sie sind auch das Ziel tiefen Mißtrauens und wütender Kritik. Rapper wenden sich gegen die falsche und oberflächliche Kost, die die Medien servieren, ihren kommerziell standardisierten und keimfrei gemachten, aber unrealistischen, gedankenlosen Inhalt. »False Media, we don't need it, do we? It's fake« (»Wir brauchen keine lügnerischen Medien, sie sind Schwindel«), betonen Public Enemy,[158] die sich (in »She Watch Channel Zero«) auch darüber beklagen, wie die üblichen Fernseh-Shows Intelligenz, Verantwortlichkeit und kulturelle Wurzeln schwarzer Frauen untergraben. Rapper greifen ständig das Radio an, weil es sich weigert, ihre politisch aussagekräftigeren oder sexuell eindeutigen Raps zu spielen und statt dessen zahmen »kommerziellen Mist« (»commercial pap«) über den Äther schicken (BDP). »Die Arschlöcher vom Radio spielen mich nie« (»Radio suckers never play me«), beschweren sich Public Enemy, eine Zeile, die wiederum von Ice-T in dem gleichnamigen Rap gesampelt und eingepaßt wird, der das Radio und den FCC (*Federal Communications Commission*, der Bundeskommission für Kommunikation) wegen einer Zensur verurteilt, die sowohl die Ausdrucksfreiheit als auch die harten Realitäten des Lebens verneint, als wollten sie die durchgängige Medienberieselung mit »kommerziellem Müll« (»nothin' but commercial junk«) sicherstellen.[159] Die Möglichkeit eines »Ausverkaufs« verachtend, erhebt (und beantwortet) Ice-T die zentrale Frage der Medien (»*media question*«), die den progressiven Rap insgesamt beunruhigt: »Can the radio handle the truth? Nope.« (Kann das Radio mit der Wahrheit umgehen? Niemals.«) Er versichert jedoch auch, daß er selbst bei einem Sendeverbot über das Medium Kassette noch immer Millionen erreichen und Millionen verdienen kann und behauptet, daß die Medien eigene Wege bieten, die regulative Kontrolle zu unterwandern (»Sie machen das Radio verrückt, die Leute müssen etwas anderes finden/Aber auch wenn sie mich verbieten, verkauf' ich eben 'ne Million Kassetten«, »They're makin' the radio wack, people have to escape/But even if I'm banned, I'll sell a million tapes«).[160]

Zusätzlich zu ihrem falschen oberflächlichen Inhalt und ihrer unterdrückenden Zensur stehen die Medien schließlich noch mit einem weltweiten kommerziellen System und einer ebensolchen Gesellschaft in Verbindung, die das ursprüngliche Publikum des HipHop herzlos ausbeutet und unterdrückt. Im Wissen um die Gleichgültigkeit derjenigen, die den herrschenden technologisch-kommerziellen Komplex regieren und für ihn sprechen, angesichts der fortdauernden Leiden der schwarzen Unterschicht (»Dies ist ein Land, das sich niemals einen Dreck um einen Bruder wie mich geschert hat [...] aber die Arschlöcher hatten das Recht auf ihrer Seite«, »Here is a land that never gave a damn about a brother like me [...] but the suckers had authority«), protestieren die Rapper gegen die Art und Weise, wie unsere kapitalistische Gesellschaft die entrechteten Schwarzen ausnutzt – sowohl, um die eigene sozio-politische Stabilität zu bewahren (durch ihren Einsatz beim Militär und in der Polizei), als auch ihre Profite zu erhöhen, indem sie die Nachfrage nach nutzlosen Konsumgütern erhöhen.[161] HipHop erzählt oft davon, wie das angepriesene Ideal des Konsumstolzes – Luxusautos, Kleider und High-Tech-Geräte – viele Jugendliche aus dem Ghetto zu einem kriminellen Leben verlockt, das zwar das rasche Erlangen solcher Bequemlichkeiten verspricht, typischerweise jedoch sein Ende in Tod, Gefängnis oder Elend findet und auf diese Weise den Kreislauf von Armut und Verzweiflung im Ghetto nur verstärkt.

Eines der postmodernen Paradoxa des HipHop besteht darin, daß die Rapper ihre eigenen Errungenschaften des Luxuskonsums preisen, während sie zugleich dessen unkritische Idealisierung und den Versuch, diesen Luxus zu erreichen, verdammen, weil er fehlgeleitet sei und gefährlich für ihr Publikum in der

Ghetto Community, dem sie leidenschaftlich ihre Solidarität und Verbundenheit erklären. Auf dieselbe Weise verunglimpfen selbsterklärte »Untergrund«-Rapper gleichzeitig den Kommerz als künstlerischen und politischen Ausverkauf, glorifizieren nichtsdestotrotz jedoch ihren eigenen kommerziellen Erfolg, indem sie ihn häufig als Beweis für ihre eigene künstlerische Potenz betrachten.[162] Diese Paradoxa zeugen von tieferliegenden Widersprüchen in den sozio-kulturellen Feldern des Ghettolebens und der sogenannten nicht-kommerziellen Kunst.[163]

Gewiß gibt es in der afro-amerikanischen Kultur eine sehr tiefe Verbindung zwischen unabhängigem Ausdruck und ökonomischem Fortkommen, die sogar nicht-kommerzielle Rapper dazu nötigen würde, mit ihrem kommerziellen Erfolg und ihrem Besitz zu werben. Denn, wie Houston Baker überzeugend darlegt, müssen afro-amerikanische Künstler sich stets – bewußt oder unbewußt – zur Geschichte der Sklaverei und der kommerziellen Ausbeutung in ein Verhältnis setzen, die die Grundlage der schwarzen Erfahrung und des schwarzen Ausdrucks bilden.[164] Genau wie sie als Sklaven von Freien in Eigentum verwandelt wurden, bestand ihr Weg, die Unabhängigkeit zurückzugewinnen, darin, nun ihrerseits genügend Eigentum zu erlangen, um ihre Freilassung zu erkaufen (wie in der traditionellen Befreiungserzählung von Frederick Douglass). Nachdem ihnen lange die Stimme verweigert worden war, weil sie Eigentum waren, konnten die Afro-Amerikaner sinnvoll schließen, »daß *nur* Eigentum Ausdruck ermöglicht«[165]. Für Untergrund-Rapper können kommerzieller Erfolg und die Fallen seines Luxus also wesentlich als Zeichen wirtschaftlicher Unabhängigkeit dienen, die freien künstlerischen und politischen Ausdruck allererst ermöglicht und die selbst wiederum durch solchen Ausdruck ermöglicht wird. Eine zentrale Dimension dieser gefeierten wirtschaftlichen Unabhängigkeit liegt in ihrer Unabhängigkeit von Verbrechen.[166]

Autonomie und Distanz

Verletzt der ungehemmte eklektische Kannibalismus des Rap auch die zutiefst modernen Konventionen der ästhetischen Reinheit und Integrität, so beansprucht er doch zugleich eine der grundlegendsten künstlerischen Konventionen der Moderne für sich: ästhetische Autonomie. Die Moderne, folgt man Weber und anderen, war mit dem Projekt der abendländischen Rationalisierung, Säkularisierung und Ausdifferenzierung verbunden, die die traditionelle religiöse Weltsicht entzaubert haben und ihren einheitlichen Bereich in drei getrennte und autonome Sphären der säkularen Kultur gespalten haben: Wissenschaft, Kunst und Moral, jede beherrscht durch ihre eigene innere Logik des theoretischen, des ästhetischen und des moralisch-praktischen Urteils.[167] Diese dreifache Teilung spiegelt sich in Kants kritischer Analyse des menschlichen Denkens als reiner Vernunft, als praktischer Vernunft und als ästhetischem Urteil wider und wird dadurch verstärkt.

In dieser Aufteilung der kulturellen Sphären wurde die Kunst, die sich nicht mit der Formulierung oder Verbreitung von Wissen befaßt, von der Wissenschaft unterschieden, weil das ihr zugeordnete ästhetische Urteil wesentlich nicht-begrifflich und subjektiv ist. Es wurde auch scharf von der praktisch relevanten Aktivität der Ethik und Politik abgegrenzt, die wirkliche Interessen und Bestrebungen betreffen (ebenso wie begriffliches Denken). Statt dessen wurde die Kunst einem interesselosen imaginären Reich anvertraut, das Schiller später als das Reich des Spiels und des Scheins bezeichnete.[168] Da die Ästhetik von den rationaleren Reichen des Wissens und des Handelns unterschieden wurde, wurde sie auch von den stärker sinnlichen und appetitiven Belohnungen der körperlichen menschlichen Natur fest abgegrenzt, das ästhetische Vergnügen war mehr in distanzierter, interesseloser Kontemplation formaler Eigenschaften beherbergt.

Das HipHop-Genre des »Wissensrap«, »*knowledge rap*« (oder »*message rap*«), nimmt sich entschieden vor, dieser in Bereiche unterteilenden, trivialisierenden und entleiblichenden Sichtweise von Kunst und Ästhetik entgegenzutreten. Die Vertreter dieses Rap bestehen immer wieder darauf, daß ihre Rolle als Künstler und Dichter nicht von ihrer Aufgabe als kluge Erforscher der Wirklichkeit und Wahrheitslehrer zu trennen ist – besonders jener Aspekte der Wirklichkeit und der Wahrheit, die von der herrschenden Geschichtsauffassung oder der zeitgenössischen Medienberichterstattung vernachlässigt oder verzerrt werden. KRS-One von BDP beansprucht, nicht nur »ein Lehrer und Künstler« (»a teacher and artist, startin' new concepts at their hardest«) zu sein, sondern auch ein Philosoph (nach dem Text auf dem Album *Ghetto Music* sogar ein »Metaphysiker«) und Wissenschaftler (»Ich verwerfe die Wissenschaft nicht, ich lehre sie. Du hast es!«, »I don't drop science, I teach it. Correct!«).[169] Im Gegensatz zu der politischen Verharmlosung, den Stereotypen und der leeren eskapistischen Unterhaltung, die die Medien bieten, behauptet er stolz: »Ich versuche nicht davonzulaufen, sondern das Problem frontal zu erwischen/Indem ich die Wahrheit in einem Song sage…/Es ist ganz einfach; BDP wird euch Wirklichkeit beibringen/Kein Herumreden um den heißen Brei, gradeheraus; ebenso frei wie der Beat/Denn seht ihr, ein Dichter wird niemals fertig/Doch ich bin niemals ausgelaugt, denn ich bin immer noch die Nummer Eins.« (»I'm tryin' not to escape, but hit the problem head on/By bringing out the truth in a song …/It's simple; BDP will teach reality./No beatin' around the bush, straight; just like the beat is free./So now you know a poet's job is never done./But I'm never overworked, 'cause I'm still number one.«)[170]

Natürlich sind die Wirklichkeiten und Wahrheiten, die der HipHop enthüllt, nicht die transzendenten ewigen Wahrheiten der traditionellen Philosophie, sondern eher die veränderlichen Fakten und Muster der materiellen, sozio-historischen Welt. Dennoch begründet die Betonung des zeitlich und seinem Wesen nach veränderbaren Wirklichen (wie es sich in den häufigen zeitlichen Indizes (*time tags*) und seiner populären Redeweise des »Wissens, was die Stunde geschlagen hat« (»knowing what time it is«[171]) eine durchaus haltbare metaphysische Position, die mit dem amerikanischen Pragmatismus verwandt ist. Es ist kaum bekannt, daß die Rap-Philosophen wirklich denselben Standpunkt wie Dewey vertreten (»down with« Dewey sind), und zwar nicht nur, was die Metaphysik anbelangt, sondern in bezug auf eine nicht abgetrennte Ästhetik, die die soziale Funktion hervorhebt, den Prozeß und die leibliche Erfahrung verkörpert.

Denn der *knowledge rap* besteht nicht nur darauf, das Ästhetische und das Kognitive miteinander zu vereinigen; er betont auch, daß die praktische Funktionalität einen Teil der künstlerischen Bedeutung und des künstlerischen Werts ausmachen. Viele Rap-Songs sind ausdrücklich darauf angelegt, das schwarze politische Bewußtsein, den Stolz und revolutionäre Impulse zu verstärken; einige bringen das starke Argument, daß ästhetische Urteile (und besonders die Frage, was überhaupt als Kunst gilt) nicht von politischen Legitimationsfragen und Fragen des sozialen Kampfes zu trennen sind, in denen sich der Rap als progressive Praxis engagiert und die er durch seine bloße Selbstbestätigung als Kunst vorbringt. Andere Raps fungieren als gewitzte moralische Fabeln, die belehrende Erzählungen und praktische Ratschläge zu Problemen des Verbrechens, der Drogen und Sexualhygiene (z. B. »Drama« und »High Rollers« von Ice-T, »Monster Crack« und »Go See the Doctor« von Kool Moe Dee und »Stop the Violence« und »Jimmy« von BDP) anbieten. Es gibt Raps, die die einseitigen Ansprüche der weißen Geschichtsschreibung und Erziehung in Frage stellen und alternative schwarze Erzählmuster anbieten – von biblischer Geschichte bis zur Geschichte des HipHop selbst (z. B. »Why is That?«, »You Must Learn« und »Hip Hop Rules« von BDP). Schließlich sollten wir festhalten, daß Rap wirkungsvoll eingesetzt wurde, um Lesen, Schreiben und schwarze Geschichte »im Klassenzimmer des Ghettos« zu unterrichten.[172]

Jameson schlägt vor, daß die Desintegration der traditionellen modernen Grenzen die erlösende Möglichkeit »einer neuen radikalen Kulturpolitik« bieten könnte, eine postmoderne Ästhetik, die »die kognitiven und pädagogischen Dimensionen der politischen Kunst und Kultur in den Vordergrund stellt«.[173] Er betrachtet diese neue Kulturform noch als »hypothetisch«; vielleicht aber entwickelt sie sich im Rap, dessen Künstler ausdrücklich auf Unterrichten des politischen Aktivismus zielen, genauso wie sie die sozial unterdrückende Dichotomie zwischen legitimer (d. h. hoher) Kunst und populärer Unterhaltung untergraben wollen, indem sie den gleichzeitig populären und künstlerischen Status von HipHop geltend machen.

Dennoch ist Jameson – wie die meisten Kulturkritiker – besorgt darüber, ob die postmoderne Kunst trotz ihrer »Abschaffung der kritischen Distanz« wirksame soziale Kritik und politischen Protest bieten kann. Nachdem sie die Festung der künstlerischen Autonomie ins Wanken gebracht hat und in enthusiastischer Wertschätzung des Alltags- und kommerziellen Lebens schwelgt, scheint es der postmodernen Kunst an der »minimalen ästhetischen Distanz« zu fehlen, die die Kunst braucht, um »außerhalb des massiven Seins des Kapitals« zu stehen und damit eine Alternative (und damit wiederum eine Kritik) zu dem darstellen zu können, was Adorno »die verhexte Wirklichkeit« nannte. Wer immer sich auf Public Enemy, BDP oder Ice-T einläßt, wird kaum die Authentizität und Kraft ihrer oppositionellen Energie bezweifeln können – und doch kann der Vorwurf, daß alle zeitgenössischen »Formen des kulturellen Widerstands insgeheim entwaffnet und wieder aufgesogen sind durch ein System, als ein Teil dessen sie selbst angesehen werden könnten«, durchaus an den Rap gerichtet werden. Denn während er Stereotype der Medien, Gewalt und das Streben nach einem luxuriösen Leben verdammt, nutzt der Rap sie in seinem Sinn ebenso oft aus oder glorifiziert sie. Trotz der Denunziation des Kommerzes und des kapitalistischen Systems feiern sogar noch die »Underground«-Texte des Rap ihren eigenen kommerziellen Erfolg, und Geschichten ihres Geschäfts, einige Songs beschreiben und rechtfertigen zum Beispiel, daß ein Rapper aus finanziellen Gründen die Plattenfirma wechselt.[174]

HipHop liegt bestimmt nicht gänzlich außerhalb dessen, was Jameson als den »globalen und totalisierenden Raum des neuen Weltsystems« des multinationalen Kapitalismus bezeichnet hat, was allerdings eine fragwürdige organische Vorannahme zum Ausdruck bringt – als ließe sich die Ansammlung kontingenter Ereignisse und chaotischer Prozesse in unserer Welt jemals vollständig in einen Raum oder ein System totalisieren! – Aber nehmen wir einmal für einen Moment an, daß es dieses alles umfassende System gäbe, warum sollte die gewinnbringende Verbindung von Rap mit einigen dieser Charakteristika die Schlagkraft seiner sozialen Kritik aushöhlen? Müssen wir völlig außerhalb einer Sache stehen, um sie wirksam kritisieren zu können? Stellt nicht gerade die postmoderne und poststrukturalistische dezentrierende Kritik der definitiven, ontologisch begründeten Grenzen die ganze Vorstellung eines »totalen Außen« ernsthaft in Frage?

Dieser Zweifel an einer klaren Dichotomie zwischen Innen und Außen sollte uns ebenso zu der Frage führen, weshalb eine angemessene ästhetische Reaktion traditionellerweise distanzierte Kontemplation durch ein nüchtern interesseloses Subjekt erfordert. Diese angenommene notwendige Distanz ist noch eine weitere Manifestation der modernen Ideologie der künstlerischen Reinheit und Autonomie, die der HipHop zurückweist. Tatsächlich fordern die Rapper statt einer Ästhetik des distanzierten, losgelösten, formalistischen Urteils vielmehr eine Ästhetik des tief verkörperten partizipatorischen Engagements – und zwar für den Inhalt ebenso wie für die Form. Sie wollen Wertschätzung hauptsächlich in Form von energiegeladenem und leidenschaftlichem Tanzen, nicht in Form von unbeweglicher Kontemplation und leidenschaftslosem Studium.[175] Queen Latifah zum Beispiel befiehlt ihren Zuhörern mit Nachdruck, für sie zu tanzen (»I order you to dance for me.«). Denn, so erklärt Ice-T, der Rapper (»won't be happy till the dancers are wet«) wird nicht zufrieden sein, bevor die Tänzer naßgeschwitzt sind, »außer Kontrolle« und »besessen« von dem Beat, wie auch der fordernde Rapper selbst, will er begeistern, besessen sein muß, um sein Publikum mit seiner gottgegebenen Gabe des Reimens mitzureißen (*to rock*).[176] Diese Ästhetik der göttlichen und doch leiblichen Besessenheit erinnert an Platons Darstellung der Dichtung und deren Einschätzung als einer Kette göttlichen Wahnsinns, der sich von der göttlichen Muse durch den Künstler und die Aufführenden bis hinab zum Zuhörer erstreckt, eine Vereinnahmung, die trotz all seiner Göttlichkeit als bedauerlich und dem wahren Wissen unterlegen kritisiert wurde.[177] Wichtiger noch sollte uns die spirirituelle Ekstase der göttlichen Besessenheit des Körpers an Wodu und die Metaphysik der afrikanischen Religion erinnern, auf die die Ästhetik der afro-amerikanischen Musik sich in der Tat zurückverfolgen läßt.[178]

Was könnte vom modernen Projekt der Rationalisierung und Säkularisierung weiter entfernt, was feindlicher gegenüber der modernen, rationalisierten, entkörperlichten und formalisierten Ästhetik sein? Kein Wunder, daß die etablierte moderne Ästhetik dem Rap – und der Rockmusik im allgemeinen – so feindlich gegenübersteht. Wenn es einen gangbaren Weg zwischen der modernen rationalisierten Ästhetik einerseits und einer völlig irrationalen Ästhetik, deren toller dionysischer Exzeß ihre kognitiven, didaktischen und politischen Ziele widerlegt, geben kann, dann ist dies der Ort für eine postmoderne Ästhetik. Meiner Ansicht nach befindet sich die hohe Kunst des Rap an genau diesem Ort, und ich hoffe, daß sie dort auch weiterhin wächst und gedeiht.

Zwei

Bisher habe ich den Rap als eine Herausforderung für die traditionellen Kunstkonventionen dargestellt. Warum soll man ihn überhaupt noch Kunst nennen? Rap-Texte beanspruchen stolz, sehr wohl Kunst zu sein, wobei die performative Selbstbestätigung ein gutes Mittel sein kann, diesen Status zu erreichen. Bloße Selbstbestätigung jedoch reicht noch nicht aus, um das Kunst-Sein oder den ästhetischen Charakter einer Ausdrucksform zu etablieren; der Anspruch muß auch überzeugen.

Zuerst muß die Überzeugung natürlich aus der Erfahrung stammen; wir müssen spüren, daß die Kunst eines Werks und seine ästhetische Kraft sich unseren Sinnen und unserem Intellekt mitteilt. Doch ohne sozio-kulturelle Akzeptanz in irgendeiner Form geht es nicht. Es muß im sozio-kulturellen Feld der Kunst einen möglichen Ort für das einzelne Werk oder Genre geben. Die theoretische Legitimation jedoch kann dazu beitragen, diesen Platz zu schaffen und die Grenzen der Kunst zu erweitern durch die Integration zuvor nicht anerkannter Formen in die ehrenvolle Kategorie der Kunst. Eine solche Integrationsstrategie zeigt, daß trotz der offensichtlichen Abweichung von etablierten Konventionen eine Ausdrucksform noch immer genügend wesentliche Kriterien erfüllen muß, um künstlerisch oder ästhetisch anerkannt zu werden. Der populären Kunst wird wegen ihrer angeblichen Unfähigkeit, diese Kriterien zu erfüllen, diese Anerkennung oft verweigert, besonders jene der Komplexität und Tiefe, Kreativität und Form, der künstlerischen Selbstachtung und des künstlerischen Selbstbewußtseins.

Obwohl Rap die am meisten verunglimpfte der populären Künste ist, können seine besseren Werke, so denke ich, allen diesen zentralen künstlerischen Kriterien genügen. Der beste Weg, dies zu zeigen, liegt sicher nicht in allgemeiner Polemik und Verteidigungsreden, sondern darin, ein ganz konkretes Beispiel dieses Genres genauer zu betrachten. Ich wende mich deshalb einer genauen Lektüre von »Talkin' All That Jazz« zu, das 1988 von der Gruppe »Stetsasonic« aus Brooklyn aufgenommen wurde. Es handelt sich dabei weder um meinen liebsten Rap-Song noch um denjenigen, den ich für den künstlerisch raffiniertesten halte. Ich habe ihn seiner Popularität und seines repräsentativen Charakters wegen ausgesucht (was sich daran zeigt, daß er für eine ganze Reihe von Rap-Anthologien ausgewählt wurde[179]) und weil er auf einige der zentralen ästhetischen Fragen eingeht, die der Rap aufwirft.

Obwohl das Ziel meiner Lektüre darin besteht, den ästhetischen Reichtum des Rap zu zeigen, läuft das bloße Lesen – d. h., diesen Rap als geschriebenen Text zu präsentieren und zu analysieren – Gefahr, einige seiner wichtigsten ästhetischen Dimensionen und die von ihm intendierte Weise der ästhetischen Wertschätzung zu übersehen. Denn ich werde von seinen wesentlichen Dimensionen des Sounds absehen, da das bedruckte Papier weder die Musik noch das orale Phrasieren, noch die Intonation des Textes (der besondere Stolz und die Grundlage der unterschiedlichen Stile der Rapper) einzufangen vermag. Sie kann auch die komplexen ästhetischen Effekte der vielfältigen Rhythmen und Spannungen zwischen dem treibenden musikalischen Beat und der Wortbetonung der Rapdarbietung nicht zeigen, die im Gegensatz zu populären Liedern ihren eigenen Sprechrhythmus behält.[180] Eine volle Wertschätzung der ästhetischen Dimensionen des Rap würde nicht nur verlangen, daß man ihn sich anhört, sondern daß man auf ihn tanzt, seine Rhythmen in der Bewegung spürt, wozu das Genre uns so nachdrücklich auffordert. Das gedruckte Medium unserer Kultur schließt dies aus und führt damit auf einer höheren Ebene zu den darin angelegten Schwierigkeiten, die mündliche Kultur mit akademischen Mitteln, die so tief im Geschriebenen verwurzelt und verschlossen liegen, wertzuschätzen und zu legitimieren.

Wenn Rap selbst in seiner verarmten Form dennoch als niedergeschriebene Dichtung ästhetischen Standards genügen kann, kann er sie *a fortiori* auch in seiner reichen und robusten Aktualität als Musik und rhythmisches Sprechen erfüllen. In dem Wissen, daß ein Rapsong ästhetisch viel mehr als nur ein Text ist, wollen wir jetzt betrachten, wie selbst der Text einen Anspruch auf ästhetischen Status im Sinne der zentralen Kriterien, die wir besprochen haben, aufrechterhalten kann.

Talkin' All That Jazz

Okay, so hat es angefangen.
Hab euch im Radio gehört
Wie ihr über Rap redet,
All den Müll erzählt habt
Darüber, wie wir sampeln.
Gebt ein Beispiel.
Meinst du, wir lassen euch damit abhauen?
Ihr kritisiert die Methode
Wie wir Platten machen.
Ihr sagt, es sei keine Kunst,
Also reißen wir euch jetzt in Stücke.
Halt, mach das klar, Alter.
Dies ist die Musik einer HipHop-Band.
Jazz, ihr könnt es so nennen,
Dieser Jazz jedoch erreicht ein neues Format.
Punkt, falls ihr uns falsch eingeschätzt habt,

Spekulativ für Aufregung gesorgt habt,
Habt ihr den gleichen Fehler wie die Politiker gemacht,
Talkin' all that jazz.

[Musikpause]

Reden, so hab ich gehört, reden kostet nichts.
Aber wie Schönheit geht Reden nicht tief.
Und wenn ihr viel redet und viel lügt,
Sagen dir die Leute, verpißt euch.
Seht ihr, ihr habt es falsch verstanden,
Ein Sample ist einfach ein Faktum,
Ein Teil meiner Methode,
Ein Werkzeug. Tatsache,
Es ist nur von Bedeutung, wenn ich ihm einen Stellenwert gebe,
Und wir ziehen unsere Samples aus der Mehrheit.
Ihr aber seid eine Minderheit, was die Gedanken anbelangt,
Mit engem Horizont und schlecht unterrichtet
Über die Ziele des HipHop und diese blöden Spiele
Meine Musik zu nehmen, so daß keiner sie nutzen kann.
Ihr tretet auf uns und wir werden auf euch treten.
Du kannst nicht alles haben.
Talkin' all that jazz.

[Musikpause]

Lügen bestehen darin, daß man die Wahrheit verbirgt.
Das ist, wenn ihr mehr Müll als Klartext redet.
Und wenn ihr lügt und etwas ansprecht, das ihr nicht kennt,
Ist das so kaputt, daß es rauskommen wird.
Lügt ihr über mich und die Band, dann werden wir sauer.
Wir spitzen unsere Stifte und fangen neu zu schreiben an.
Und die Sachen, die wir schreiben, sind immer wahr,
Arschloch, also macht euch klar, daß wir über euch reden.
Es scheint mir, daß ihr ein Problem habt,
Also sehen wir mal, was wir tun können, um es zu lösen.
Zu meinen, Rap sei langweilig; ihr müßt verrückt sein,
Denn wir sind so verdammt gut (bad), wir kriegen Respekt,
    den ihr nie hattet.
Seid ehrlich, James Brown war alt.
Bis Eric und Rak mit »I got soul« rauskamen.
Rap bringt den alten »R & B« zurück,
Und wenn wir es nicht täten,
Hätten die Leute es vergessen können.
Wir wollen das ganz klarstellen:

181

Wir haben Talent, sind stark und haben keine Angst
Vor denen, die urteilen wollen, aber keine Ahnung haben,
Talkin' all that jazz.

[Musikpause]

Wir wollen euch natürlich nicht bevormunden.
Wir wollen euch einfach klarmachen
Daß, wenn ihr all den Müll redet,
Die Situation total verfahren ist.
Du könntest sogar was abkriegen, mein Freund.
Stetsasonic, die HipHop-Band,
Und wie Sly & The Family Stone
Werden wir aufstehen
Für die Musik, leben und spielen
Und für den Song, den wir heute singen.
Jetzt genügt es, macht das klar,
Und später wird es ein Forum und
Eine formale Debatte geben.
Aber es ist doch wichtig, daß ihr nicht vergeßt,
Ihr erntet, was ihr sät.
Talkin' all that jazz.
Talkin' all that jazz.
Talkin' all that jazz.[181]

Komplexität

Auf den ersten Blick scheint dieser Song sich einfach selbst zu genügen – zu einfach vielleicht, um eine ästhetische Betrachtung zu verdienen. Es fehlt ihm der Schmuck der gelehrten Anspielung, der undurchsichtigen Auslassung und der syntaktisch-semantischen Dunkelheit, die die charakteristische Komplexität der modernen Dichtung ausmachen. Seine freimütige Darlegung, sein Mangel an Metaphern und die wiederholten Klischees legen nahe, daß ihm jegliche Komplexität oder Bedeutungstiefe abgeht. Aber große semantische Komplexität und Polysemie liegen tief in dieser scheinbar kunstlosen und einfachen Sprache eingehüllt. Die vielen Bedeutungsebenen dieses Songs stecken schon im Titel und verbergen sich in dessen Schlüsselwort »jazz«. Jazz hat natürlich mindestens zwei relevante, aber völlig verschiedene und unterschiedlich bewertete Bedeutungen im Kontext des Gedichts. Die erste betrifft Jazz als eine musikalische Kunstform, die ihren Ursprung in der afro-amerikanischen Kultur hat und lange vom Kulturestablishment bekämpft und diskreditiert wurde, jetzt aber in der ganzen Welt kulturell anerkannt ist. Der zweite Sinn betrifft den ganz gewöhnlichen Slang-Gebrauch und bedeutet »lying and exaggerated talk; also idle and foolish talk«.[182]

Diese Ambiguität und privilegierte Gegenüberstellung innerhalb der genauen Bedeutung von Jazz – von seinem positiv bewertendem Standardgebrauch als musikalische Kunstform bis hin zu seinem Slang-Gebrauch (und daher weniger »legitimiert«) als Lügen und angeberische Rede – wird als das zentrale Thema dieses Rap entwickelt und scheint auch für Rap im allgemeinen zentral zu sein. »Talkin' All That Jazz« benutzt diese privilegierende Gegenüberstellung und zieht sie zugleich in Frage, indem es Rap als eine Macht zeigt, der es darum zu tun ist, Illegitimes zu legitimieren, die die sozio-politischen Faktoren herausstellt, die in dieser Legitimierung eine Rolle spielen und die Legitimität derjenigen Mächte herausfordert, die dem Rap die Legitimität verweigern. Wenn er diese Fragen stellt, erhebt der Song wiederum zutiefst philosophische Fragen über das Wesen der Wahrheit und der Kunst sowie über die Grundlagen ihrer Autorität. Denn obwohl die Kunst, wir sollten das nicht vergessen, heute durch die Kultur sakralisiert ist, war sie selbst einmal als angeberisches Lügen und leere Torheit entrechtet.

Um diese Lesart von Anfang an auszuschließen, könnte man versucht sein, zu sagen, daß der Begriff »Jazz« bereits durch den Kontext des Titels angemessen, ganz bestimmt aber durch den Song selbst insgesamt, seiner Ambiguität beraubt wird. Denn die Phrase »Talkin' all that jazz« scheint nahezulegen, daß wir es überhaupt nicht positiv mit Jazz als Musik zu tun haben, sondern nur negativ mit *Gerede* und Lügen, besonders den angeberischen, törichten Lügen, die die uninformierte Kritik an HipHop ausmachen und deren personifizierte Quelle das Gegenüber oder »du/ihr« des Gedichts ist. »Hab euch im Radio gehört/Wie ihr über Rap redet,/All den Müll erzählt habt.« Die Gleichsetzung von »talkin' jazz« mit Lügen und törichtem Gerede wird durch die Verbindung mit dem Diskurs der Politiker bestätigt (»Habt ihr den gleichen Fehler wie die Politiker gemacht,/Talkin' all that jazz.«); und in den folgenden Zeilen wird es vollends klar: »Lügen bestehen darin, daß man die Wahrheit verbirgt./Das ist, wenn ihr mehr Müll als Klartext redet./Und wenn ihr lügt und etwas ansprecht, das ihr nicht kennt,/Ist das so kaputt, daß es rauskommen wird.«

Ebenso jedoch, wie »talkin' jazz« negativ mit Lügen identifiziert wird, so wird es auch positiv als musikalische Kunstform schon durch das bloße Thema des Songs identifiziert – Rap als Kunst. Denn, so müssen wir fragen, was ist Rap anderes als *talking jazz*? Rap ist weder bloß eine dem Jazz verwandte Instrumentalmusik, noch hat er Texte, die zu Jazzrhythmen oder Jazzmelodien gesungen werden. Das offensichtlichste Kennzeichen des Rap ist, daß er herausfordernd eher *talk*, Sprechen, ist und nicht Gesang, wobei das Wort »Rap« ein Slang-Synonym für *talk*, Reden, ist. Und die Verbindung von Rap und Jazz wird in der ersten Strophe bestätigt: »Dies ist die Musik einer HipHop Band./Jazz, ihr könnt es so nennen,/Dieser Jazz jedoch erreicht ein neues Format.«

Noch weitere semantische Feinheiten der Bewertung finden sich in diesen Zeilen verkörpert. Die Band akzeptiert ihre Gleichsetzung mit Jazz als der angesehensten schwarzen Kulturform und Tradition, der der HipHop genealogisch verbunden ist. Die Akzeptanz jedoch ist etwas zögerlich. Denn Rap will nicht als bloße Spielart des etablierten Jazz, auch nicht des progressiven Jazz gesehen werden; er besteht vielmehr auf seiner eigenen Ursprünglichkeit. Der Jazz des Rap, anders als der vom Establishment bereits vereinnahmte Standard-Jazz, »erreicht ein neues Format«, bewahrt Neuheit und Frische, weil er eine engere Verbindung mit der sich ändernden populären Erfahrung und dem regionalen Ausdruck aufrechterhält (zur »Mehrheit« der Straße). Darin zeigt sich, daß HipHop dem ursprünglichen Geist des Jazz treuer ist; und es zeigt sich darin auch, daß der Jazz in gewisser Weise durch die Behandlung des Establishments und sein anpassendes Einverständnis mit dieser Behandlung einen Makel hat.[183] Denn gewiß hat die anfängliche Ablehnung des Jazz als stark übertriebener und törichter Musik durch das Establishment dazu beigetragen, dem Begriff seine negative Slangbedeutung der närrischen Angabe und Unwahrheit zu verleihen. Und diese bleibende negative Bedeutung behält in gewissem Sinn die ursprüngliche Ablehnung bei, die eine beunruhigend negative Spur noch in die Standardbedeutung als Musik einzuzeichnen scheint und damit die schwierige Frage erhebt, ob diese Musik wirklich Kunst in dem üblichen sakralisierten Sinn sei, in dem die klassische Musik offensichtlich Musik ist.

Diese tiefen Ambiguitäten des Jazz werden von Stetsasonic äußerst schlau verwendet, um Rap als Kunstform zu erweisen. Die Bedeutung von Jazz als angeberische Lügen baut auf seiner Gleichsetzung mit einer Kunst und nicht mit Wahrheit auf. Außerdem basiert sie auf seiner Ablehnung als ernsthafter Kunst und wird umgekehrt als Reaktion darauf eingesetzt, um die erneuerte Ablehnung des neuen Jazz in Form von Rap als angeberisches Lügen zu verwerfen. Die Rapper lehnen den angeblich legitimierten Diskurs jener als »Müll reden« (*talkin' jazz*) ab, die den Rap unwissend als degeneriertes, eigentliches »talkin' jazz« ablehnen. Die Band wendet die Unterscheidung zwischen »Jazz« und »ernsthafter Wahrheit« an und kehrt sie zugleich um, indem sie behauptet, daß ihr *talkin' jazz* wahr (und wirkliche Kunst) ist, wogegen der angeblich ernsthafte Diskurs der Kritiker von Jazz und Rap wirklich »*talkin' jazz*« im negativen Sinn ist; denn die zweiten haben keine Ahnung, »Mit engem Horizont und schlecht unterrichtet«. Ihr angeblich wahres Sprechen über wahre Kunst ist weder Wahrheit noch Kunst, sondern ignorantes Gequatsche, dem es an kritischem Verständnis und kreativer Kraft völlig fehlt. Im Gegensatz zu den schwachen, »kaputten« Lügen ihrer bigotten Kritiker sind die Rap-Texte »immer wahr«. Außerdem werden sie nicht gedankenlos und unvorsichtig geäußert, wie der »billige« verdammende »Müll« im Radio geäußert wird, sondern vielmehr gedankenvoll beim Schreiben komponiert[184] und dann von Künstlern vorgetragen wird, die »talentiert und stark« und dem ursprünglichen Ausdruck »in einem neuen Format« verpflichtet sind. So wird in Entgegensetzung zu seiner denunziatorischen Kritik behauptet, daß Rap sowohl Wahrheit als auch Kunst darstellt – ein Anspruch, den dieser Rap durch seine erfindungsreiche zweischneidige Umkehrmethode kunstvoll demonstriert und bestätigt.[185]

Obwohl sich hier zweifelsohne Bedeutungsvielfalt und witzige Argumentationen finden, ließe sich leugnen, daß sie wirklich auch als solche beabsichtigt waren oder vom wirklichen Rap-Publikum als solche überhaupt wahrgenommen werden. Vielleicht sind sie bloß das Produkt unserer akademischen Art, Texte zu lesen – oder vielmehr zu kitzeln –, bis wir Ambiguitäten finden. Rap auf diese komplexe Weise zu lesen, so könnte man einwenden, entspricht weder der Spontaneität und Einfachheit des Genres noch der seines Publikums. Außerdem dient diese akademische Lesart, die nahelegt, daß weniger komplexe Reaktionen unterlegene Rezeptionen darstellen, dazu, die Kunst von ihrem populären Gebrauch und von den Menschen, die sie gebrauchen, zu entfremden. Dieser Prozeß, intellektualisierte Aneignungsmuster einzusetzen, um populäre Kunst in eine Kunst der Elite umzuwandeln, ist in der Kulturgeschichte ganz üblich.[186]

Dieser Einwand gegen meine Lesart ist so wichtig, daß er sofort beantwortet werden muß. Erstens gibt es keinen überzeugenden Grund, die Bedeutung des Rap auf die expliziten Autorintentionen zu begrenzen; denn seine Bedeutung ist auch eine Funktion seiner Sprache und seiner Leser, ein soziales Produkt jenseits der definierenden Kontrolle des individuellen Autors. Die Mehrdeutigkeiten von »Jazz« und die kulturellen Konflikte und der Geschichte, die sie verkörpern, sind bereits in der Sprache gegeben, die der Autor sprechen muß, ob er sie nun intendiert oder nicht. Da zweitens die Kunst auf viele Arten und auf vielen Ebenen geschätzt werden kann, können neue Weisen des Wertschätzens durch neue Zuhörerschaften nicht mit dem Argument geächtet werden, sie nähmen *notwendigerweise* der Wertschätzung des ursprünglichen Publikums ihre Existenzberechtigung. Dies geschieht nur dann, wenn die neuen intellektualisierten Formen auf ihrem privilegierten und ausschließenden Status als dem einzig legitimen Rang bestehen. Rap kann auf gültige Weise einfach dadurch wertgeschätzt werden, daß man auf ihn tanzt, was nicht bedeutet, daß sein typisches Publikum ihn typischerweise nur in dieser eng gefaßten und nicht-intellektuellen Art schätzt. Was wir auch über den intentionalen Irrtum und den Vorrang des intendierten Publikums denken mögen, stechen die Mehrdeutigkeiten und Umkehrungen hier meiner Ansicht nach doch zu sehr hervor, als daß man sie für unbeabsichtigt halten könnte; und das Hauptpublikum von Rap ist sehr wohl in der Lage, sie zu verstehen. Denn genau diese Art von Mehrdeutigkeiten und Umkehrungen ist grundlegend für die schwarze Sprachgemeinschaft.

Eines der Hauptkennzeichen des afro-amerikanischen Englisch ist die Mehrdeutigkeit. Während zum Beispiel »Nigger« im weißen Englisch ein einseitig negativ konnotierter Begriff ist, ist es in der schwarzen Sprache »oft ein Ausdruck der Zuneigung, Bewunderung, Zustimmung«.[187] Die Gründe für diese enorme Mehrdeutigkeit sind offensichtlich. »Die schwarzen Sklaven waren dazu verdammt, eine eigene, halb geheime Sprache zu erfinden«, um ihre Wünsche zu artikulieren und sie zugleich vor der feindlichen Aufmerksamkeit ihrer Aufseher zu verbergen, und sie taten dies, indem sie ganz normalen englischen Wörtern spezifische schwarze Bedeutungen neben deren Standardbedeutungen beilegten.[188] Eine zentrale Methode, die Bedeutung zu vervielfältigen, bestand in der Verkehrung. Da die Sprache gesellschaftliche Machtbeziehungen sowohl verkörpert als auch erhält, ist diese Methode der Verkehrung besonders bezeichnend – sowohl als eine Grundlage des Protests als auch eine Quelle besonders subtiler Sprachbeherrschung. G. S. Holt erklärt:

»Die Schwarzen haben klar erkannt, daß die Sprache der Weißen zu beherrschen darauf hinausläuft, durch die weißen Definitionen der Kaste, die in das semantisch/soziale System eingebaut sind, von ihr beherrscht zu werden. Die Verkehrung wird damit zum Verteidigungsmechanismus, der es den Schwarzen ermöglicht, ihre sprachliche – und damit psychologische – Gefangennahme zu bekämpfen. [...] Wörtern und Sätzen werden umgekehrte Bedeutungen beigelegt und ihre Funktionen verändert. Die Weißen, denen der Zugang zu Doppeldeutigkeit, Konnotationen und Denotationen, wie sie sich im schwarzen Sprachgebrauch entwickelt haben, vorenthalten wird, konnten dasselbe Material nur dadurch interpretieren, indem sie sich auf seine ursprüngliche eindeutige Bedeutung bezogen [...], was den Schwarzen ermöglichte, die Weißen zu hintergehen und zu manipulieren, ohne dafür bestraft zu werden. Dieser Schutzprozeß, von Schwarzen gemeinsam verstanden, wurde zu einem Wettbewerb der Schlagfertigkeit [und eine] Form des sprachlichen Guerillakampfes, [der] die Untergeordneten beschützte, subtile Selbstbestätigung erlaubte und die Gruppensolidarität stärkte.«[189]

Natürlich hat es auch dazu beigetragen, die Mitglieder der schwarzen Gemeinschaft zu Meistern des Codierens und Entzifferns mehrdeutiger und verdrehter Botschaften zu machen. Die Rap-Fans besitzen also typischerweise durch ihr normales Sprachtraining bereits eine witzige indirekte kommunikative Fähigkeit, die eine Forscherin als »eine Form von Sprachkunst«[190] bezeichnet und die es ihnen ermöglicht, in sehr kurzer Zeit Texte von hoher semantischer Komplexität zu erzeugen, sofern der Inhalt für ihre eigene Erfahrung relevant ist. Somit liegt Stetsasonics mehrdeutiges, verdrehendes Spiel mit dem Ausdruck »talkin' jazz« durchaus nicht außerhalb des Verständnisses des Rappublikums, wenn sie auch weit weniger offensichtlich ist als die einfachste und mittlerweile geläufige Verdrehung von »*bad*«, schlecht, zu »gut« (»Zu meinen, Rap sei langweilig; ihr müßt verrückt sein,/Denn wir sind so verdammt gut (*bad*), daß wir den Respekt kriegen, den ihr nie hattet.«).

Der Satz »Meine Musik zu nehmen, so daß keiner sie nutzen kann« ist eine sehr viel schwierigere Mehrdeutigkeit. Während das Wort »umarmen« (*embrace*) typischerweise die positive Bedeutung von »akzeptieren« oder »annehmen« hat, scheint an dieser Stelle das Hervortreten der zweiten Bedeutung von »einkreisen, umstellen oder einschließen« vorzuliegen und damit zu bedeuten, daß die Musik in Quarantäne genommen und aus dem Verkehr gezogen wird. Dennoch hat der Satz auch in der ersten Bedeutung sehr wohl Sinn, wenn wir ihn als einen Protest gegen das dumme Spiel lesen, die Musik als bloß modeabhängige Unterhaltung anzunehmen, jeden wirklichen künstlerischen und politischen Nutzens entleert. Schließlich gibt es noch die enge rechtliche Bedeutung von »embrace«: »versuchen, (einen Richter oder ein Gremium) mit korrupten Mitteln zu beeinflussen«.[191] Ob diese relativ ungebräuchliche Bedeutung nun ausdrücklich beabsichtigt war (oder allgemein vom Rappublikum verstanden wird, was ich bezweifle) oder nicht, paßt sie doch genau ins Bild, indem sie den Protest der Rapper gegen die korrupten Lügen zum Ausdruck bringt, mit denen die Radiokritiker das urteilende Publikum zu beeinflussen suchen. Der rechtliche Sinn und Kontext sind besonders angebracht, weil es im Rap hauptsächlich um »sampling« geht, die aneignende Methode, die dazu führte, daß Rapgruppen in endlose Rechtsstreitigkeiten über das Urheberrecht verwickelt wurden.

Der berühmteste und rastloseste Verfolger der Rapper ist James Brown, der hier eher kritisch dargestellt wird: »Sei ehrlich, James Brown war alt./Bis Eric und Rak mit ›I got soul‹ rauskamen./Rap bringt den alten ›R & B‹ zurück,/Und wenn wir es nicht täten,/Hätten die Leute es vergessen können.« Dies bietet sogar noch eine weitere mehrdeutige Umkehrung. Denn während James Brown sonst als die Quelle der besten Beats des Rap und seiner Ästhetik des Funk und schwarzen Stolzes (eine historische Rolle, die dieser Rap bestätigt) gefeiert wird, wird er hier zugleich kritisiert, weil er alt und nicht progressiv genug ist. Sein inspirierendes Bereitstellen von »I got soul«, wird gesagt, *wurde* nicht nur von Eric and Rak (dem Rapduo Eric B. and Rakim) gesampelt, sondern *mußte notwendig gesampelt werden*, um diesen Song aufzufrischen und ihn vor der Vergessenheit zu bewahren. Das Alte muß respektiert werden, nicht aber um den Preis einer Behinderung des Neuen: eine Tradition wird erst dann wirklich lebendig, wenn sie der Vergangenheit entrissen ist. Hier haben wir die komplexe Botschaft von T. S. Eliots »Tradition und individuelle Begabung«, auf den neuesten Stand gebracht, auf die schwarze Musiktradition umgemünzt und mit subtiler und selbstbewußter Intertextualität formuliert.

Philosophischer Gehalt

Ich möchte nun die These vertreten, daß Rap sich intellektuell lohnt, nicht bloß wegen der Stimulation durch seine polysemische Komplexität, sondern auch wegen seiner philosophischen Einsichten. Denn ebenso, wie die populäre Kunst wegen ihrer einfachen semantischen Strukturen verdammt worden ist, so wird sie auf ähnliche Weise verurteilt, weil ihr jeder tiefere Sinn abgeht.

Da die Verwendung von Klischees oft für den Hauptgrund seiner nichtssagenden Seichtigkeit gehalten wird, sollte ich etwas sagen, um die offensichtlichen Klischees in »Talkin' All That Jazz« zu rechtfertigen. Denn der Song strotzt nur so von äußerst abgedroschenen Sprichwörtern und Allgemeinplätzen: »talk is cheap« (Reden kostet nichts); »beauty [...] is just skin deep« (Schönheit [...] geht nicht tief); »You can't have your cake and eat it too« (Man kann nicht alles haben); »What you reap is what you sow« (Ihr erntet das, was ihr sät). Diese Sprichwörter nehmen jedoch im besonderen Kontext dieses Raps neue Bedeutung an, die nicht nur von den jeweiligen kulturellen Klischees abweicht, sondern diese sogar in ihrer Standardbedeutung herausfordert. Durch ihren bloßen Gebrauch in Argumenten gegen das Kulturklischee, Rap sei keine Kunst, verlieren sie einiges von ihrer nichtssagenden Seichtigkeit. Außerdem läßt sich ihr Gebrauch ästhetisch rechtfertigen, da er das verstärkende verbale Gegenstück zur Methode des aneignenden Sampelns darstellt, das wiederum Hauptthema dieses Raps ist. Denn ebenso wie die DJs vertraute vorgefertigte musikalische Phrasen ausschlachten, um einen wirklich neuen Klang zu schaffen, indem sie sie in neue Kontexte stellen, so kann sich auch der MC alter Sprichwörter bemächtigen und ihnen durch ihre rekontextualisierende Anwendung in seinem Rap neue Bedeutung verleihen.

Betrachten wir die ersten beiden Klischees über Wahrheit und Schönheit, die zusammen einen Vers bilden: »Reden, so hab ich gehört, reden kostet nichts./Wie Schönheit jedoch geht Reden nicht tief.« Auf diese Weise im spezifischen Zusammenhang dieses Raps verbunden sind diese Klischees alles andere als einfach und gewöhnlich. Vielmehr untergraben sie die einfachen, gewöhnlichen Wahrheiten, die sie normalerweise zum Ausdruck bringen, mit Ambiguität und bringen zugleich philosophische Thesen über die Natur der Sprache, der Schönheit und des ästhetischen Urteils zum Ausdruck, die radikal von dem gewöhnlichen Dogma zu diesen Fragen abweichen – und es noch herausfordern.

Natürlich kann »talk is cheap« hier in seinem gewöhnlichen Sinn verstanden werden: das heißt, es kostet nichts und verlangt keinerlei Anstrengung, Wissen oder Talent, den Rap mit unwissender Kritik zu zerschmettern. Diese Art von unwissendem »talkin' jazz« ist wertloses, billiges Gerede, das nichts kostet. Die normale Bedeutung des Sprichworts legt auch die gewöhnliche Gegenüberstellung zwischen bloßem Reden (das leicht ist, jedoch nichts bewirkt) und wirklichem Handeln oder Ausführen, die nicht nur der Anstrengung bedarf, sondern auch wirklich Ergebnisse zeitigt, nahe. Stetsasonic wenden diesen Gegensatz an, wenn sie einen Unterschied zwischen den »engstirnigen« Kritikern einerseits, die selbst nicht den Schmiß (*pizazz*) zu künstlerischem Schaffen haben und einfach darüber reden und es »aburteilen«, und den Rap-Künstlern andererseits, die »talentiert und stark« und furchtlos genug sind, um zu handeln und zu schaffen, statt mit »billigem Gerede« bloß herumzuspekulieren.

Gegen diese Standardbedeutungen besteht das Stück überraschenderweise darauf, daß das sogenannte wertlose Gerede der Radiokritiker in Wirklichkeit gar nicht so bedeutungslos ist. Es ist durchaus folgenschwer. Erstens betrügt diese aus Unwissen ablehnende Haltung Rap gegenüber die Zuhörer, beleidigt und verfolgt Rap-Künstler und deren Publikum und sorgt auf diese Weise für eine verwirrende »Aufregung« über das Wesen des Hip-Hop. Die klischeehafte Unterscheidung zwischen Reden und Handeln wird so in Frage gestellt, indem gezeigt wird, daß bloßes Reden eine Handlung herbeiführen kann, die folgenschwere Konsequenzen hat. Dieses Argument wird schmerzlich bestätigt durch die tatsächlichen Verdammungen und Verfolgungen, die der Rap von Menschen erfährt, die mit dieser Musik gar nicht vertraut sind, die sich deshalb auf das Hörensagen verlassen, die selbst nicht bereit sind, Rap entweder selbst zu hören oder andere ihn hören zu lassen.[192] Außerdem, so heißt es in »Talkin' All That Jazz« weiter, wird ihr vermeintlich billiges Gerede sie noch teuer zu stehen kommen; denn »wenn ihr viel redet und viel lügt,/Sagen euch die Leute verpißt euch«. Verletzt durch ihr »über Rap reden,/All den Müll reden« warnen Stetsasonic die Verleumder des Rap heftig vor dem hohen Preis für so wertloses Gerede: »Ihr sagt, es sei keine Kunst,/Also reißen wir euch jetzt in Stücke.«

Wenn unwissendes, »wertloses« Gerede diese gewaltigen Folgen haben kann, was ist der Ursprung der Macht und der Autorität dieses Diskurses? Wenn »talkin' jazz« falsche Kritik oder wahre Kunst sein kann, wenn der Diskurs im allgemeinen als Lüge und als Wahrheit aufgefaßt werden kann, was bestimmt dann, was diskursive Wahrheit ist und was ästhetische Legitimität? Diese klugen philosophischen Fragen sind in demselben klischeehaften Reimpaar auf geniale Weise miteinander verbunden, in dem Reden (oder der Diskurs) mit Schönheit gleichgesetzt wird, weil es genauso wenig »tief geht« (»Wie Schönheit jedoch geht Reden nicht tief.«). Hier sehen wir wieder, wie der spezifische Rapkontext einem oberflächlichen alten Klischee eine radikal neue Bedeutung verleiht. Geht man von den Wurzeln des Rap im Ghetto und seiner ästhetischen Zurückweisung und Verfolgung als schwarzer Musik aus, dann verwandelt sich die abgedroschene Kritik an der Oberflächlichkeit der Schönheit (ihre Sorge um die Erscheinungen der Oberfläche) in die machtvolle provokative Anklage, daß die Schönheit mit rassistischer Voreingenommenheit verbunden ist und ihre Urteile sich nach der Hautfarbe richten. Allgemeiner gesprochen bedeutet das, daß das ästhetische Urteil nicht die reine, hochfliegende und interesselose Betrachtung der Form, für die es immer gehalten wird, darstellt; statt dessen ist es zutiefst bedingt und wird von sozio-politischen (und auch rassistischen) Vorurteilen und Interessen beherrscht.

Damit betont dieser Rap – im Gegensatz zu der klischeehaften Sichtweise, die Wahrheit und Schönheit völlig unabhängig von Machtbeziehungen sieht – die unterschiedlichen Machtbeziehungen, die an der Festlegung dessen, was Wahrheit und ästhetische Legitimität ausmacht, beteiligt sind. Zwei Quellen der diskursiven Autorität lassen sich ausmachen: die erste ist sozio-politische Macht, wie sie sich zum Beispiel durch die Kontrolle der Medien und der politischen Institutionen niederschlägt und ausgeübt wird. Obwohl sie nichts wissen und feindselig voreingestellt sind, liefern die Rapkritiker ihre Urteile über das weitverbreitete und legitimierende Medium des Rundfunks. Ihre Verdammung, Rap besäße keinerlei ästhetischen Wert und verdiene nicht den Status von Kunst, kann deshalb als Wahrheit durchgehen, weil es ohne Widerspruch von den herrschenden Medien gesendet wird und somit die Aura der Expertise und von Autorität erhält, die typischerweise mit Ansichten verbunden ist, die durch die privilegierten Kanäle der Massenmedien propagiert werden. Den Rappern – besonders denjenigen aus dem Untergrund – einer abweichenden politischen Botschaft wird andererseits ein vergleichbarer Zugang zum Rundfunk verwehrt, geschweige denn die gleiche Sendezeit, um ihre Kunst vorzustellen und zu verteidigen, geboten. Wahrheit und künstlerischer Status sind somit großenteils eine Frage von sozio-politischer Kontrolle.

Der Song unterstreicht diese Botschaft noch, wenn er die künstlerische Verleugnung des Raps durch die Medien mit den Fehlern von Politikern in Verbindung bringt, die die schwarze Gemeinschaft abwerten und ihr die Bürgerrechte aberkennen. Mit einer impliziten pragmatistischen Epistemologie, die keinen Wert auf soziale Wahrheiten legt, die keiner ernst nimmt, oder auf künstlerischen Status, den keiner anerkennt, legt der Song nahe, daß die Wahrheit des künstlerischen Status des Rap nicht etwas ist, das eigenständig ist und nur darauf wartet, entdeckt zu werden, sondern vielmehr etwas, das hergestellt werden muß; und es kann nur hergestellt werden, wenn man die festgefahrene Wahrheit des Establishments bezüglich der künstlerischen Illegitimität von Rap in Frage stellt und überwindet. Der Song fördert eine solche In-Frage-Stellung und stellt selbst eine dar. Angesichts der ernsthaften sozio-politischen Interessen und Überzeugungen, die in dem Streit um künstlerische Anerkennung involviert sind, ist für die Rapper klar, daß der Kampf wesentlich gewaltsam sein muß; und um den HipHop gegen seine Kritiker in den Medien zu verteidigen, sind sie bereit, Gewalt anzuwenden: »Ihr sagt, es sei keine Kunst,/Also reißen wir euch jetzt in Stücke.« Die Androhung von Gewalt ist ernst gemeint, denn sie wird später im Song wiederholt, wo alle gewarnt werden, die etwas gegen Rap sagen: »Du könntest dir wehtun, mein Freund.«[193]

Die Rapper sind sich der Verbindung zwischen künstlerischem Status und sozio-politischer Macht bewußt und realisieren auch, daß der Ablehnung des HipHop von seiten des Establishments durch einen Angriff auf die Widersprüche und Schwächen seiner sozio-politischen Grundlage opponiert werden kann. Während die amerikanische Gesellschaft den Anspruch erhebt, eine liberale Demokratie mit dem Recht auf freie Meinungsäußerung und Mehrheitsregierung zu sein, wird dem widersprochen durch die Zensur des Rap und, allgemeiner noch, durch die Tendenz ihrer Führer, die wahre Kunst ausschließlich mit hoher Kunst zu identifizieren, auch wenn die Mehrheit der Amerikaner größere ästhetische Befriedigung in den Künsten der populären Kultur findet. Wenn sie ihre Musik gegen die Medienkritiker verteidigen, sagen Stetsasonic, daß diese Kulturpäpste die demokratische Machtgrundlage übertreten, die ihren Urteilen Macht verleiht. Was den Geschmack anbelangt, sind sie »eine Minderheit«; ebenso was das Denken anbelangt (»in terms of thought«), sind sie »mit engem Horizont und schlecht unterrichtet/Über die Ziele des HipHop«, die sich auf eine demokratischere und stärker emanzipatorische populäre Kunst richten.[194] Im Gegensatz dazu verteidigen die Rapper ihre Kunst, indem sie sie der Mehrheit zuordnen. Der Satz »und wir ziehen unsere Samples aus der Mehrheit«, zielt nicht nur auf ihre Methode des Samplens ab, sondern will auch die daraus resultierende musikalische Schöpfung rechtfertigen, indem er nahelegt, daß die Kunst des Rap den populären Geschmack und die Interessen der Mehrheit widerspiegelt.

Welchen Wert besitzt dieser Anspruch? Jon Pareles, der Rockkritiker der *New York Times*, beschreibt Rap als »das am schnellsten wachsende Genre der populären Musik und den Soundtrack, den Millionen von Fans sich ausgesucht haben«. Darüber hinaus legt die Tatsache, daß die tägliche Rap-Show auf MTV »nach wie vor die meisten Zuschauer dieses Kabelkanals vor den Bildschirm zieht« nahe, daß Rap die Grenzen seiner schwarzen urbanen Ursprünge längst hinter sich gelassen hat.[195] Gewiß ist die Popularität des Rap in den großen amerikanischen Städten, die oft eine starke schwarze Mehrheit haben, nicht anzuzweifeln. Seine wachsende Dominanz auf den Straßen ist deutlich wahrnehmbar, laut aus Autoradios und »Ghettoblasters« dröhnend. Seine Popularität bei Konzerten und Plattenverkäufen ist (trotz der Verfolgung durch Zensur) bereits enorm, wächst weiter und sprengt den Rahmen der bereits erreichten kulturellen Anerkennung. Wenn das HipHop-Publikum nicht (jetzt schon) die Mehrheit des Rundfunkpublikums der großen Städte darstellt, dann bildet es doch einen sehr großen Teil, dem die Behandlung des Rap durch den Rundfunk nicht gerecht wurde.

»Talkin' All That Jazz« tritt nicht nur für die Herrschaft des Rap in den Städten ein, sondern versucht durch seine eigene Polemik, die populäre Unterstützung des Rap zu mobilisieren und zu vergrößern. Eine der Strategien des Songs basiert auf der Politik der Personalpronomina. Der ganze Song baut auf der Gegenüberstellung von »ihr« und »uns« auf. Auf der eigentlichen Bedeutungsebene bedeutet »wir« einfach Stetsasonic, die Hip-Hop-Band, die diesen Song vorträgt. Normalerweise könnte das bedeuten, daß das zuhörende Publikum einen Teil des »ihr« darstellt, an das der Song sich richtet. Da jedoch der Song einen wütenden Protest darstellt, ist er sorgfältig darauf bedacht, sein Publikum nicht als »ihr« anzusprechen, sondern unterscheidet es vielmehr, von Anfang an, von dem konfrontierenden »Ihr« seiner feindseligen Botschaft – den Rap-Kritikern im Rundfunk. Denn die große Mehrheit des Songpublikums besteht nicht aus Radiosprechern, sondern einfach aus Hörern.

Das Publikum wird außerdem ermutigt, sich dem gefeierten »wir« des Songs zuzurechnen durch deren Gegenüberstellung des »ihr«, das aggressiv angegriffen wird, weil es eine unwissende und untalentierte, aber zugleich machtvoll unterdrückende und hyperkritische Minderheit darstellt. Das »wir« bedeutet auf diese Weise nicht nur Stetsasonic, sondern die ganze HipHop-Community, für deren Sache sie eintreten. Und es reicht noch weiter, weil es sich an diejenigen wendet, die noch keine HipHop-Fans sind, sich aber wegen ihrer gemeinsamen Opposition den Medien und politischen Autoritäten gegenüber, gegen die dieser Song – und HipHop im allgemeinen – entschieden kämpft, sehr wohl damit identifizieren können. Jeder, der oder die sich über das schwache, seichte Gequatsche der Figuren in Medien und Politik ärgert, über die autoritären Sprecher unserer Gesellschaft und ihre ungeheuerliche Machtausübung, jeder Künstler (oder Sportler oder Arbeiter) wird wütend, wenn er von Kritikern negativ beurteilt wird, die selbst weder Talent noch Stärke noch Schmiß genug besitzen, um selbst in der Lage zu sein, auszuführen, was sie hochnäsig kritisieren; all diese Menschen – und ihre Zahl ist Legion – soll der Song durch seinen leidenschaftlichen Protest ansprechen und damit wachsende Unterstützung für Rap auch außerhalb seines ursprünglichen hauptsächlichen Ghettopublikums gewinnen.

Diese Strategie, durch die Erweiterung der sozio-kulturellen Basis seiner Unterstützung Akzeptanz für Rap zu gewinnen, wird durch mindestens drei weitere rhetorische Kunstgriffe geschickt betrieben. Erstens wird Rap in der dritten Strophe zur Musik des Rhythm and Blues (»R & B«) in Beziehung gesetzt – wohl die Quelle aller Rockmusik und zugleich auch ein Genre, das große Popularität beim weißen Publikum nicht nur in Amerika, sondern in der ganzen Welt erreicht hat. Wenn »Rap den alten ›R & B‹ zurückbringt« (nicht nur durch das Sampeln von dessen treibenden Rhythmen, sondern dadurch, daß er die Auseinandersetzung des Blues mit Armut und Unterdrückung zutiefst zum Ausdruck bringt), dann, so folgert der Song implizit, ist Rap gewiß etwas wert. Wenn die recycelnde, umformende Rückkehr des Rap zu R & B dazu beiträgt, ihn am Leben zu erhalten und ihn im kreativen Gedächtnis bewahrt (»Und wenn wir es nicht täten,/Hätten die Leute es vergessen können.«), dann sollte der künstlerische Wert des Rap anerkannt und vor Zensur und Verfolgung geschützt werden. Mit anderen Worten: auch dann, wenn wir Rap selbst nicht mögen, sollten wir ihn doch wegen seines instrumentellen Werts, die Tradition der innovativen schwarzen Musik lebendig zu erhalten, die Rhythm & Blues, Jazz und Rock hervorgebracht hat – Musikformen, deren Popularität beim allgemeinen weißen Publikum unbestreitbar ist, schätzen.

Dieses implizite Ansprechen eines weiteren und auch weißen Publikums wird in der letzten Strophe durch das Herbeizitieren von »Sly and the Family Stone«, mit denen Stetsasonic, die Hip-Hop-Band, sich identifizieren, subtil entwickelt. Sly Stone, der als DJ in San Francisco angefangen hat, wird zusammen mit James Brown als einer der Hauptvorläufer und eine der Inspirationsquellen des HipHop angesehen. Anders als James Brown jedoch, von dem er einiges übernahm, dessen Musik und Persönlichkeit aber ausschließlich schwarzen Charakter und Ausstrahlung hatte, entwickelte Sly einen Stil, der trotz seiner Verwurzelung in der schwarzen Musik das weiße Rockpublikum völlig in seinen Bann schlug und damit die sozio-kulturelle Akzeptanz, die das weiße Publikum bietet, erreicht. Slys Übertreten und Brechen von Rassen- (und Geschlechter-)grenzen kam in der Zusammensetzung seiner Band »The Family« deutlich zum Ausdruck: sie umfaßte Schwarze und Weiße, Männer und Frauen. Wie Greil Marcus beobachtet hat, war es auch Sly, der die Grenze der Hautfarbe in Woodstock durchbrochen hat, »weil er den größten Hit des Festivals landete«.[196] Außerdem war es Sly, der das kulturelle Vertrauen und den Mut besaß, künstlerischen Status für seine Songs zu beanspruchen, indem er sich als »Dichter«, »*poet*«, beschrieb[197]. Damit wies er Stetsasonic und anderen Rappern den Weg: sie sollten darauf bestehen, daß Rap als Kunst und Dichtung anerkannt wird. Er hat gezeigt, daß diese ästhetischen Manifeste und soziokultureller Protest erfolgreich durch Songs artikuliert werden können. Sein Hit »Stand« fordert die Unterdrückten und diejenigen, die keine Bürgerrechte besitzen, hartnäckig auf, für ihre Überzeugungen, Rechte und Kultur zu kämpfen; »einzustehen für die Dinge, von denen ihr wißt, daß sie richtig sind: stand for the things you know are right«. Prophetisch warnt er die späteren Rapper, daß die unterdrückenden Autoritäten »sie kleinkriegen wollen« (»will try to make you crawl«), wenn sie erfahren, daß »was ihr sagt, überhaupt Sinn ergibt« (»what you're sayin' makes sense at all«); dennoch ermutigt er sie, mit dem Kampf fortzufahren, weil »ein selbstbewußter Zwerg« (»a midget standing tall«) dazu beitragen kann, den »Riesen neben ihm zu Fall« (»giant beside him about to fall«) zu bringen. In einem semantisch reichen und kunstvoll subtilen Gebrauch von Intertextualität wird Slys Hit von Stetsasonic zitiert. Dabei wird das Word »stand« zugleich voll in ihren Text integriert und doch klar durch den Rhythmus und das rhythmische Schema als anders unterschieden und hervorgehoben: »Und wie Sly und Family Stone/Werden wir aufstehen/Für die Musik, leben und spielen/ Und für den Song, den wir heute singen.« In derselben geistreichen Weise drücken diese Zeilen durch ihre Beschwörung von Sly zugleich eine Geste der Offenheit und des Appells an das weiße Publikum aus – zusammen mit dem unbeirrbaren Geist des schwarzen Stolzes und Protests.

Eingebettet in die Beschwörungen von Sly und »R & B« finden wir noch eine dritte Strategie, den Rap für das allgemeine Publikum attraktiv zu machen: die Versicherung, daß der Anspruch des Rap auf künstlerische Legitimität nicht zugleich auch den Anspruch auf Vorherrschaft darstellt. Wenn sie versprechen, nicht der Boss sein zu wollen (»we're not tryin' to be a boss to you«), versichern die »Stets« dem nicht bekehrten HipHop-Publikum, daß ihr Ziel einfach darin besteht, gehört zu werden, nicht darin, andere zu übertönen, selbst wenn sie bereit sind, diejenigen zu verletzen (»hurt«), deren Gerede (»talkin' jazz«) den Rap zensieren möchte. Wenn die Rapper das Ziel der friedlichen pluralistischen Koexistenz vorschlagen (des Gegenteil der verlorenen, der »no-win« Situation des gewaltsamen Kulturkampfes), berufen sie sich klug auf einen der am weitesten verbreiteten und in Ehren gehaltenen Glaubenssätze: die Freiheit der pluralistischen Toleranz. Sollten wir versucht sein, dieses Ideal als bürgerliche liberale Ideologie zu verwerfen, bleibt es doch für diejenigen gültig, die diese Ideologie teilen; sie hat in Wirklichkeit einen viel größeren Geltungsbereich. Denn es taucht auch wieder in den utopischen Visionen der an Marx orientierten Philosophen wie Adorno auf, deren sozio-politisches (und ästhetisches) Ideal herrschaftsfreie Differenz ist. Die Verteidigung dieser Ideale fügt dem reichen philosophischen Inhalt dieses Songs natürlich einen weiteren Aspekt hinzu.

Ich möchte die inhaltliche Diskussion abschließen, indem ich kurz die zweite Quelle der diskursiven und ästhetischen Autorität heraussstelle, die der Song aufweist. Es ist dies die charismatische Autorität künstlerischer und rhetorischer Macht. Wenn Wahrheit und ästhetischer Status von einer sozio-kulturellen Machtstruktur abhängen, dann ist diese Struktur doch nicht dauerhaft festgelegt, sondern ist vielmehr ein Bereich der stetigen Auseinandersetzung. Und eine Möglichkeit, die Überzeugungen und den Geschmack der Bevölkerung zu verändern, kann in der expressiven Kraft des Diskurses oder der Kunst bestehen, die vorgeführt werden, wobei natürlich ihre Wertschätzung dieser Kraft immer auf einigen ihrer bereits bestehenden Überzeugungen und Geschmacksrichtungen beruhen wird.[198] Damit, so legt der Song nahe, können wir als Hörer dahin geführt werden, das Gerede (»talkin' jazz«) der Kritiker als Lügen abzulehnen und zugleich die Jazzsprache (»talkin' jazz«) des Rap als Kunst, Wahrheit und Klartext anzuerkennen, indem wir ihre im Vergleich dazu starke Ausdruckskraft spüren. Während der Diskurs der Kritiker eindeutig schwach ist (»Ist das so kaputt, daß es rauskommen wird«: »so whacked that it's bound to show«) und keinerlei »Schmiß«, »pizazz«, besitzt, beweist Rap seine Wahrheit und seinen künstlerischen Status durch seine Schlagkraft und Macht, weil er »talentiert und stark«, »talented and strong«, ist.

Dieser Beweis durch überzeugende Wahrnehmung ist nicht etwa konfuse Verirrung, sondern vielmehr eine wichtige Argumentationsform nicht nur in der Ästhetik[199]; und dieser Song, ein Rap-Manifest im Rap, ist ganz eindeutig als ein solcher Beweis durch überzeugende Wahrnehmung des künstlerischen Status des Rap durch seine eigene spezifische künstlerische Macht gemeint. Stetsasonic geben nicht vor, einen erschöpfenden Überblick oder eine ausgewachsene »formale Debatte« zu bieten; sie beanspruchen, »das klarzumachen«, »to set the record straight«, was Rap und seine Verdrehungen des Sampelns (»record-sampling«) anbelangt, bloß im Rahmen einer Platte (*record*) durch den überzeugenden und exemplarischen Appell des Liedes, »das sie heute singen« (the »song [they] sing today«): eine selbstbewußte und selbstbestätigende Erklärung der wahren Aussage, daß Rap Kunst ist.

*Künstlerisches Selbstbewußtsein,
Kreativität und Form*

Diese selbstbewußte Selbstbestätigung des künstlerischen Status ist wichtiger, als es scheinen mag, denn das künstlerische Selbstbewußtsein wird von vielen Ästhetikern als wesentliches Merkmal der Kunst angesehen.[200] Dennoch ist einer der Gründe, weshalb den populären Künsten der künstlerische Status abgesprochen wurde, daß sie ihn gar nicht beanspruchen. Sie »beanspruchen noch nicht einmal«, so Horkheimer und Adorno, »Kunst zu sein«, sondern akzeptieren statt dessen ihren Status als Unterhaltungsindustrie. Nach Bourdieu bestehen sie nicht auf ihrer eigenen ästhetischen Legitimität, sondern akzeptieren duldsam die herrschende Ästhetik der hohen Kunst, die ihnen ihre Legitimität prinzipiell vorenthält.[201] Da ihr das erforderliche Selbstbewußtsein und der nötige Selbstrespekt fehlen, um künstlerischen Status einzuklagen, verdient oder erreicht die populäre Kunst ihn auch nicht. Wie wahr dies für andere populäre Künste auch sein mag, trifft es doch nicht auf Rap zu. Wie zahllose andere Rapper beanspruchen Stetsasonic aggressiv, daß Rap Kunst ist, und feiern ihn stolz als solchen: »stand/up for the music [they] live and play«.

»Talkin' All That Jazz« legt – neben seiner festen Behauptung des künstlerischen Status – wenigstens fünf Aspekte des stolzen künstlerischen Selbstbewußtseins an den Tag. Da sich erstens die Kunst durch ihre überlegene Fähigkeit und Qualität aus dem normalen Verhalten und der stumpfsinnigen Erfahrung heraushebt, besteht das Lied auf dem überlegenen Talent, der überlegenen Stärke und dem »Schmiß« (»pizazz«) des Rap verglichen mit normalem wohlfeilen Reden. Wenn zweitens der notwendig historische Charakter der Kunst bedeutet, daß ein Kunstwerk nur dann ein Kunstwerk ist, wenn es einer künstlerischen Tradition angehört, dann unterstreicht dieses Lied die Verbindung des Rap zu einer solchen Tradition. Es tut dies ganz pointiert, indem es zuerst sich selbst als eine neue Art von Jazz beschreibt und damit in eine Linie mit derjenigen schwarzen Musikform bringt, die weithin als legitime Kunst anerkannt wird. Weiter stellt es den

Rap in eine Linie mit »dem alten R & B«, dessen etablierte Popularität durch das »Zurückbringen« (»bringing back«) seiner Rhythmen im Rap sogar verbessert und gesichert werden soll. Es gibt auch noch spezifischere und kompliziertere intertextuelle Verbindungen mit Sly Stone, James Brown und der Rap-Crew Eric B. and Rakim, die einen stärkeren Eindruck von der Rolle des Rap in dem Formungsprozeß einer kontinuierlichen künstlerischen Tradition vermitteln – einer Rolle, die sowohl die Anerkennung als auch die Kampfbereitschaft, die jede gesunde und fruchtbare Tradition zeigen muß, aufweist.[202]

Ein äußerst wichtiger Aspekt der neueren künstlerischen Tradition (und zugleich einer, der oft als für die Kunst wesentlich betrachtet wird) ist die Oppositionshaltung der Kunst. Viele behaupten, daß die Kunst – um sich als solche zu qualifizieren, indem sie zeigt, wie sie Originalität und ihre Absetzung vom Gewöhnlichen bestimmt – in irgendeiner Weise einen Standpunkt gegen eine allgemein akzeptierte, aber unakzeptable Realität oder einen Status quo (künstlerisch oder gesellschaftlich) beziehen muß – sogar dann, wenn diese Opposition nur implizit durch die Fiktionalität der Kunst oder die Schwierigkeiten, die sie dem normalen Verständnis entgegensetzt, zum Ausdruck kommt. Mag dieser oppositionelle Charakter der Kunst nun wirklich wesentlich eignen oder nicht – er findet sich doch sicher im Rap, nicht nur explizit, sondern auch oft ganz selbstbewußt. Gewalttätiger Protest gegen den Status quo – Medien, Politiker und Polizei der etablierten Kultur und die Verkörperungen und Wirklichkeiten, die sie alle zu erstellen suchen – ist, wie wir gesehen haben, ein zentrales und oft thematisiertes Kennzeichen von Raptexten. »Talkin' All That Jazz« jedoch zeigt ganz klar das Selbstbewußtsein des Rap als *künstlerische* Opposition, die die Kulturpäpste angreift und sich ihnen widersetzt, wenn sie Rap die künstlerische Legitimität oder den künstlerischen Status vorenthalten. Über diesen expliziten Inhalt hinaus wird die bloße Form als dramatischer Monolog des konfrontierenden Diskurses von einer oppositionellen Einstellung strukturiert.

Zwei weitere Merkmale des modernen künstlerischen Bewußtseins werden oft als wesentlich für jede Kunst, die diesen Namen verdient, angesehen und werden den Produkten der populären Kunst ebenso häufig vorenthalten: Bemühung um Kreativität und Aufmerksamkeit auf die Form.[203] »Talkin' All That Jazz« besitzt beide Merkmale; sie aufzuzeigen, soll meine ästhetische Darstellung dieses Songs und von Rap im allgemeinen abschließen.

Obwohl das aneignende Sampeln die romantischen Begriffe der reinen Originalität in Frage stellt, beansprucht Rap doch, selbst kreativ zu sein. Außerdem besteht er darauf, daß Originalität sich zeigen kann in der verwandelnden Aneignung des Alten, seien es nun alte Platten oder die alten Sprichwörter, die »Talkin' All That Jazz« zwar sampelt, aber zugleich mit neuen Bedeutungen belegt. »Talkin' All That Jazz« ist in Wirklichkeit ein Lied über genau das Selbstbewußtsein, das Rap von seiner Neuheit als künstlerischer Form hat, ein Selbstbewußtsein, das schmerzlich geschärft wird durch die Verfolgung, die der Rap als solcher erfahren hat. In der Logik zweier Fronten etablieren Stetsasonic auf kluge Weise die Verbindung von Rap und künstlerischer Tradition in der Verbindung mit dem Jazz, während sie zugleich das kreative Abweichen und die Wichtigkeit des Genres als neuer künstlerischer Form bestätigen. »Jazz, ihr könnt es so nennen,/Dieser Jazz jedoch erreicht eine neue Form.« Darüber hinaus beschreibt der Satz für sich genommen, daß Rap »eine neue Form *erreicht* (*retains*)«, (statt etwa eine neue Form zu *erfinden*) auf einfallsreiche Weise das komplexe Paradox von künstlerischer Tradition und Innovation, das Eliot ausdrücken wollte: die Vorstellung, daß Kunst neu sein kann und muß, um traditionell zu sein (und traditionell, um neu zu sein) – daß man nicht mit unserer Tradition übereinstimmen kann, indem man einfach mit ihr übereinstimmt, weil diese Tradition eine der Erneuerung und gerade der Abweichung von der Übereinstimmung ist.

Damit widerlegt Rap das Dogma, daß eine Bemühung um die Form und formales Experimentieren in der populären Kunst nicht stattfindet. Außerdem belegt er die thematisierte Aufmerksamkeit auf das künstlerische Mittel (Ausdrucksform) und die Methode, die so oft für das Wahrzeichen der zeitgenössischen hohen Kunst gehalten wird. Das Sampeln ist nicht nur die radikalste formale Innovation des Rap (da einige frühere Popsongs auch schon mit Sprechen statt mit Singen experimentiert hatten), sondern ist auch in starkem Maße um das künstlerische Mittel (Ausdrucksform) des Rap bedacht – bereits aufgenommene Musik. Es kann nicht überraschen, daß Rap extrem umstritten ist – an wirklichen Gerichtshöfen ebenso wie auf der Richtstätte der Kultur. Die ästhetische Verteidigung des Sampelns konstituiert das bewegende Thema von »Talkin' All That Jazz«, das von Anfang an die Frage nach der ästhetischen Legitimität von Rap mit dem Thema seiner Methode des Sampelns verbindet.

> Ok, so hat es angefangen.
> Hab euch im Radio gehört
> Über Rap reden,
> All den Müll reden
> Darüber, wie wir sampeln.
> Gebt ein Beispiel.
> Meinst du, wir lassen dich damit abhauen?
> Du kritisierst unsere Methode
> Wie wir Platten machen.
> Du sagst, es sei keine Kunst,
> Also reißen wir dich jetzt in Stücke.

Um den Anspruch des Rap, kreative Kunst zu sein, zu rechtfertigen, muß das Sampeln gegen den offensichtlichen und plausiblen Vorwurf verteidigt werden, daß es nur Stehlen oder Kopieren bereits existierender Songs ist. Die Verteidigung besteht darin, daß das Sampeln des Rap nicht ein Zweck in sich selbst ist, ein Versuch, bereits populäre Platten zu reproduzieren oder nachzuahmen. Vielmehr stellt es eine formale Technik oder »Methode« dar, alte Fragmente in neue Songs mit einem »neuen Format« umzuformen, indem die technischen Medien der Tonträgerindustrie auf innovative Weise manipuliert werden. Wie bei jeder künstlerischen Methode, bei jedem künstlerischen »Werkzeug«, *tool*, hängt auch beim Sampeln die ästhetische Bedeutung oder der Wert davon ab, wie es eingesetzt wird (»Es ist nur wichtig, wenn ich ihm einen Stellenwert gebe«), und muß somit innerhalb der besonderen, konkreten Kontexte beurteilt werden; daher auch Stetsasonics Aufforderung an die bösartigen Kritiker, ein Beispiel dafür zu geben (»Give an example«), wie ihr Sampeln ihre Kunst widerlege. Außerdem weisen Stetsasonic darauf hin, daß das Sampeln nur ein Teil (»a portion«) der Methode des Rap und nicht immer sein Hauptinteresse ist. Diese Botschaft und ihre Herausforderung, ein Beispiel zu geben (»Give an example«), werden auf der formalen Ebene durch die Tatsache verstärkt, daß der tatsächliche Gebrauch von Sampeln und Scratch Mixing in »Talkin' All That Jazz« relativ eingeschränkt ist.[204]

Stetsasonic sind sich der Tatsache bewußt, daß die innovative Technik des Rap, das Sampeln, als kurzlebiger Trick nicht ernst genommen werden könnte und reagieren explizit auf die »mad«, verrückten, Kritiker, die glauben, Rap sei eine momentane Modeerscheinung (»rap is a fad«), dem es an kreativem Potential und bleibender Kraft fehle, wenn sie auf das große (»strong«) Talent seiner Künstler und die dauerhafte Achtung (»respect«), die er bei seinem wachsenden Publikum gewonnen hat, hinweisen. Und die Stets sagen das nicht nur so (*are not just »talkin' jazz«*). Denn obwohl die Experten der Popkultur der Ansicht waren, Rap würde kaum eine Saison überstehen, als er 1979 das erste Mal auf Schallplatte auftauchte, hat er schließlich doch kritische Anerkennung erfahren. »Jetzt, am Anfang der 90er«, schreibt John Pareles, Kritiker bei der *New York Times*, ist Rap »sowohl das originellste als auch das am schnellsten wachsende Genre in der populären Musik.«[205]

Doch während Pareles zwar die kreative Originalität des Rap bestätigt, zweifelt er doch daran, daß er eine kohärente Form erreicht. Seine Techniken des Sampelns und Mixens, seine fragmentierte, an den Massenmedien orientierte Mentalität verhindern die Entstehung einer geordneten Form und logischen Struktur und bringen Songs hervor, die durch »Verrenkungen und Diskontinuitäten« gebrochen seien, in denen »Rhythmus die Hauptrolle spielt und ständig Ungereimtheiten vorliegen«. Die Songs »entwickeln sich nicht von einem Anfang zu einem Ende« und vermitteln dadurch den Eindruck, »als könne ein Song jeden Moment plötzlich aufhören«. Dies trifft auf einige Stücke – vielleicht am stärksten auf diejenigen, die am unmittelbarsten Aufmerksamkeit und Feindseligkeit wegen ihrer Abweichung von der akzeptierten Form erregen, gewiß zu. Was jedoch das Genre als Ganzes anbelangt, so ist diese Darstellung bestenfalls sehr beschränkt und übertrieben. Denn Rap bietet viele Songs, die entweder durch eine klare narrative Entwicklung oder durch kohärente logische Argumentation fest strukturiert sind. Zur narrativen Form gehören die häufigen Balladen, die die Heldentaten der Rapper erzählen oder belehrende moralische Exempel über Drogen, Geschlechtskrankheiten und kriminelles Leben geben. Die logische Form wird durch viele der Protestsongs und Songs über den Stolz der Schwarzen belegt, die es im Rap gibt – einschließlich des sich häufig manifestierenden Stolzes des Rap auf sich selbst. Auch »Talkin' All That Jazz« fällt in diese letzte Kategorie, und seine formale wie logische Kohärenz läßt sich nicht leugnen.

Es setzt sich aus vier klar strukturierten Strophen zusammen, die, obwohl von etwas unterschiedlicher Länge, auf dieselbe Weise von demselben Zwischenspiel umrahmt werden, das sie zugleich trennt und verbindet. Diese Strophen sind auf der formalen Ebene außerdem dadurch verbunden, daß sie mit demselben einzeiligen Refrain enden, der zugleich Titel des Liedes ist. Schließlich können wir feststellen, daß diese Schlußzeile in jeder der drei ersten Strophen einmal auftaucht, wogegen sie in der vierten und letzten Strophe dreimal gesungen wird, als sollten die vorangegangenen Strophen und deren Argumente ins Gedächtnis gerufen, verstärkt und zusammengefaßt werden.

Auch das Hauptargument für die Verteidigung von Rap wird kohärent strukturiert. Die erste Strophe beginnt mit der Verdammung von Rap und Sampeln, gefolgt von dem drohenden, protestierenden Gegenanspruch des Rap auf kreativen, künstlerischen Status. Die zweite Strophe fährt damit fort, die Verurteilung des Rap zu widerlegen, indem sie die Rolle des Sampelns erklärt, die populäre Attraktivität des Rap betont, auf die elitistische Enge und Ignoranz der ihn verdammenden Kritiker hinweist und dabei die Drohung der vergeltenden Gewalt aufrechterhält (»You step on us and we we'll step on you«). Die dritte Strophe setzt das Thema der »wütenden« (»angry«) Vergeltung gegen die bösartigen Lügen der Rapkritiker fort. Sie rechtfertigt die Legitimität des Rap wegen seiner Wahrheit, seines Talents und der Stärke, die er beweist und weiter aufgrund der erneuernden Bewahrung der künstlerischen Tradition der afro-amerikanischen Musik. Die Schlußstrophe verstärkt diese traditionelle Verbindung und behält die stolze Haltung (»stand«) des Widerstandes und die Androhung von Gewalt bei, dehnt aber auch die Einladung zu friedlicher Koexistenz auf das noch unbekehrte Rappublikum aus und zeigt somit, daß sie keine Angst davor haben müssen, dem Rap künstlerische Legitimität zuzuerkennen. Dieses abschließende Eintreten für pluralistische Toleranz (»of not tryin' to be a boss«) leitet sich nicht etwa aus der Angst vor der Schwäche des Rap im Angesicht kritischer Untersuchung her. Rap ist bereit zu »einer formalen Debatte«, jedoch nur dann, wenn ihm ein adäquates Forum (d. h. ein öffentlicher Raum, »public space«) geboten wird, um sich auszudrücken – ein Forum, das die Medien und das Kulturestablishment ihm bislang verweigert haben.

Dies ist ein weiteres Beispiel für die klarsichtige und genial perspektivierte Verknüpfung des Ästhetischen mit dem Politischen. Der Streit um ästhetische Anerkennung (ein Symptom allgemeinerer sozialer Kämpfe) kann nur dann die Form raffinierter und sorgfältig überlegter Debatten annehmen, wenn man sich der Sicherheit erfreut, auch gehört zu werden. Die Rapper kämpfen noch darum, gehört zu werden, »noch« (»for now«) müssen Stetsasonic mit großer Dringlichkeit und Gewalt – und damit auch weniger förmlich – sprechen. Wenn die Verunglimpfung und Unterdrückung der Stimme des Rap gewalttätigen Protest statt süßer ästhetischer Überlegungen hervorrufen, dann haben die Feinde des Rap sich dies selbst zuzuschreiben (»What you reap is what you sow«).

Das Vornanstellen der Dringlichkeit, erst einmal gehört zu werden, bevor man in die formale Debatte geht, das Sichern der Rechtfertigung des Ausdrucks vor der Konzentration auf Feinheiten der Form, kann als kritischer, aber defensiver Selbst-Kommentar zu dem formalen Status des vorliegenden Songs selbst gelesen werden; und es stellt eine zentrale formalistische Frage, die der Rap sich vorlegen muß. Denn während »Talkin' All That Jazz« formale Einheit und logische Kohärenz erreicht, bleibt es auf der formalen Ebene doch einfacher und traditioneller als viele andere Stücke, die sehr viel weniger über das Sampeln reden und es statt dessen viel ausgiebiger, komplexer und energischer anwenden (zum Beispiel in »The Adventures of Grandmaster Flash on the Wheels of Steel«). Diese Lieder stellen eine radikale neue Form (»new format«) her, scheinen damit jedoch anfälliger für den Vorwurf der formalen Inkohärenz, den John Pareles erhebt, zu sein. Dies läßt eine Spannung zwischen den Ansprüchen des Rap auf formale Innovation einerseits und seiner Befriedigung des künstlerischen Anspruchs auf formale Kohärenz andererseits vermuten. Denn die künstlerische Innovation des Rap, insbesondere seine Sampletechnik, steht in enger Verbindung mit Elementen der Fragmentierung, Verrenkung und dem Zerbrechen der Form.[206]

Diese Spannung zwischen formaler Innovation und bereits deutlicher formaler Kohärenz konstituiert noch immer die formale Debatte, in die Rap nun aktiv eingreift. Sie steht noch immer in dem Prozeß, die Grenzen seiner innovativen Techniken und die formalen Empfindlichkeiten seines Publikums auszuloten, um die richtige Balance zu finden – eine Form, die neu ist und doch in unsere sich ändernde ästhetische Tradition und formale Empfindlichkeit integrierbar ist. Rap, kaum zwanzig Jahre alt, ist von einer Lösung und von künstlerischer Reife noch weit entfernt. Er wird keines von beiden erreichen, wenn ihm nicht allererst die künstlerische Legitimität zugestanden wird, die erforderlich ist, um seine eigene Entwicklung und die seines Publikums voranzutreiben – ohne die Unterdrückung und den Mißbrauch durch das Kulturestablishment und ohne den Zwang, unter unmittelbarem krassem kommerziellem Druck, einfach verkaufen zu müssen. »Talkin' All That Jazz« ist ein Stück, das die neue Form des Rap verteidigt und zugleich in bequemer Nähe zur traditionellen Form bleibt; der Song ist ein Appell für diese Legitimität und besonders attraktiv wegen der Art und Weise, auf die er traditionellen ästhetischen Kriterien entspricht. Auf diese Weise bietet der Song uns Intellektuellen eine ermutigendere Einladung, sich an der formalen Debatte über Rap zu beteiligen – einer Debatte, die »Talkin' All That Jazz« in die Zukunft verschiebt und die nur die Zukunft wird entscheiden können.

5   Postmoderne Ethik und Lebenskunst

Eins

In einer kurzen Bemerkung in Klammern in Satz 6.421 in seinem Tractatus Locigo-Philosophicus sagt Wittgenstein: »Ethik und Ästhetik sind Eins.«[207] Diese Feststellung ist ebenso kryptisch wie kühn, beiläufig, ohne weitere Erklärung oder Rechtfertigung dahingeworfen in jener strengen Ökonomie des prägnanten Ausdrucks, wie sie für den modernen Stil typisch ist. Was der junge Wittgenstein damit meinte, läßt sich am besten erschließen, wenn man sich nicht allein den Kontext des Tractatus, sondern auch den der früheren Tagebücher ansieht,[208] in denen dieser Satz ursprünglich mit einer knappen Erklärung auftaucht. Offensichtlich wollte er die Idee, daß Ethik und Ästhetik Eins sind, in mindestens drei bedeutsamen Hinsichten vermitteln. Erstens bringen es beide mit sich, daß man die Dinge *sub specie aeternitatis* sieht – das heißt, transzendental, »von außerhalb«, »[S]o daß sie die ganze Welt als Hintergrund haben«. In der Ästhetik ist »das Kunstwerk der Gegenstand sub specie aeternitatis gesehen; [...] (wogegen in der Ethik) das gute Leben die Welt sub specie aeternitatis gesehen [ist]. Dies ist der Zusammenhang zwischen Kunst und Ethik.« (*Tb*, S. 178). Zweitens betreffen sowohl die Ethik als auch die Ästhetik das Reich des »Mystischen«, nicht allein, weil ihre Aussagen zum Unaussprechlichen gehören (da sie weder empirische noch logische Propositionen sind), sondern auch, weil beide jene transzendentale globale Perspektive verwenden, die er mit dem Mystischen und mit »absolutem Wert« in Verbindung bringt.[209] Drittens befassen sich beide in einem wesentlichen Sinn mit dem Glück. Während »das Wesen der künstlerischen Betrachtungsweise [ist], daß sie die Welt mit glücklichem Auge betrachtet [...]«, da

»heiter die Kunst ist«, kommt die Ethik der Frage gleich, »entweder glücklich oder unglücklich [zu sein]; das ist alles. Man kann sagen: gut oder böse gibt es nicht.« (*Tb*, S. 169 und 181)

Diese drei Verbindungen stellen kaum die vollkommene Einheit von Ethik und Ästhetik her, wie sinnvoll und zwingend wir sie im einzelnen auch finden mögen. Darüber hinaus wird diese Doktrin nicht zurückgewiesen (wie so viele von Wittgensteins Thesen), weder wird sie jedoch auch ausdrücklich bestätigt oder entwickelt. Es ließe sich sagen, daß seine spätere, dezentrierte, nicht-transzendentale und pluralistische Philosophie der Sprachspiele, die Lyotard für eine der Hauptquellen postmodernen Denkens hält,[210] jeder homogenisierenden Vereinigung des ethischen und des ästhetischen Bereichs feindlich gegenüberstehen müßte. Denn diese Bereiche bedürfen doch gewiß ganz unterschiedlicher Sprachspiele.[211] Andererseits setzt Wittgensteins spätere Darstellung der ästhetischen Wertschätzung die wesentliche zugrundeliegende Verbindung von Ethik und Ästhetik in einem starken Maße voraus. Denn eine solche Wertschätzung läßt sich nicht auf isolierte, formalisierbare kritische Regeln und Ausdrücke der Billigung reduzieren, sondern ist vielmehr notwendigerweise tief eingebettet in einen komplexen kulturellen Hintergrund, verschlungen mit und geformt durch Lebensweisen, die eine ethische Dimension miteinschließen müssen.[212] Müßten wir Wittgenstein einen endgültigen Standpunkt bezüglich der »Einheit« von Ethik und Ästhetik zuweisen, dann wäre dies wahrscheinlich die ausgewogene, wenn auch wenig inspirierende Sichtweise, daß sie weder vollständig übereinstimmen und identisch sind, noch daß sie völlig verschieden sind.

Lassen wir nun Wittgenstein beiseite, nachdem ich hoffentlich ausreichend exegetische Hinweise gegeben habe, um sich seiner Sprache zu bedienen, und wenden uns der Frage zu, weshalb seiner beiläufigen Bemerkung gegenwärtig so große Bedeutung zukommt. Ich glaube, daß die Antwort darin besteht, daß der Satz »Ethik und Ästhetik sind Eins« wichtigen Einsichten sowohl der ästhetischen als auch der ethischen Theorie in unserer postmodernen Zeit Ausdruck verleiht. Sie lehnt die für die Moderne kennzeichnende ästhetische Ideologie des künstlerischen Purismus ab, wie sie der modernistischen Lyrik und den formalistischen abstrakten Richtungen in der plastischen Kunst gemeinsam ist. Statt dessen fordert sie, daß eine solche isolierende Ideologie jetzt, da die traditionelle Zersplitterung des Wissens und der Kultur in vielfältige Formen interdisziplinärer Aktivitäten zu desintegrieren droht, nicht länger aufrechtzuerhalten sei. Unter diesen Bedingungen gibt es nicht nur Raum für eine, sondern besteht sogar die Notwendigkeit zu einer Kunstkritik, die moralisch, sozial und politisch motiviert ist – genauso, wie diese Motivationsnotwendigkeit für die Kunst selbst besteht.

Statt weiter über das Ethisch-Politische in der Kunst und in der Kritik zu sprechen, werde ich dieses letzte Kapitel ihrer nicht weniger signifikanten Umkehrung widmen: der Ästhetisierung des Ethischen. Der Grundgedanke ist hier, um deren hervorstechendste Merkmale zu umreißen, daß ästhetische Überlegungen wesentlich sind – oder es sein sollten – und letztendlich unerläßlich dafür, wie wir uns entscheiden, unser Leben zu führen und zu formen und wie wir beurteilen, was ein gutes Leben ist. Diese Überlegung versieht Wittgensteins mehrdeutigen Satz, daß Ethik und Ästhetik Eins seien, mit Substanz, indem es das Ästhetische als das eigentliche ethische Ideal aufstellt, als das vorgezogene Modell und das Kriterium für das Erreichen eines guten Lebens. Eine solche Ästhetisierung richtet sich verständlicherweise hauptsächlich auf das, was man das private ethische Reich nennen könnte: die Frage, wie das Individuum sein Leben gestalten sollte, um sich selbst als Person zu verwirklichen.[213] Sie kann jedoch ganz natürlich auf den öffentlichen Bereich und auf Fragen, was eine gute Gesellschaft ausmacht, ausgeweitet werden. Zumindest könnte man sagen, daß eine gute Gesellschaft so beschaffen sein muß, daß sie den sie ausmachenden Individuen die Möglichkeit garantieren muß, ein ästhetisch befriedigendes Leben zu führen – wenn sie es nicht sogar aktiv befördern sollte. Darüber hinaus ist es ganz üblich und bleibt auch verlockend, gute Gesellschaften selbst mit einem ästhetischen Maßstab zu beschreiben, indem man sie als organische Einheiten mit einem optimalen Gleichgewicht der Einheit in der Vielheit auffaßt – und zwar in der klassischen und noch immer wirkungsmächtigen Definition des Schönen.

Wenn ich recht habe und die Ästhetisierung des Ethischen einen wichtigen (wenn auch nicht neuen[214]) Hauptzug unserer postmodernen Zeit darstellt, dann wird dies in unserem alltäglichen Leben und der populären Vorstellungskraft vielleicht deutlicher zutage treten als in der akademischen Philosophie. Es zeigt sich darin, daß unsere Kultur sich mit *Glamour* und Befriedigung beschäftigt, mit persönlichem Erscheinungsbild und persönlicher Entfaltung. Die gefeierten Gestalten unserer Zeit sind nicht wertvolle Männer oder tugendhafte Frauen, sondern bezeichnenderweise die sogenannten »beautiful people«. Wir neigen weniger zur Imitatio Christi als vielmehr dazu, Madonnas Schmink- und Kleidungsstil nachzuahmen; niemand liest heute die Leben der Heiligen zur Erbauung und als Beispiel, die Biographien von Filmstars jedoch und die Erfolgsstories von Unternehmer-Millionären sind immerwährende Bestseller.

Es ist nicht so, daß die postmoderne Geschmacksethik ohne philosophische Verteidiger dastünde. Sie findet deutliche Unterstützung bei Foucault (in seinem Ideal einer »Ästhetik der Existenz«) und anderen europäischen Denkern in der Tradition Nietzsches. Hier werde ich mich jedoch auf ihre Formulierung in der jüngeren anglo-amerikanischen Philosophie konzentrieren. Mein Hauptkonzentrationspunkt wird Richard Rorty sein, der vielleicht bekannteste und unverschämteste philosophische Vertreter der amerikanischen populären Vorstellungskraft und jemand, der »das ästhetische Leben« ausdrücklich als das gute Leben verteidigt. Für Rorty ist »dieses ästhetische Leben« eines der »privaten Vervollkommnung« und »Selbsterschaffung«, ein Leben, das von dem »Wunsch, sich selbst zu erweitern«, »dem Wunsch, mehr und mehr Möglichkeiten zu umfassen« und den begrenzenden »ererbten Beschreibungen« zu entfliehen, motiviert ist – ein Wunsch, der sich in »der ästhetischen Suche nach neuen Erfahrungen und neuer Sprache« ausdrückt. (*FM* 55, 56 und 60; *KIS* 14 und 62). Mit anderen Worten: ästhetische Befriedigung, Selbstbereicherung und Selbstschaffung werden nicht nur durch tatsächliches Experimentieren im Leben gesucht, sondern durch die weniger risikoreiche Alternative, »neue Vokabulare der moralischen Reflexion« anzuwenden, um unsere Handlungen und unser Selbstbild in einer frischeren, attraktiveren und reicheren Weise zu charakterisieren (*FM* 55).

Rortys ästhetisierte Ethik der privaten Vervollkommnung ist gepaart mit einer Bestätigung des Liberalismus (mit seiner Toleranz des Individualismus, Abneigung gegen Grausamkeit und prozeduralen Gerechtigkeit, die »auf die Gleichheit der Menschen abzielt« (*KIS* 151)) als bester Form der öffentlichen Moral und sozialen Solidarität. Er glaubt jedoch nicht, daß diese privaten und öffentlichen Ideale in einer Theorie oder Suche verschmolzen werden können; und es ist ganz klar, daß es die ästhetisierte Privatethik ist, die dem Leben wirklichen Inhalt geben soll, während der Liberalismus bloß den nötigen stabilen Rahmen der sozialen Organisation für uns bietet, damit wir in Ruhe und Bequemlichkeit unsere individuellen ästhetischen Ziele verfolgen können. Denn Rorty drängt uns ausdrücklich dazu, das Hauptanliegen und »Ziel einer gerechten, freien Gesellschaft darin [zu] sehen, daß sie ihren Bürgern erlaubt, so zu privatisieren, ›irrationalistisch‹ und ästhetizistisch zu sein, wie sie mögen, solange sie es in der Zeit tun, die ihnen gehört, und soweit sie anderen keinen Schaden damit zufügen und nicht auf Ressourcen zurückgreifen, die von weniger Begünstigten gebraucht werden«. (*KIS* 13) Rortys Ästhetisierung des Ethischen weist, glaube ich, in eine vielversprechende Richtung, auch wenn sie in einigen wesentlichen Hinsichten noch der Kritik und Modifizierung bedarf. In jedem Fall verlangt ihre Einschätzung den Kontext anderer Argumente für das ästhetische Leben und Visionen vom ästhetischen Leben.

Zwei

Warum sollte die postmoderne Philosophie das Ethische ästhetisieren? Der Aufstieg der Geschmacksethik kann weithin als Ergebnis des Falls traditioneller Modelle des Ethischen erklärt werden. Ebenso wie wir, einmal geboren, unser Leben irgendwie leben müssen, so müssen wir auch irgendwie reflektieren, wenn wir einmal angefangen haben, uns Gedanken über Ethik und darüber, wie wir leben sollen, zu machen. Die Auflösung des Glaubens an traditionelle ethische Theorien ließ einen *horror vacui* zurück, den zu füllen die Geschmacksethik sich natürlich anschickte. Rorty scheint dies fast zum Ausdruck bringen zu wollen, wenn er sagt, daß nach Galilei, Darwin und Freud »weder die religiöse noch die säkulare und liberale Moral möglich scheint, und keine dritte Alternative ist bislang aufgetaucht« – außer, könnte es scheinen, der ästhetischen, die er auch weiterhin verteidigt.[215] Die stärksten Gründe, die die zeitgenössischen Philosophen dazu nötigen, die traditionelle Ethik zu verwerfen, scheint sich von zwei allgemeinen philosophischen Haltungen herzuleiten. Die erste besteht in einem historistischen und pluralistischen Anti-Essentialismus bezüglich der menschlichen Natur, während die zweite in der Wahrnehmung ernsthafter Grenzen in der Moral zum Ausdruck bringen, die ganz klar zeigen, daß sie einer umfassenden befriedigenden Ethik nicht angemessen ist. Diese zweite Ansicht ließe sich als die Unterbestimmung der Ethik durch die Moral beschreiben. Beide Haltungen weisen eine Reihe von Gesichtspunkten oder Ebenen auf, die Aufmerksamkeit verdienen.

(1) Traditionellerweise suchen ethische Theorien nicht nur sich selbst, sondern das gesamte ethische Unternehmen von einem Standpunkt aus zu rechtfertigen, den Bernard Williams so beschreibt: »ein archimedischer Punkt: etwas, dem noch der A-Moralist oder Skeptiker verpflichtet ist, das jedoch, genau genug durchdacht, zeigen wird, daß er irrational, unvernünftig ist oder sich getäuscht hat«.[216] Typischerweise nehmen diese fundamentalistischen Theorien ihren Ausgang von allgemeinen Theorien über die menschliche Natur, versuchen, abzuleiten, welches Leben essentiell gut für den Menschen ist aus dem, was wesentlich für die oder in der Menschheit ist, und in Anerkennung, daß jedes ethische »Soll« von einem wie auch immer gearteten nichtethischen »Kann« abhängt. Das Streben nach Freude oder Glück und die Fähigkeit zu rationalem Denken und deren Ausüben und Handeln sind immer die vertrautesten und überzeugendsten Kandidaten für diese essentiellen Merkmale gewesen. Da sie diese beiden synthetisiert – und außerdem ein viel konkreteres und

substantielleres Bild dessen entwickelt, was das gute Leben ausmacht (wenn auch nicht für Frauen und Sklaven) –, genießt die ethische Theorie des Aristoteles einen Vorrang vor derjenigen Kants. Denn während Kants Epistemologie sowohl die sinnliche als auch die rationale Natur des Menschen ganz anerkennt, basiert seine ihn auszeichnende Ethik auf einem sehr gereinigten und ausnehmend abstrakten Begriff des Menschen als rational Handelndem. Ein solcher Handelnder benötigt einige Handlungsfreiheit, um sein rationales Wesen zu verwirklichen, und er verwirklicht es ethisch nur dann voll und ganz, wenn er auf der Grundlage von rationalen, universalisierbaren Prinzipien wählt – ohne Rücksicht auf kontingente Klugheitserwägungen und Gefühl.

Die besonderen Probleme der aristotelischen und der kantischen Unternehmen, von denen Williams viele genau nachzeichnet, müssen uns hier nicht beunruhigen. Das grundsätzlichere Problem, das diese und ähnliche Versuche, die Ethik auf der Erklärung der intrinsischen oder essentiellen Natur des Menschen aufzubauen, bieten, besteht in unserem starken, postmodernen Verdacht, daß es so etwas in Wirklichkeit gar nicht gibt. Wir haben sogar den noch stärkeren Verdacht, daß es keine ahistorische Essenz gibt, die sowohl universal begründet als auch ontologisch im Menschengeschlecht verankert und doch zugleich auch bestimmt und substantiell genug ist, um durch bloße logische Ableitung oder Ausarbeitung eine bestimmte ethische Theorie hervorzubringen oder zu rechtfertigen. Wir haben gesehen, daß sogar unsere hoffnungsvollsten Anwärter auf essentiellen Status wie Rationalität und Glück nur so lange vielversprechend zu sein scheinen, solange wir sie nicht zu heftig an den kulturell und historisch divergierenden Erklärungen dessen erproben, was diese Gegenstände in Wirklichkeit konstituiert.

Das Fehlen eines ahistorischen, ontologisch gegebenen menschlichen Wesens bedeutet jedoch nicht, daß wir jede Möglichkeit der Ableitung einer ethischen Theorie aus der essentiellen Natur des Menschen aufgeben müssen. Denn das Unternehmen läßt sich vielleicht mit einer zwar nicht ontologischen, aber doch transhistorischen, kulturübergreifenden menschlichen Natur retten; eine Art Mischung aus linguistischen, kulturellen und biologischen »Universalien«, die sich im menschlichen Leben finden, wo und wann auch immer es gedeiht, und die notwendig für es sind, von dem sich ein bestimmtes und kohärentes Bild dessen, was das gute Leben ausmacht, entwerfen ließe. Eine skeptische Haltung ist hier auch angesichts der offenkundigen historischen und kulturellen Divergenz kaum weniger mächtig. Sogar in dem, was wir als dieselbe kulturelle Tradition empfinden – etwa das, was Eliot einmal als den »Geist Europas« personifiziert hat[217] –, finden wir ganz unterschiedliche Antworten auf die Frage, was wesentlich oder wünschenswert für ein angemessenes menschliches Leben ist. Wenn wir uns einmal auf das einlassen, was Lyotard als unseren postmodernen Verdacht gegenüber groß angelegten Rechtfertigungsnarrativen diagnostiziert,[218] können wir nicht versuchen, solche Unterschiede weg-zuerklären, indem wir uns auf die variierende, aber fortschreitende Manifestierung des menschlichen Geistes auf der Suche nach Befreiung und/oder Perfektion berufen.

Und doch, mögen wir auch sowohl das ahistorische als auch transhistorische Wesen des Menschen als Grundlage für irgendeine universale Ethik ablehnen, so bleibt doch die bescheidenere Option auf die Entwicklung einer essentiellen ethischen Theorie für unsere eigene Zeit und unsere eigene Kultur bestehen. Dieses »begrenzte« Ziel ist gewiß das, was wir unbedingt wollen, denn was wir wissen wollen, ist, wie wir unser eigenes Leben leben sollen, nicht das unserer Vorfahren oder Nachkommen, das wir ganz bestimmt nicht mehr selbst leben müssen. Aber auch, wenn wir den Brennpunkt ganz erheblich eingrenzen auf die zeitgenössische amerikanische Gesellschaft, dann finden wir, daß es bereits auf dieser Ebene zu viele bedeutsame Unterschiede gibt, als daß man vertrauensvoll von irgendeiner formenden Essenz sprechen könnte, die uns sagen könnte, was wir suchen sollen, wenn wir das gute Leben suchen. Vielleicht sind wir uns in der Verpflichtung auf Freiheit und auf die Möglichkeit zur Erreichung von Glück einig. Solche Begriffe sind jedoch, wie die kommunitaristischen Kritiker des Liberalismus häufig beklagen, hoffnungslos unbestimmt und abstrakt; und die Einheit, die sie scheinbar bieten, löst sich schnell in rivalisierende Visionen dessen, was Freiheit, Glück und Chancengleichheit eigentlich bedeuten, auf.

Es gibt mindestens zwei gute Gründe, weshalb sich nicht einmal diese lokalen menschlichen Essenzen finden lassen. Erstens gibt es nicht nur in Amerika, sondern in jeder fortgeschrittenen Zivilisation, weit entwickelte Arbeitsteilung und Rollenaufteilung. Der Begriff einer allgemeinen funktionalen Essenz des Menschen, wie Aristoteles und andere ethische Theoretiker sie angenommen und als Grundlage verwandt haben, scheint nicht länger annehmbar zu sein, wenn Männer *und Frauen* so viele verschiedene funktionale Beschäftigungen haben, die sich nur schwer miteinander vermitteln lassen. Wie vermitteln wir die funktionale Essenz des Bauern mit der des Börsenmaklers, des kreativen Künstlers mit der des ungelernten Fabrikarbeiters, des Priesters mit der der Kosmetikerin, des Wissenschaftlers mit der des Croupiers? Noch störender ist die Tatsache, daß wir nicht nur kollektiv einen Konflikt zwischen unterschiedlichen funktionalen Essenzen wahrnehmen, sondern ihn auch genauso stark in unserem eigenen Selbst verspüren. Dieser Konflikt zwischen der funktionellen Essenz einer Frau, wie sie durch ihren Beruf einerseits und durch ihre Rolle als Mutter andererseits definiert wird, ist vielleicht das vertrauteste und schärfste solcher zeitgenössischen Identitätsprobleme. Es gibt jedoch zahllose weitere Beispiele, wie unsere beruflichen Rollen oder Selbstdefinitionen scharf konfligieren oder sich einfach nicht mit unserer Selbstdefinition als Freund, Familienmitglied oder politisch Handelnde vereinen lassen, und die es unmöglich erscheinen lassen, eine funktionale Essenz für das Individuum in irgendeiner kohärenten Mischung seiner oder ihrer sozialen Rollen zu finden.

Die Behauptung, man könne in der Postmoderne nicht eine allgemeine oder sogar eine personale Ethik aus seiner oder ihrer spezifischen funktionalen Rolle ableiten, weil wir alle kollektiv und individuell in einer Pluralität von nicht angemessen integrierten Rollen stecken, ist mit Wittgenstein und Lyotard die Behauptung, daß wir eine so große Vielfalt von Sprachspielen bewohnen und von so vielen Formen des Diskurses bestimmt werden, daß wir nicht mehr mit Bestimmtheit zu sagen vermögen, wer wir sind. Wir vermögen nicht zu sagen, was das gute Leben für uns ist, weil unsere Natur aufgrund unserer wechselnden Rollen und Selbstbilder so fragwürdig und unstet ist. Sie ist fragwürdig, würde Rorty sagen, weil sie nicht fest und sicher da ist, um entdeckt zu werden, sondern vielmehr offen dazu, gemacht und geformt zu werden – und sie sollte deswegen ästhetisch geformt werden.

Außerdem ist es nach Rorty nicht nur witzlos, zu versuchen, in unsere sozialen Rollen einzudringen, um eine gemeinsame menschliche Essenz zu finden, die gar nicht da ist, doch selbst die Idee der zugrundeliegenden kohärenten individuellen Essenz einer besonderen Person (das eigene wahre Selbst) ist ein Mythos, den Freud wirksam zu Fall gebracht hat. Das eigene Selbst oder die eigene Person wird statt dessen als eine wacklige Kombination einer Reihe von (bewußt und unbewußt) konfligierenden »Quasipersonen« enthüllt, geformt durch historische Kontingenzen und zusammengesetzt aus »inkompatiblen Systemen von Überzeugungen und Wünschen«, eine Ansicht, die die gesamte Idee des »wahren Ich« einer Person diskreditiert (*FM* 44, 47, 57). Statt ein Einiges, Konsistentes zu sein, das seinen Ursprung in einem autonomen, stabilen und rationalen Kern hat, ist das Selbst »dezentriert«, eine Sammlung von »Quasi-Ichs«, das Produkt von »irgendwelche[n] Zusammenstellungen kontingenter und idiosynkratischer, zufälliger Ereignisse«, transformiert durch ein verzerrendes Gedächtnis und vielfältige Vokabulare (*FM* 43, 12, 52). »Alles, angefangen vom Klang eines Wortes über die Farbe eines Blattes bis zur Empfindung eines Stückes Haut, kann dazu dienen, eines Menschen Sinn für Identität mit sich selbst zu dramatisieren und zu kristallisieren; das hat Freud gezeigt. Jede scheinbare Konstellation solcher Dinge kann den Ton eines Lebens bestimmen« (*KIS* 74). Für Rorty hat dieses Dezentrieren, Vervielfachen und Zufälligmachen des Selbst durch Freud »dem ästhetischen Leben neue Möglichkeiten eröffnet«: als eine Ethik. Denn wenn es kein wahres Selbst gibt, das man entdecken und dem man entsprechen kann, dann werden die vielversprechendsten Modelle der »moralischen Reflexion und Verfeinerung« »Selbstschöpfung« und »Selbstbereicherung« und nicht »Selbsterkenntnis und Selbstläuterung« (*FM* 49-50) sein.

Der Anti-Essentialismus der menschlichen Natur führt somit zu einer Ethik des Geschmacks. Es wäre jedoch falsch, dies als eine logische Ableitung zu sehen. Wenn das Fehlen der Essenz der menschlichen Natur bedeutet, daß sie keine bestimmte Ethik impliziert, kann sie deswegen nicht eine ästhetische implizieren. Sie kann aber noch immer zu einer Geschmacksethik führen, denn um in Abwesenheit jedweder intrinsischen Fundierung eine Ethik zu legitimieren, könnten wir uns vernünftigerweise ermutigt fühlen, diejenige zu wählen, die uns am besten gefällt; und es ist plausibel, zu denken, daß dieses Gefallen letztlich eine Frage der Ästhetik ist – eine Frage dessen, was uns das Attraktivste oder das Perfekteste zu sein scheint.

(2) Es ist nun Zeit, daß wir uns vom Anti-Essentialismus der zweiten allgemeinen Haltung zuwenden, die dazu beigetragen hat, die traditionellen ethischen Theorien zu untergraben und damit eine ästhetisierte Geschmacksethik zu befördern. Ich habe diese Haltung »die Unterbestimmung der Ethik durch die Moral« genannt, und sie besitzt zwei Aspekte, die entsprechend die Reichweite und Herrschaft moralischer Überlegungen im ethischen Denken betreffen. Der erste Aspekt findet seinen allgemeinsten Ausdruck in der zunehmenden Anerkennung in der zeitgenössischen Philosophie, daß die Moral, wie sie traditionell aufgefaßt wird, nicht die volle Bandbreite der ethischen Belange abdeckt. Denn das Ethische involviert eine sehr große Bandbreite von Überlegungen über Wert und Güte in Hinblick darauf, wie man leben sollte. Viele dieser Überlegungen sind ganz klar persönlich und egoistisch, oder zumindest nicht universalisierbar (z. B. spezielle Sorgen um die eigenen oder die familiären Interessen), und viele sind nicht obligatorisch (z. B. Großzügigkeit und ungebetene Taten der Freundlichkeit oder Heldenhaftigkeit). Das traditionelle Moralprojekt konstituiert jedoch, wie Williams und Wollheim behaupten, ein viel engeres spezielles »Subsystem« des Ethischen, das von Verpflichtung und Universalisierbarkeit regiert wird. Indem Wollheim »Moral im engen Sinn [...] [als] das versteht, was Verpflichtung zum Kern [hat]«, kontrastiert er es scharf mit dem Reich des Werts und der Güte im

Sinne von deren abweichender psychologischer Entstehung und dem daraus resultierenden Potential für menschliche Zufriedenheit. »Eine (Moral) leitet sich von der Introjektion [einer drohenden Figur], die andere (Wert) leitet sich von der Projektion [›archaischer Glückseligkeit, befriedigender Liebe‹]. Die eine ist in ihren Ursprüngen zum größten Teil defensiv und zwingend, die andere ist keines von beiden. Die eine versucht, der Furcht vorzubeugen, die andere, die Liebe aufrechtzuerhalten.«[219] Und wenn Wollheims Darstellung der Moral ihre bedrohlichen Anfänge und erbärmlichen Aspekte betont, dann ist Williams sogar noch ausdrücklicher (und vielleicht noch extremer), wenn es darum geht, mit sorgloser Unverblümtheit festzustellen, daß »wir ohne sie besser dran wären« (*ELP* 174).

Williams' Kritik der »Moral, der sonderbaren Einrichtung« oder des »besonderen Systems« (*ELP* 174) konzentriert sich weniger auf deren beunruhigende psychologische Quellen und Auswirkungen als auf ihre logischen Besonderheiten und ihr Ungenügen, wenn es darum geht, unser ethisches Denken zufriedenzustellen. Was dieses Ungenügen so folgenschwer macht, ist, daß die Moral, während sie die Ethik ganz klar unterbestimmt, sich selbst als ein System konstituiert und begreift, das in seinen Bestimmungen global erschöpfend ist. Sie stellt sich selbst als ein konsistentes System von Verpflichtungen (und entsprechenden Rechten) dar, das uns sagen kann, was wir unter allen Umständen tun sollten. Daß wir etwas tun sollen oder müssen, setzt voraus, daß wir es tun *können*, und deshalb werden diese Verpflichtungen hierarchisch geordnet, um ihr Konfligieren in einem letzten oder unlösbaren Sinn zu verhindern, da sie nicht in widersprüchlichen Handlungen angewandt werden dürfen, die, da sie inkompatibel sind, nicht ausgeführt werden können. »Der moralischen Verpflichtung läßt sich nicht entkommen«, und ob man sich dem System anschließen möchte oder nicht, schließt es uns in seine kategorisierende und universalisierende Logik ein und schreibt uns moralische Schuld zu, wenn wir nicht im Sinne seines umfassenden Systems von Verpflichtungen handeln (*ELP* 188-78).

Williams konzentriert sich darauf, zwei der global kategorischen Annahmen der Moral anzugreifen: ihren Anspruch auf erschöpfende Reichweite der Anwendung und ihre höchste, sich über alles hinwegsetzende Macht, wo immer sie angewandt wird. Er zeigt, wie die Moral nicht in der Lage ist, ihren ersten Anspruch gegen offensichtliche Fälle von Freundlichkeit und Großzügigkeit zu verteidigen, die nicht verpflichtend sind oder in offenem Konflikt mit vorrangigen echten Verpflichtungen steht. Und er stellt die Mängel der philosophischen Bemühungen heraus, den Anspruch zu retten durch das nicht überzeugende Aufstellen eines elaborierten hypothetischen Systems der unterschiedlich geordneten Verpflichtungen (besondere Verpflichtungen, generelle Verpflichtungen, Verpflichtungen sich selbst und anderen gegenüber usw.), so daß jede Handlung, der wir positiv oder negativ gegenüberstehen können, als abgeleitet oder abweichend von einer (oder einem geordneten System von) relevanten Verpflichtungen zu verstehen ist.

Eng verbunden mit der Annahme der Moral, daß sie jedwede ethische Handlung und Wahl umfasse, daß jeder werthafte Akt letztlich nur im Sinne irgendeiner Verpflichtung legitimiert werden kann, ist die Voraussetzung, daß in ethischen Fragen moralische Überlegungen, wie wir handeln und leben sollen, stets alle anderen überwiegen und bestimmen sollten. Wenn also die Ausführung eines edlen, nicht erzwungenen Aktes der Freundlichkeit mich davon abhält, einer trivialen Verpflichtung nachzukommen, etwa pünktlich zum Abendessen zu erscheinen, dann muß eine vage generelle Verpflichtung in bezug auf Freundlichkeit postuliert werden, um den offensichtlichen Wert meiner Handlung zu rechtfertigen. Die Vorstellung, daß einige Dinge ohne Rücksicht auf Verpflichtung gut sein können und die Verpflichtung in der ethischen Überlegung sogar überwiegen können, ist dem Moralsystem zutiefst fremd und inakzeptabel. Williams nennt diese moralische Maxime, »daß nur eine Verpflichtung eine Verpflichtung außer Kraft setzen kann« (*ELP* 187), und ihre offenkundige Falschheit konstituiert für ihn den zweiten Teil des postmodernen Falls der Unterbestimmung der Ethik durch die Moral. In ihrer Unterscheidung von der Moral erkennt die Ethik an, daß für das gute Leben mehr nötig ist als die Erfüllung von Verpflichtungen und »kann sogar sehen, daß andere Dinge als sie selbst wichtig sind [...] als Teil dessen, was ein Leben lebenswert macht« (*ELP* 184). Dies bedeutet nicht, daß die Ethik moralische Überlegungen völlig ablehnen muß, nur, daß sie deren Anspruch auf Vollständigkeit und Vorherrschaft zurückweisen muß. Was verneint wird, ist (diesmal in Wollheims Worten) »[d]ie Ansicht, daß Moral letztgültig oder alles bestimmend« sei (*TL* 225).

Die moralische Verpflichtung auf bloß einen bedeutsamen Faktor in der ethischen Überlegung, wie man ein gutes Leben führen sollte, zu degradieren, rückt diese Überlegung in die Nähe des ästhetischen Urteils und der ästhetischen Rechtfertigung, und nicht so sehr zum syllogistischen oder Rechtsdiskurs. Das Richtige zu finden wird eine Frage davon, die passendste und ansprechendste *Gestalt* [im Original deutsch] zu finden, die attraktivste und harmonischste Konstellation verschiedener und verschieden gewichteter Momente einer im Leben gegebenen Situation zu erkennen. Es ist nicht mehr die Deduktion einer Pflicht aus einer allgemeineren Pflicht oder Gruppe von Pflichten; es ist auch nicht das Ergebnis einer logischen Berechnung, die auf einer klaren hierarchischen Ordnung von Pflichten beruht. Ebenso erinnert die ethische Rechtfertigung an die ästhetische Erklärung, indem sie sich in ihrem Versuch, zu überzeugen, nicht an den Syllogismus oder Algorithmus, sondern an das den Sinnen zugängliche, überzeugende Argument (durch schön geschmiedete Erzählungen, tendenziöse Rhetorik und einfallsreiche Beispiele) wendet. Diese Rechtfertigung beruht und zielt darauf, einen grundlegenden Konsens (einen vagen *sensus communis*) auf dem Boden der angemessenen Handlung zu erhalten und zu erweitern, erkennt aber auch an und trägt dazu bei, daß Unterschiede in der Wahrnehmung oder im Geschmack innerhalb dieser (revidierbaren) Grenzen toleriert werden. Wie in unserer ästhetischen Interpretation und Wertschätzung wollen wir auch in unseren ethischen Perspektiven und Entscheidungen von unseren Freunden und Kollegen verstanden werden und wollen auch, daß sie sie vernünftig finden; aber es ist nicht mehr so wesentlich, daß sie sie als universal richtig und für alle gültig akzeptieren. Ethische Urteile können genauso wenig auf demonstrative Weise durch keine Ausnahme zulassende Prinzipien als kategorisch wahr erwiesen werden wie ästhetische Urteile. Denn ethische Entscheidungen, wie auch künstlerische, sollten nicht das Ergebnis der strengen Anwendung von Regeln, sondern vielmehr das Produkt kreativer und kritischer Vorstellungskraft sein. Ethik und Ästhetik werden in diesem bedeutsamen und nachvollziehbaren Sinne eins; und das Projekt eines ethischen Lebens wird zu einer Übung im ästhetischen Leben. Vielleicht ist es das, was Wollheim vorschwebt, wenn er für einen kurzen Moment sehr vage und tastend vorschlägt, daß Ethik »wie Kunst« betrachtet werden sollte (*TL* 198).[220]

Drei

Obwohl diese Ästhetisierung des Ethischen ein wichtiger Schritt in die richtige Richtung ist, ist Rortys ausdrückliche Verteidigung des ästhetischen Lebens weit radikaler und substantieller. Die traditionelle Moraltheorie auf der Grundlage zurückweisend, daß wir keine gemeinsame Natur besitzen, sondern vielmehr die Produkte von Zufall und idiosynkratischer Kontingenzen seien, besteht Rorty darauf, daß wir uns selbst kreieren und daß wir dies durch selbstbereichernde ästhetische Neubeschreibung tun müssen. Es ließe sich sagen, daß ein Selbst geschaffen werden könnte durch die eigene Wahl noch der traditionellsten oder asketischsten aller Moralen, so daß sie keineswegs die Notwendigkeit der Selbsterschaffung oder den Verfolg eines unverkennbar ästhetischen Lebens mit sich bringt. Wie wir jedoch sehen werden, besteht Rorty darauf, das Leben der Selbsterschaffung als ein ästhetisches Leben zu erkennen; selbst dann, wenn das spezifische Leben, das er vorschlägt, der Vielfalt des ästhetischen Lebens, die Philosophen durch alle Zeiten und sogar in unserem Jahrhundert verteidigt haben, keine Gerechtigkeit widerfahren läßt.

Worin also besteht Rortys Vision vom ästhetischen Leben, und wie sieht sie im Vergleich zu anderen Lebensformen aus? Sie weist jede »Suche nach Reinheit« und konzentrierte Einfachheit, die auf stabilem Wissen über sich selbst beruht, von sich und will statt dessen ein »Streben nach Erweiterung des Selbst«, »Selbstbereicherung« und »Selbsterschaffung« (*FM* 55 und 49; *KIS* 80). »Der Wunsch der Selbst-Erweiterung dagegen«, so Rorty, »ist der Wunsch, immer mehr Möglichkeiten in sich aufzunehmen, ständig zu lernen, sich ganz und gar der Neugierde hinzugeben und zum Schluß einen Begriff zu haben von allen früheren und allen künftigen Möglichkeiten« – ein Ziel (*end*), das offensichtlich kein Ende hat (*FM* 55). Diese Suche nach Selbstbereicherung und Selbsterschaffung bringt eine doppelte ästhetische Suche nach neuen Erfahrungen und nach einer neuen Sprache zur Neubeschreibung mit sich und bereichert dadurch diese Erfahrungen ebenso wie denjenigen, der sie macht. Ähnlich macht die »Entwicklung reicherer, gehaltvollerer Formulierungsweisen der eigenen Wünsche und Hoffnungen [...] diese Wünsche und Hoffnungen ihrerseits – und damit auch [einen] selbst – reicher und gehaltvoller« (*FM* 55). Das ästhetische Ziel besteht nicht länger darin, »die Dinge fest und als ganze«, sondern darin, sie selbst und uns durch immer neue »alternative Geschichten und alternative Vokabulare« als »Werkzeuge des Wandels« zu sehen (*FM* 52). Diese »Ausnahmeindividuen«, die den atemlosen Weg beschreiten können und die Verwirrung auf sich zu nehmen vermögen, die das Hervorbringen und Bewohnen dieser vielen Vokabulare, die dem ständigen Wechsel geschuldet sind, werden fähig sein, »das eigene Leben als Kunstwerk zu gestalten«, wo solche Werke der Selbsterschaffung in starker Weise schöpferisch sein müssen, um nicht eine »Kopie oder Replik von etwas, das man schon kennt« oder etwa »[elegante] Variationen« früher geschaffener Werke zu sein (*FM* 55; *KIS* 59-60).

Rorty findet solche Meister des ästhetischen Lebens in den scheinbar unterschiedlichen Figuren des neugierigen intellektuellen »Ironikers« (vielleicht am besten personifiziert in dem skeptischen, auf vielen Gebieten versierten Literaturkritiker) und des »starken Dichters«. Dennoch möchte er die beiden einander angleichen, weil sie in ihrer ethisch-ästhetischen Suche wesentlich dasselbe seien, weil beide Typen in abenteuerlicher Absicht auf Selbstbereicherung und Selbsterschaffung durch den Gebrauch neuer Sprachformen aus sind, um ihr Selbst neu zu beschreiben.

Die Ziele von Selbsterschaffung und Bereicherung durch endlos neugierige Selbst-Neubeschreibung sind jedoch bei weitem nicht identisch. Wir können nicht nur das eine ohne das andere erreichen, sondern die zwei Ziele können auch in einer tiefen Spannung zueinander stehen. Die grenzenlose Suche nach Veränderung kann die Konzentration gefährden, die nötig ist, um sich selbst auf eine starke und befriedigende Weise zu erschaffen. Der neugierige Ironiker und der selbsterschaffende starke Dichter können in der Tat zwei ganz unterschiedliche Formen des ästhetischen Lebens repräsentieren, die Rorty leider gemeinsam unter dem Titel des ästhetischen Lebens, für das er eintritt, zusammenfaßt. Abgesehen davon, daß sie nicht gleichgesetzt werden sollten, bietet auch jedes Genre, in Rortys Formulierung, für sich genommen, Schwierigkeiten.

Das ästhetische Leben des »neugierigen Intellektuellen« oder »Ironikers« ist das »Leben der nie endenden Neugierde, das seine Grenzen zu erweitern strebt, anstatt sein Zentrum zu finden«. Sein »Wunsch, immer mehr Möglichkeiten in sich aufzunehmen«, indem es immer mehr Vokabulare zur Selbst-Neubeschreibung umfaßt, ist mit der Aufforderung verbunden, »zunehmend ironisch, spielerisch und erfindungsreich« zu sein, je nachdem, welches Vokabular man gerade auswählt oder als das ansieht, das die eigene Selbstbeschreibung und ethische Identität bestimmt (*FM* 55). Rorty nennt dieses determinierende Vokabular das »abschließende [*final*] Vokabular«; und er definiert die Ironikerin als jemanden, die »radikale und unaufhörliche Zweifel an dem abschließenden Vokabular, das sie gerade benutzt, [hegt]« und damit ständig durch umfassende Lektüre auf der Suche nach neuen und besseren Vokabularen ist. »Ironikerinnen und Ironiker fürchten, in dem Vokabular steckenzubleiben, in dem sie aufgewachsen sind« – oder eigentlich in jedem einzelnen Vokabular. Ist die Idee eines essentiellen Selbst, eines »abschließenden Vokabulars« oder einer großen Erzählung, auf der sie beide beruhen könnten, erst einmal aufgegeben, dann sind sie auf »Abwechslung und Neuheit« der Selbstbeschreibung angewiesen, die kontinuierlich ihre »eigene moralische Identität durch Revision [ihres] eigenen abschließenden Vokabulars« erweitert. Die stets neugierige, selbstbereichernde Ironikerin »erinnert sich ihrer Wurzellosigkeit«, wenn sie ohne Unterlaß versucht, so viele Tricks wie nur irgend möglich, in so vielen neuen Sprachspielen, wie sie nur irgend zu spielen lernen kann, aufzunehmen (*KIS* 127, 130, 133, 138).

Im Gegensatz dazu muß der starke Dichter die Grenzen kennen und respektieren, um sich selbst zu einem eigenen Individuum auszubilden. Sie kann sich selbst nicht vollständig der Neugierde anheimgeben, um so viele Narrative und Vokabulare wie möglich aufzunehmen, im Idealfall einschließlich »alle[r] früheren und alle[r] künftigen Möglichkeiten«. Um dies zu tun, riskiert sie, den Brennpunkt zu verlieren, der nötig ist, um einen Sinn dessen zu festigen und sicher einzuschreiben, was besonders und unverwechselbar für ihr eigenes Leben und ihre Sprache ist; und dies ist genau der Kern von Rortys poetischem Leben oder der Selbsterschaffung. Die Angst des starken Dichters ist, daß, selbst wenn ihre Worte überleben, »niemand etwas Unverwechselbares darin finde[n]« wird. »Dann wird man der Sprache keine eigene Prägung geben, sondern ein Leben lang nur vorgeprägte Stücke herumgeschoben haben. Man wird also überhaupt kein eigenes Ich gehabt haben.« (*KIS* 53) Diese Furcht enthält jedoch eine starke Kritik an dem ästhetischen Leben der Selbstbereicherung, wie die Ironikerin es lebt.

Dieses Leben ist in seinem Genre wesentlich romantisch pikaresk, eine rastlose, unstillbare, faustische Suche nach bereichernder Anregung durch Neugierde und Neuheit – eine Suche, die ebenso weitreichend wie unstrukturiert ist, weil ihr die Mitte fehlt, die sie so feiert. Das Fehlen jeder strukturierenden Mitte jedoch (die weder universal menschlich noch statisch bleibend oder gegeben, und nicht gemacht zu sein braucht) verhindert, daß diese Suche die Art von *Bildungsroman* (im Original deutsch) ist, die sie sein zu wollen scheint. Denn die maximierte Erzeugung alternativer und oft nicht konsistenter Vokabulare und Erzählungen des Selbst, die darauf abzielt, jede stabile Form des Selbst zu destabilisieren in eine sich verändernde, wachsende Vielheit der Selbste oder Selbstbeschreibungen, läßt die ganze Aussicht auf ein in sich ruhendes dauerndes Selbst insgesamt leer und suspekt erscheinen. Ohne dieses Selbst jedoch, das durch den Wechsel oder wechselnde Beschreibungen hindurch zur Identität fähig ist, kann es kein Selbst geben, das zur Selbstbereicherung oder Erweiterung in der Lage wäre – und dies würde das Rortysche ästhetische Leben der Selbstbereicherung zunichte machen, indem es bedeutungslos wird. In ähnlicher Weise bedeutet die Idee eines festen unverwechselbaren Selbst aufzugeben – einem, das nicht ständig ersetzt wird durch endlose Neubeschreibung in neuen Vokabularen, die von anderen übernommen werden –, daß die Aussicht auf Selbsterschaffung mindestens problematisch wird. Diese Notwendigkeit der Selbst-Zentrierung, der das Selbst unterscheidenden Begrenzung – ganz das Gegenteil der Suche nach allen Möglichkeiten – findet einen kraftvollen Ausdruck in den Zeilen Philipp Larkins, die Rorty benutzt, um das ästhetische Ideal der Selbsterschaffung einzuführen:

> And once you have walked the length of your mind, what
> You command is as clear as a lading-list.
> Anything else must not, for you, be thought
> To exist.
> And what's the profit? Only that, in time
> We half-identify the blind impress
> All our behavings bear, may trace it home.
>
> (Und hast du einmal deinen Geist durchmessen, dann überblickst
>   du wie eine Inventarliste, worüber du verfügst.
> Alles andere darf für dich nicht existieren.
> Und was ist damit gewonnen? Nur dies, daß wir, wenn es Zeit ist,
> halb uns wiederfinden in der zufallsblinden Prägung
> die sich in allem zeigt, was wir tun.)

Das Argument für selbstbeschränkende Selbstdefinition ist nicht ein Appell an ein essentielles Selbst, das auf dem tiefsten Grund eines jeden von uns existiert, sondern vielmehr eine Forderung nach Einheit und Kohärenz. Denn hat man richtigerweise erst einmal den Essentialismus hinter sich gelassen, dann können wir das Selbst nur noch im Sinne von Erzählungen darüber konstituieren, wie Rorty selbst sagt. Es folgt daraus, daß die Einheit und Kohärenz des Selbst von der Einheit und Kohärenz seiner Erzählungen abhängt. Damit kann Rorty, auch wenn er dessen nostalgische Verehrung der aristotelischen Narrative ablehnt, MacIntyres Bestehen auf »eine[m] Begriff des Selbst, dessen Einheit in der Einheit einer Erzählung ruht«[221] nicht mehr zurückweisen. Denn ohne irgendeine Form von Einheit und Kohärenz der Erzählung gibt es kein erkennbares Selbst für den ästhetischen Ironiker, das er bereichern, erweitern oder vervollkommnen könnte. Wenn wir das Ziel einer einheitlichen, kohärenten Selbsterzählung zugunsten von Rortys Chor der inkonsistenten »Quasi-Ichs«, die von alternativen, ständig sich ändernden und oft inkommensurablen Narrativen und Vokabularen konstituiert werden, aufgeben, ohne noch ein komplexes Narrativ zu besitzen, das in der Lage wäre, sie alle zusammenhängen zu lassen (*FM* 43, 47), dann wird das Projekt der Selbstbereicherung ebenso gemeinsam mit dem Mythos von dem einzelnen Selbst, das diese Reichtümer zusammenklaubt, mythisch und inkohärent.

Die Einheit des Selbst, die nötig ist, damit sich sinnvoll von Selbstbereicherung oder Vervollkommnung sprechen läßt, ist jedoch oft pragmatisch und schmerzvoll erzwungen oder konstruiert und nicht grundsätzlich gegeben. Gewiß bringt sie in der Entwicklung Veränderung und Vielfalt, wie alle narrative Einheit dies tun muß, und sie kann in ihrer Einheit Konflikte aufweisen, genau wie interessante Erzählungen es tun. Ein einiges Selbst ist nicht selbst einheitlich; es kann aber auch nicht eine ungeordnete Sammlung von inkompatiblen »Quasiselbsten« sein, die in derselben Körpermaschine hausen.

Rorty scheint die Notwendigkeit einer Einheit des Selbst anzuerkennen, wenn er versichert, daß die einzige post-Freudianische Version menschlicher Würde »ein kohärentes Selbstbild« sei, und wenn er versucht, MacIntyres einheitsstiftende Tugend der »Integrität oder Beständigkeit« als Teil des »Strebens nach Vollkommenheit« (*FM* 66) seinem ästhetischen Leben einzuverleiben. Implizit jedoch verneint er die Kohärenz, wenn er ein Selbst verteidigt, das zusammengesetzt ist aus einer Pluralität von Personen, die aus inkompatiblen Systemen des Glaubens und Wünschens zusammengesetzt sind; und die einzige Beständigkeit, die er tatsächlich für den ironischen Ästheten beschreibt, ist die Dauer des Wechsels, der neuen alternativen Selbstbeschreibungen und Erzählungen, die Dauer des nicht Dauernden, die die Kohärenz des Selbst im Wesentlichen zunichte macht.

Da Rorty so viel von Freud gelernt hat, könnte er herausgefunden haben, weshalb Freud durchaus nicht bereit war, ein einheitliches, integriertes Selbst aufzugeben. Weshalb zum Beispiel hat er es vorgezogen, ein beherrschtes Unbewußtes zu postulieren statt einfach vielfältige Bewußtseine oder Persönlichkeiten, die im selben Körper wohnen? Warum hat er die Bestandteile unserer Psyche nicht à la Rorty als idealerweise »egalitär«, als »rationale« Quasi-Personen in freier Auseinandersetzung begriffen (*FM* 47), nicht durch Unterdrückung und Zensur geordnet, die natürlich irgendeiner organisatorischen Hierarchie bedürfen, dargestellt? Ein Grund dafür mag sein, daß Freud erkannt hatte, was für eine unbezahlbar wichtige, gleichwohl zerbrechliche Errungenschaft die Einheit des Selbst ist, wie schwierig und schmerzvoll der Aufbau dieses einheitlichen Selbst, dieser Selbsterzählung, und wie unerläßlich sie dafür ist, um in plausibler Weise ein gutes oder befriedigendes Leben in der menschlichen Gesellschaft führen zu können. In Rortys Ideal des ästhetischen Lebens des Ironikers wird dies sicherlich vorausgesetzt – egal, wie sehr seine postmoderne Theorie der multiplen Selbste auf deren Ablehnung besteht. Was seine Darstellung dieses Lebens in Wirklichkeit nicht nur so kohärent, sondern sogar attraktiv für uns erscheinen läßt, ist die Tatsache, daß es in Wahrheit um eine Art von Selbstvokabular und Narrativ herum aufgebaut ist: das der neugierigen Intellektuellen und ihrem Streben.

Der andere Strang in Rortys ästhetischem Leben, der der Selbsterschaffung, die der starke Dichter verkörpert, wird von der theoretisch selbst-widerlegenden Leugnung der Selbst-Kohärenz nicht berührt. Wir haben bereits gesehen, daß dieses Leben der konzentrierenden Begrenzung bedarf. Es impliziert auch eine Art zentraler Erzählung oder vereinheitlichenden Musters – so kontingent, idiosynkratisch, in Entwicklung begriffen und aktiv geformt es auch sein mag –, das die verrückten Träumereien der Erfahrung in »[d]as Drama eines individuellen human life [...] im ganzen« organisiert, so daß es nicht ein unendlich expandierendes

Durcheinander inkompatibler Narrative in inkommensurablen Wortschätzen ergibt (*KIS* 62). Damit also – in Larkins Worten – »alles, was wir tun« verstanden und im Sinne dieses Musters, das so »überschaubar wie eine Inventarliste« sein kann, strukturiert werden kann, mag es auch auf »der zufallsblinden Prägung« bestimmter kontingenter Faktoren in unserem Leben beruhen, in denen wir nur »halb uns wiederfinden« können. Während außerdem die zufallsblinde Prägung unwiderruflich gegeben ist, ist dies für das Muster *nicht* der Fall; und Rorty besteht zu Recht auf der Selbsterschaffung als dem glücklichen Weben des Musters, der künstlerischen Konstruktion eines Narrativs, das unser Leben und unser Selbst befriedigender gestalten wird.

Dennoch gibt Rorty uns ein zu eng gefaßtes Bild dessen, was das ästhetisch befriedigende Leben und die Selbsterschaffung konstituiert. Denn selbst wenn das Ideal des sich endlos ändernden Ironikers durch das Ideal des starken Dichters ergänzt wird, der eine feste und unverwechselbar originale Identität schafft, bleiben die Möglichkeiten des ästhetischen Lebens zu beschränkt. Die Kritik an diesen Grenzen ließe sich vielleicht noch verstärken, wenn wir zwei andere Versionen des ästhetischen Lebens betrachten, die einen kulturellen Ausdruck und philosophische Verteidigung gefunden haben.

Vier

Die vielleicht vertrauteste Lebensform ist die, die sich dem Genuß der Schönheit hingibt: schöne Dinge aus Natur und Kunst ebenso wie jene hybriden Produkte aus Natur und Kunst, bei denen wir davor zurückschrecken, sie als deren Gegenstände zu betrachten – schöne Menschen. Dieses ästhetische Leben hatte in der ersten Hälfte unseres Jahrhunderts durch die modische Bloomsbury-Clique großen Einfluß, die sich dazu bekennt, es aus G. E. Moores Darstellung des Idealen im menschlichen Leben aufgesogen zu haben. Für Moore (der genau wie Rorty jede Ethik ablehnt, die auf einem essentiellen »wahren Selbst« aufbaut) besteht das Ideale aus »gewiss[en] Bewußtseinszuständ[en], die sich summarisch beschreiben lassen als die Freuden menschlichen Umgangs und das Genießen schöner Gegenstände«. Dies ist so, weil »persönliche Zuneigungen und ästhetische Genüsse *alle* größten, und *bei weitem* die größten Güter, die wir uns vorstellen können«, im Leben darstellen.[222] Diese beiden Komponenten des ästhetischen Lebens setzen sich aus äußerst komplexen und wertvollen organischen Einheiten zusammen (die wiederum aus zahllosen und wechselnden Variablen bestehen), die nicht auf algorithmische Vorschriften reduziert werden können. Dennoch bestätigt Moore, daß die höchsten Freuden der persönlichen Zuneigung erfordern, »daß der Gegenstand nicht nur wahrhaft schön sein muß, sondern auch in hohem Maße wahrhaft gut«, und daß eine angemessene Wertschätzung der menschlichen Schönheit die Wertschätzung seiner »rein materiellen« Form und des »körperlichen Ausdrucks« ihrer geistigen Eigenschaften einschließen müsse (*PE* 278-79).

Wenn uns dieses ästhetische Leben Moore-Bloomsburyscher Provenienz als kennzeichnend und sogar exklusiv zeitgenössisch erscheint, weil es unsere hedonistische Schwäche für schöne Dinge und schöne Menschen zeigt, dann sollten wir uns ins Gedächtnis rufen, daß es (wie das Streben von Rortys Ironiker) ein vertrautes romantisches Genre darstellt: um genau zu sein, das spätromantische Ideal des Ästhetizismus. Nicht bereit, die universelle Herrschaft des mechanisierten Weltbildes zu akzeptieren, unfähig, die traditionellen religiösen und moralischen Ansprüche auf Spiritualität hinzunehmen und nicht willens, sich von philisterhaften Politikern und von der schmutzigen Mühe der sozialen Reform besudeln zu lassen, suchten die Ästheten individuelle Errettung durch die befriedigende juwelengleiche Flamme der Kunst und Empfindung statt durch Gott oder Staat. Ihr Ideal des ästhetischen Lebens weicht nicht nur darin von Rortys Vorstellung ab, daß es sich weniger mit dem unablässigen Streben der intellektuellen Neugierde und deren anstrengendem Kampf der originalen Selbsterschaffung abgibt, sondern mehr die Schönheit, die angenehme Empfindung und den müßiggängerischen Luxus der Befriedigung schätzt. Es ist im wesentlichen die Ethik von Pater und Wilde – eine exquisite Blüte der ästhetischen Dekadenz, die unleugbar und bezaubernd süß bleibt und die einzige Blüte sein mag, die auf unserem postmodernen Brachland der sozialen Hoffnung überhaupt wachsen kann.

Da jedoch die Versionen des ästhetischen Lebens leicht dazu neigen, sich zu überschneiden und zu verbinden, finden wir in Wildes Nietzschescher Maxime, daß »Leben selbst eine Kunst« sei, den klaren Vorschlag einer anderen Form des ästhetischen Lebens, das im Gegensatz dazu das klassische genannt werden kann.[223] Die Vorstellung bezieht sich hier nicht so sehr auf ein Leben des ästhetischen Konsums, sondern auf ein Leben, das aufgrund seiner Struktur und seiner Gestaltung als organische Einheit selbst ein der ästhetischen Wertschätzung würdiges Produkt ist. Wie viele alte Vorstellungen wird auch sie im postmodernen Denken kultiviert und wiederverwertet. Foucault zum Beispiel kehrt durch eine Analyse der antiken griechischen Kultur zu ihnen zurück, deren Ethik eine »Ästhetik der Existenz« war: der Ausdruck des »Willens, ein schönes Leben zu führen und anderen die Erinnerung an eine schöne Existenz zu hinterlassen«.[224]

Wie sowohl Williams als auch Wollheim bei der Behandlung der ethischen Reflexion bemerken, hatten die Griechen eine starke Neigung, das gute Leben in ganzheitlicher Sichtweise, als einheitliches Ganzes wahrzunehmen und einzuschätzen. Die Vorstellung, daß das Leben eines Individuums im Sinne dieser organischen (und nicht bloß angehäuften) Einheit gesehen, organisiert und bewertet werden muß, gab Solons Diktum, man solle vor seinem Tode keinen Menschen glücklich nennen, seine besondere (Schlag-)Kraft. Denn ein schrecklich unangemessenes Ende könnte die befriedigende Einheit des bis dahin geführten Lebens für immer zunichte machen. Eines der Grundprojekte der griechischen Ethik war der Versuch, ein befriedigend gut strukturiertes Leben zu finden, das maximale Freiheit von der Bedrohung des die Einheit in Frage stellenden Unglücks bietet; und eine allgemeine Strategie, diese Einheit zu erreichen, eine Mitte, Konturen für das Leben einzurichten, durch eine Art überwölbendes Ziel oder durch ein Set von ineinandergreifenden Zielen, eine begrenzende Konzentration auf einen eingeengten Bereich von Gütern (auf solche natürlich, die nicht so leicht dem Unglück zum Opfer fallen können).

Diese Art des reduzierten, auf eine Mitte gerichteten, Grenzen respektierenden Lebens der Einheit wird von Rorty als »das asketische Leben« (*FM* 55) bezeichnet – in unvorteilhaftem Gegensatz zu dem »ästhetischen Leben«, das er verteidigt. Diese Charakterisierung ist jedoch irreführend und unfair. Es ist einfach falsch, anzunehmen, daß ein Leben, das Wert auf starke Einheit legt und die Grenzen annimmt, die dafür nötig sind, nicht ein ästhetisches Leben sein kann: daß es nicht genossen werden könne, nicht als ästhetisch befriedigend und nicht einmal wegen seines ästhetischen Reizes empfohlen werden könne. Man könnte sehr wohl das Leben eines erdverwurzelten, familienverbundenen Bauern dem eines jetsettenden, die Partner wechselnden Akademikers vorziehen – einfach aus der ästhetischen Freude an dessen Ordnung, Kohärenz und Harmonie heraus, die sich aus einer zentral geordneten Struktur und einem begrenzten Entwicklungsprojekt ergeben, deren Einheit verbessert und zum Großteil konstituiert wird von zyklischen und entwicklungsabhängigen Variationen dieses zentralen Themas oder Narrativs. Wie Foucault in seiner Untersuchung der griechischen Ethik feststellt, kann man immer noch größere Einfachheit und Reinheit im Leben verfolgen, um sich selbst durch unverwechselbar einheitliche Konzentration auf ein eng gefaßtes Projekt als ein außergewöhnliches Individuum zu stilisieren. Selbst die wahre Askese ist als ästhetisch wirkungsvoll zu empfehlen – nicht einfach wegen eines Stils der minimalistischen Unterscheidung, wo weniger mehr wird, weil es nicht den Geschmack der Massen trifft, sondern auch wegen der positiven Freude an der selbstbeschränkenden Selbstbeherrschung.[225]

Während die klassische Sichtweise auf das ästhetische Leben die Askese zwar sehr wohl unterbringen kann, ist sie doch nicht auf asketische Enge eingeschränkt. Statt dessen verkörpert sie die klassische Definition von Schönheit als Einheit in der Vielfalt und ist damit alles andere als das Gegenteil von Reichtum und Vielfalt. Woran sie festhält, ist lediglich, daß die Vielfalt nicht über das

Maß hinaus, das noch kohärent in einer befriedigenden Einheit der Person zusammengehalten werden kann, maximiert werden darf. Das Asketische zielt auf einen äußerst engen Fokus der Einheit in der Vielfalt, die durch die Wechselfälle des Lebens unvermeidlich gegeben ist. Das klassische Ideal des ästhetischen Lebens kann jedoch einer reichen Vielfalt an Erfahrungen beipflichten, wenn unser ästhetischer Geschmack, unsere psychologischen Bedürfnisse und materiellen wie sozialen Bedingungen das Schmieden komplexerer und weniger fester Einheiten gestattet. Eine solche Einheit wäre weder grundsätzlich gegeben noch statisch. Sie könnte sogar die Art von genealogischer, selbstkonstituierter und selbst entworfener Einheit in der Vielfalt sein, die uns Nietzsche (der sich gewiß im klassischen Sinne zutiefst auf die Romantik eingelassen hat) als das ideale Leben oder den idealen Charakter anzubieten scheint.[226] Diese Einheit kann sogar ein Selbst der unterschiedlichen Narrative beherbergen, solange diese so verstanden werden können, daß sie irgendwie aus der richtigen narrativen Perspektive als eine höhere Einheit zusammenhängen, eine Perspektive, die dieses Selbst noch zwingender reich und mächtig als einen ästhetischen Charakter macht.

Ebenso, wie man nicht ein entwurzelter Ironiker sein muß, um ein ästhetisches Leben zu führen, so ist es auch nicht nötig, den Weg des starken Dichters zu wählen, um sich ästhetisch zu erschaffen. Auch an dieser Stelle verwechselt Rorty das Ästhetische mit dem radikal Neuen – genauso, wie er künstlerische Schöpfung mit unverwechselbarer Originalität und Autonomie mit Unterscheidung zusammenbringt. Die ästhetische Selbsterschaffung muß für Rortys starken Dichter überraschend neu und unverwechselbar sein. Sein oder ihr Ziel ist es, »etwas zu machen, was sich vorher niemand hatte träumen lassen«, ihre Idiosynkrasie betonend und sich selbst »in einer neuen Sprache« zu beschreiben, »in nie zuvor gebrauchten Worten«, um »ein Selbstsein [...], das nicht einmal der Möglichkeit nach ihren Vorgängern bekannt war«, zu erschaffen. Wir versagen in diesem ästhetischen Streben, wenn unsere Schöpfungen und wir selbst einfach nur »mehr oder weniger gelungene Ausprägungen wohlbekannter Typen« sind, sogar »Variationen früher geschriebener Gedichte, die, wenn es hochkommt, elegant geschrieben sind« (*KIS* 37, 53, 60-61). Doch selbst, wenn das ethische Ziel der narrativen Selbstschöpfung an der Schöpfung eines ästhetischen Kunstwerks orientiert ist, folgt daraus noch nicht, daß diese Schöpfung radikal neu und insgesamt einzigartig sein muß. Denn weder erfordern Kunstwerke diese radikale und idiosynkratische Originalität, um ästhetisch befriedigend sein zu können, wie wir sehr deutlich in der klassischen griechischen und in der mittelalterlichen Kunst sehen. Zu denken, daß wahre künstlerische Schöpfung bereits etablierte Typen und Variationen bekannter Formen ausschließt, bedeutet, Kunst mit der künstlerischen Ideologie des romantischen Individualismus und der modernen Avantgarde zu verwechseln – eine historisch engstirnige Verwechslung, der Rorty da zum Opfer fällt. Man kann sich selbst ästhetisch stilisieren, das eigene Leben wie ein Kunstwerk schaffen, indem man vertraute Rollen und Lebensstile an- und übernimmt und diese generischen Formen den eigenen individuellen kontingenten Umständen anpaßt.

Dies war – wie Foucault erkannt hat – die griechische Art der ästhetischen Lebenskonstruktion, eine stilisierte Konstruktion des ethischen Subjekts nicht im Sinne kategorialer moralischer Vorschriften, sondern durch eine Bedeutung der Lebenskunst, die auf bestimmten generischen Formeln und Idealen beruht, die bereits als angemessen sozial eingebürgert sind. Es war nicht nötig, eine völlig neue Formel zu erfinden; es war nichts Unkünstlerisches an den eleganten Variationen des Vertrauten. Natürlich finden wir heute eine viel breitere Palette an empfohlenen Lebensstilen und viel weniger Konsens, was das Angemessene betrifft. Aber dies stattet uns nur mit mehr Material und Modellen für die künstlerische Selbst-Modellierung (*Selffashioning*) aus; und obwohl wir noch immer unter der modernen Gewohnheit, die Kunst zu eng mit radikaler Originalität und individualistischer Einzigartigkeit zu identifizieren, leiden, stellt doch die Postmoderne diese Ästhetik mehr und mehr in Frage.

Wie Rortys Begriff des starken Dichters künstlerische Schöpfung mit innovativer Einzigartigkeit zusammenbringt, so verwechselt sie auch ganz ähnlich Autonomie und originäre Selbstdefinition, Freiheit und Einzigartigkeit. Der einzige Weg, wie wir uns als freie Individuen definieren können, ist, so glaubt Rorty, den ererbten Selbstbeschreibungen durch Neubeschreibung zu entfliehen und damit das Selbst auf neue Weisen und in einer neuen Sprache neu zu konstituieren, die »die Vergangenheit nie kannte«. Warum jedoch kann unsere Autonomie nicht in der Freiheit, uns in einem bereits existierenden Lebensstil oder einer bereits existierenden Sprache zu definieren, ihren Ausdruck finden? Es gibt keinen Grund, weshalb die Freiheit, man selbst zu sein, unvereinbar damit sein sollte, wie die anderen zu sein, es sei denn, wir bringen Autonomie mit radikalem Individualismus zusammen. Tatsächlich kann der Rortysche Drang, sich selbst auf neuartige Weise zu schöpfen, selbst als eine Art Nicht-Autonomie gesehen werden: als eine Fesselung an das Neue und Individualistische. Dessen motivierende Furcht, nur eine Replik zu sein, läßt einen sehr schwachen Sinn für das Selbst vermuten, eines, das es verzweifelt nötig hat, sich durch einzigartige Individualität und Konzentration auf persönliche Unterscheidung zu bestätigen. Seine Vision vom Selbst und von der Selbstvervollkommnung als »Herausragen« in der eigenen privaten Dimension, statt zum Ausdruck zu kommen und bereichert zu werden durch alles umhüllende Gemeinden der sozialen Solidarität, scheint ein sehr einseitiges und phallozentrisches Konzept des Selbst zu sein.[227]

Es handelt sich dabei außerdem um eine Form der Autonomie und des ästhetischen Lebens, die auf eine kleine Elite beschränkt ist. Sie »ist etwas, was bestimmte besondere Menschen durch Selbsterschaffung zu erreichen hoffen und einige von ihnen tatsächlich erreichen« (*KIS* 117). Ist diese elitistische Unterscheidung einmal klar, dann ist es schwierig, das Projekt der radikal innovativen Selbsterschaffung als das allgemeine Modell für ästhetisches Leben überhaupt zu empfehlen, als Richtung, die alle auf ihrer Suche nach privater Vervollkommnung und Glück einschlagen sollten. Doch statt der vielversprechenden pluralistischen Option, eine Vielfalt der Formen ästhetischen Lebens anzuerkennen, von denen einige nicht der ursprünglichen Unterscheidung bedürfen,[228] versucht Rorty, die Suche des starken Dichters zu universalisieren und zu demokratisieren, indem er jeden Menschen in seinem Unbewußten zu einem innovativen und ehrgeizig individualistischen starken Dichter macht. Auf Freud aufbauend bringt er vor, daß noch die prosaischste Person ein vorstellungsreiches Phantasieleben besitze, das einen Ausdruck sucht: wir sollten »das bewußte Bedürfnis des starken Dichters, das darin besteht, zu *zeigen*, bekanntzugeben, daß er keine Kopie und keine Replik ist, als eine des jeden von uns eigenen Bedürfnisses sehen« (*KIS* 35-36 und 43). Die Tatsache jedoch, daß das idiosynkratische Unbewußte eines jeden nach Ausdruck sucht, bedeutet nicht, daß das, was es sucht, auch der Ausdruck eben dieser Idiosynkrasie, die Selbstdarstellung als etwas unverkennbar Originales und Innovatives ist.

Fünf

Rortys Betonung der persönlichen Unterscheidung spiegelt seine Sichtweise des ästhetischen Lebens als einer deutlich privaten Ethik wider, die wesentlich unabhängig von der öffentlichen Ethik des sozialen Lebens ist; und tatsächlich behauptet er, daß keine Philosophie oder Theorie das »private« Ziel der Selbsterschaffung mit dem öffentlichen Ziel der sozialen Solidarität synthetisieren kann (*KIS* 14). Diese Behauptung ließe sich als das irregeleitete Ergebnis unserer tief verwurzelten liberalen Ideologie und romantischen Ästhetik anzweifeln. Nur: wenn die erstere das Selbst als wesentlich privat definiert und die zweite die ästhetische Schöpfung als notwendigerweise radikal individualistisch ansieht, scheinen Selbstbildung und Gesellschaft notwendig unvereinbar zu sein. Wir sollten jedoch aufpassen, daß wir nicht eine gegebene sozio-kulturelle Trennungsstruktur als notwendige philosophische Unterscheidung auffassen. Solange in unserer Gesellschaft diese liberalen und romantischen Verpflichtungen gelten, mag Rorty damit recht haben, daß es unmöglich ist, zu einer befriedigenden Synthesis zu kommen. Ein ästhetisches Leben zu konstruieren, das das Private und das Öffentliche in sich vereinigt, würde es nötig machen, nicht nur unsere Ethik und Politik, sondern das Wesen des künstlerischen Schaffens und dessen Forderung nach radikaler Originalität neu zu überdenken. Wie eine solche Synthese aussähe, kann man sich im Moment nur schwer vorstellen – unseren Kunstbegriff jedoch von der Fessel des Individualismus der Avantgarde zu befreien, wäre gewiß eine geeignete Vorbereitung, um es herauszubekommen.

Doch sollte es in unserer liberalen Gesellschaft tatsächlich unmöglich sein, daß die Ziele der Selbstperfektion und der sozialen Solidarität angemessen in einer ethischen Vision verschmolzen werden, so verdient Rortys Vision des ästhetischen Lebens doch immerhin Kritik für ihre extreme Privatheit. Sie beruht »auf einer klaren Unterscheidung zwischen dem Privaten und dem Öffentlichen« (*KIS* 142), die den bildenden Einfluß des Öffentlichen auf das Private unmöglich macht. Denn ist die vertraute Dialektik von Selbst und Anderem erst einmal gegeben, dann ist das private Selbst, das Rorty schaffen und vervollkommnen will, immer zu einem großen Teil das Produkt eines öffentlichen Feldes; es ist immer schon sozial: spätestens dann, wenn es eine Sprache für seine privaten Gedanken besitzt. Offensichtlich spiegeln nicht nur Rortys besondere Privatmoral, sondern seine Privatisierung der Moral die spezielle Öffentlichkeit und weitere Gesellschaft wider, die sein Denken formen: das intellektuelle Feld und die Konsumwelt des spätkapitalistischen Liberalismus.

Betrachten wir zuerst die wesentlich öffentliche Dimension der vermeintlich privaten Suche des starken Dichters. Erstens muß ihre neue Sprache, wie Rorty zugibt, aus der geteilten Sprache der Vergangenheit ausleihen, um ihre Neuheit zu entwickeln und herauszustreichen, ebenso wie sie von der geteilten Sprache der Zukunft abhängt, um überhaupt verständlich zu bleiben. Zudem hängt der Erfolg ihrer vermeintlich privaten Suche wesentlich von öffentlicher Anerkennung ab; denn genau das, so Rorty, macht den Unterschied zwischen originärer »genialer Persönlichkeit« und bloßer verwirrter »Exzentrizität« aus (*KIS* 62 und 74). Vor allem aber ist schon ihr Ideal der privaten Selbstschöpfung, ihr Wunsch nach individueller Unterscheidung und Originalität, selbst das Produkt von Zwängen eines gegebenen öffentlichen Feldes. Es ist dies das Feld des künstlerischen und intellektuellen

Wettbewerbs, dessen soziale Logik zunehmender Individuation zur Sicherung von Legitimation, Unterscheidung und Marktfähigkeit sehr genau von Pierre Bourdieu untersucht worden ist.[229] Niemand ist ein echter Denker oder Künstler, dem es nicht gelungen ist, eine eigene, unverwechselbare Art von Kunst oder Denken hervorzubringen; es gibt also Zwänge, die eigene Position durch Angabe, Bestätigung und Betonung der eigenen Unterschiede innerhalb des geteilten Felds der Bemühung herauszustreichen. Die Tatsache, daß diese sozialen Zwänge von den individuell Handelnden internalisiert worden sind, macht sie noch lange nicht zu wesentlich privaten Zwängen, und das sogenannte private ethische Projekt, das sie strukturieren, ist alles andere als frei von öffentlichen Einflüssen und Folgen.

Die privatisierte Suche des ironischen Ästheten ist kaum weniger von öffentlichen Zwängen und Ethos bestimmt. Es bedarf noch nicht einmal eines besonders durchdringenden oder subversiven Blicks, um in seiner Verherrlichung und Suche des Neuen, in seinem »ästhetischen Streben nach neuartiger Erfahrung und Sprache« genau die alte Anbetung des Neuen, den schnellen und rastlosen Schritt des Warenkonsums unserer spätkapitalistischen Konsumgesellschaft zu erkennen. Wie Kritiker der Warenästhetik gezeigt haben, ist die Nachfrage nach ständiger ästhetischer Innovation, nach der in den hehren Namen von Kreativität und Fortschritt verlangt wird, ein geschicktes systematisches Programm, um den Tauschwert zu erhöhen, indem der Gebrauchswert verdeckt oder verzerrt wird: das läßt einen bereits erstandenen und durchaus noch brauchbaren Gegenstand veraltet scheinen, austauschenswert – und damit werden neue Anschaffungen stimuliert.[230] Diese programmatische, profitgesteuerte Innovation durchdringt unsere gesamte Konsumgesellschaft und damit unvermeidlich auch deren Ethik. Die Suche des Ironikers nach immer neuen Vokabularen ist nichts als die philosophische Entsprechung der Suche des Konsumenten nach immer neuen Konsummöglichkeiten. Beide scheinen narkotische Träume vom Glück zu sein, die sich vom schönsten kapitalistischen Traum (einem erbarmungslos wirklichen Traum) herleiten: dem Traum von höherem Umsatz und größeren Profiten.

Darüber hinaus spiegelt die Privatisierung der Moral in eine reine Privatangelegenheit deutlich die öffentliche Moral wider, deren Privilegierung des autonomen privaten Individuums (als Eigentümer und Konsumenten) so zentral für den gemeinsamen Aufstieg von Kapitalismus und Liberalismus ist. Genau diese Autonomie des Selbst ist es jedoch – offen paradox oder vielleicht als eigene immanente Kritik –, die durch die Fragmentierung der spätkapitalistischen Gesellschaft schwer getroffen und unterminiert wird. Auf Wettbewerb ausgerichteter Individualismus und die ihn begleitenden gesellschaftlichen Deformationen haben die stabilen und ineinandergreifenden sozialen Rollen aufgelöst, die dereinst dem Selbst eine gewisse Integrität und feste Struktur zu geben vermochten. In diesem sozio-ethischen Vakuum, in dem jede ernstzunehmende Idee, wie das Leben am sinnvollsten ästhetisch strukturiert werden könnte, fehlt, bleibt die Bildung des Selbst und seiner Entwicklung einfach den Launen der Marktkräfte überlassen. Wir sind dem vagen Schwanken bunt werbender und profitorientierter Vorstellungen von Selbstverwirklichung und Befriedigung ausgesetzt – und haben doch überhaupt keine feste Vorstellung eines Selbst, das da verwirklicht werden soll. Die angepriesene Idee, daß jeder sich selbst zu einem unverwechselbaren Individuum durch die freie persönliche Wahl zwischen verschiedenen Lebensstilen formen soll, kann nicht die Tatsache verbergen, daß nicht nur die Palette verfügbarer Lebensstiloptionen, sondern das bloße Bewußtsein und die Wahlmöglichkeit des Individuums ernsthaft eingeschränkt und durch gesellschaftliche Kräfte unaufhörlich vorprogrammiert werden, die normalerweise die Kraft des Individuums, ihr zu widerstehen – geschweige denn, sie zu kontrollieren –, weit übersteigen.

Dieses spätkapitalistische Paradox des privatisierten Strebens nach Selbstverwirklichung hat seinen Grund im Verlust der wahren Autonomie und Integrität des Selbst. Sie spiegelt sich vollständig wider in Rortys tiefgehendem Widerspruch, die Selbstbereicherung des Ironikers zu fordern, während er ihr zugleich ein Selbst, das bereichert werden könnte, abspricht. Das Rortysche Un-Selbst der inkompatiblen »Quasiselbste«, konzentriert auf vielfach wechselnde Vokabulare, scheint wirklich genau das richtige Selbst für die Mächte zu sein, die eine Konsumgesellschaft regieren: ein fragmentiertes Selbst, völlig durcheinander, hungernd nach Anschaffung aller erreichbaren neuen Waren, dem jedoch die disziplinierte Integrität fehlt, um entweder seine Konsumgewohnheiten oder das System, das sie manipuliert und Profit aus ihnen schlägt, anzuzweifeln.

Angesichts dieser extremen Privatisierung von Moral, nicht erkennend, wie tief und unausweichlich das öffentliche Ethos schon allein die Vorstellung unserer verschiedenen Streben nach privater Vervollkommnung bestimmt, muß Rortys Vision des ästhetischen Lebens erweitert werden, um dem Sozialen stärker gerecht zu werden. Eine ähnliche Erweiterung braucht es, wie wir gesehen haben, um einer größeren Vielzahl von Genres des ästhetischen Lebens und der Selbsterschaffung gerecht zu werden. Ich möchte meine Kritik damit abschließen, daß ich eine weitere Dimension aufzeige, in der Rortys Vision der menschlichen Natur und der Selbstverwirklichung zu eng zu sein scheint – sein reduktiver linguistischer Essentialismus.

Obschon Rorty den Essentialismus vehement und ausdrücklich zurückweist und obwohl er sich besonders dagegen wehrt, daß wir eine gemeinsame menschliche Essenz teilen sollen, bloß weil wir so etwas wie Sprache teilen, scheint seine Auffassung vom Selbst doch nichts als das komplexe Gewebe von Wortschätzen und Erzählungen und bedenklich nahe bei der essentialistischen Ansicht der menschlichen Essenz als ausschließlich sprachlich zu liegen. Was für Selbst-Sein und menschliches In-der-Welt-Sein zu zählen scheint, ist die Sprache: »menschliche Wesen [sind] einfach fleischgewordene Vokabulare«; es sind einfach »Worte [...] die uns zu dem gemacht haben, was wir sind« (*KIS* 151, 196). Also wird Nietzsche als derjenige gelobt, der »durch Selbstbeschreibung in eigenen Begriffen sich selbst geschaffen hat. Genauer gesagt, wir hätten den einzigen Teil unseres Selbst, auf den es ankommt, geschaffen, indem wir unseren eigenen Geist konstruieren. Seinen eigenen Geist zu konstruieren heißt, seine eigene Sprache zu konstruieren.« (*KIS* 59) Denn Menschen sind »*sentential attitudes* – nur das Vorhandensein oder Fehlen der Disposition, Sätze in einem historisch bedingten Vokabular zu verwenden« (*KIS* 151).

Solche Bemerkungen legen deutlich nahe, daß der Mensch wesentlich Geist ist und daß Geist wesentlich sprachlich ist. Beunruhigender als der offenkundige Essentialismus dieser Bemerkungen ist jedoch die Tatsache, daß sie – gegen Nietzsches eigene Betonung der wesentlichen Rolle und des Werts des Körpers sogar bei der Formung des Geistes – einer grundlegend mentalistischen Ansicht der menschlichen Natur beipflichten. Dieser linguistische Mentalismus und die herablassende Vernachlässigung des Körpers ist besonders kontraproduktiv bei einem Philosophen, der Wert darauf legt, das ästhetische Leben zu befördern. Denn die Verbindung der Ästhetik mit den Sinnen und Freuden des Körpers sowie mit nicht-linguistischen Wahrnehmungen sollte auf der Hand liegen – wäre da nicht die rationalistische Voreingenommenheit, die so weite Teile der traditionellen ästhetischen Theorie bezaubert hat und die auch Rorty noch immer gefangenzuhalten scheint.

Doch trotz seiner Bemühung, das Nicht-Diskursive aus dem bedeutsam Menschlichen und Ästhetischen herauszuhalten, kehrt es mit Macht in der Form von Schmerz zurück, wenn Rorty seinen Begriff von Liberalismus als »Wunsch [...], Grausamkeit und Schmerz zu vermeiden« darlegt und droht, die Sprache als den allgemeinsten menschlichen Faktor zu verdrängen. »Was [das Individuum] mit der übrigen Spezies humana [verbindet], ist nicht eine gemeinsame Sprache, sondern *nur* [...] Schmerzempfindlichkeit, besonders [...] die Empfindlichkeit für die Art Schmerz, die die Tiere nicht mit den Menschen teilen – Demütigung,« ein Schmerz, den Rorty nichtsdestoweniger als den Verlust der Sprache linguistisch dingfest macht (*KIS* 117, 158, 160, 287-288). Tatsächlich scheint Schmerz, im Verein mit roher Gewalt, für Rorty die grundlegende unveränderliche Wirklichkeit der Welt auszumachen, die nicht durch unsere transformativen Erzählungen bezwungen werden kann.

»Aber unsere Beziehung zur Welt, zu brutaler Gewalt und nackter Pein ist nicht von derselben Art wie die zu anderen Menschen. Angesichts des Nicht-Menschlichen, Nicht-Sprachlichen haben wir nicht mehr die Fähigkeit, Kontingenz und Pein durch Aneignung und Umwandlung zu überwinden, sondern nur noch die Fähigkeit, Kontingenz und Pein zu *erkennen*. Der endgültige Sieg der Dichtung in ihrem alten Streit mit der Philosophie, der endgültige Sieg der Metaphern für Selbstschaffung über die Metaphern für Entdeckung würde darin bestehen, daß wir uns mit dem Gedanken versöhnen, daß dies die einzige Art von Macht über die Welt ist, auf die wir hoffen können. Denn damit hätten wir endlich der Idee abgeschworen, daß die Wahrheit, und nicht nur Gewalt und Pein, ›dort draußen‹ zu finden seien.« (*KIS* 78-79)

Daß die Grundlage, die unveränderliche Wirklichkeit »nur Gewalt und Pein« sein soll, scheint eine schwungvolle metaphysische Behauptung zu sein, die so gar nicht zu Rortys Zurückweisung der Metaphysik paßt. Ob wir dies jedoch als regressives Zurückgleiten in schlechte Metaphysik (durch eine Metaphysik der Schlechtigkeit) oder vielmehr einfach als empirische Verallgemeinerung über unsere nicht-linguistische Erfahrung auffassen – es verrät doch die tiefe und besonders beunruhigende Abwesenheit des ästhetischen Lebens in Rortys Vision. Denn es ist ein sehr trauriger und unbefriedigender Ästhetizismus, der die durchdringende Anwesenheit nicht-linguistischer Pein zwar bestätigt, die sinnlichen Freuden des Körpers jedoch ignoriert. Diese Freuden gibt es »dort draußen« ebenso; und sie machen nicht nur einen großen Teil dessen aus, was das Leben lebenswert macht, sondern sie können auch kultiviert werden, damit sie das Leben ästhetisch reicher und lohnender machen. Rortys Vernachlässigung solcher Freuden läßt seinen Ästhetizismus auf unbefriedigende Weise leiblos und zahm sein. Er bleibt auch zu sehr das Produkt eines puritanischen und kapitalistischen Amerikas; denn er zielt nicht auf reiche sinnliche Befriedigung oder sogar noch allgemeiner auf Freude (ein Begriff, den er kaum jemals erwähnt), sondern vielmehr auf die atemlose Produktion und Anhäufung neuer Wortschätze und neuer Erzählungen. Es ist eher eine Poetik, eine Theorie des fleißigen Herstellens, als eine Ästhetik des ganz erfüllten Genießens.

Das ästhetische Leben sollte auch die Freuden und Disziplinen des Körpers kultivieren. Mag solche Körpererfahrung auch nicht auf linguistische Formulierung reduzierbar sein – ihr Beitrag zur Formung von Geist und Selbst läßt sich nicht leugnen und offenbart tatsächlich die grundlegende Fehlgeleitetheit, wenn man Geist und Körper als unterschiedene Einheiten betrachtet und das Selbst so stark mit dem Geist identifiziert. Obwohl Rorty zu Recht darauf besteht, daß das Selbst von dem Vokabular strukturiert wird, das es ererbt, hat doch Foucault ebenso recht, daß es auch das Ergebnis disziplinarischer Maßnahmen ist, die dem Körper eingeschrieben sind. Und wenn wir das Selbst durch eine neue Sprache emanzipieren und transformieren können, dann können wir es durch neue Praktiken des Körpers vielleicht auch befreien und trans-figurieren.

Ich möchte nicht sagen, daß die Arbeit mit dem Körper einen insgesamt autonomen Weg zu privater Vollkommenheit und Selbsterschaffung zu bieten vermag. Wie die Sprache des starken Dichters ist auch der Körper nicht zur Gänze eine private Angelegenheit. Er ist durch die die Geschichte beherrschenden Sozialpraktiken und Ideologien bedeutsam geformt und unterdrückend gezeichnet worden, was auch bedeutet, daß er nicht frei ist von linguistischer Zeichnung. Die Tatsache jedoch, daß das Körperliche von Ideologien und dem Diskurs der Körperbestrafung strukturiert worden ist, bedeutet nicht, daß sie nicht als Quelle dafür dienen könnte, sie herauszufordern durch den Gebrauch alternativer Körperpraktiken und größerer körperlicher Bewußtheit. Es kann sein, daß wir den Körper aufmerksamer interpretieren müssen, ihm aufmerksamer zuhören; es kann sein, daß wir die sprachgebundenen Metaphern des Interpretierens und Zuhörens überwinden und besser lernen müssen, wie man es fühlt. Natürlich ist die Arbeit am eigenen Selbst durch den eigenen Körper für sich genommen noch keine ernsthafte Herausforderung der sozio-politischen Strukturen, die das Selbst und die Sprache seiner Beschreibung formen. Vielleicht könnte es aber Haltungen und Verhaltensmuster einprägen, die soziale Transformation begünstigen und unterstützen.

Im Idealfall würde, ein ästhetisches Leben zu führen, die Bereicherung des Selbst und der Gesellschaft durch somatische, linguistische, kognitive, psychologische und soziale Veränderung bedeuten, die auf gegenseitiger Unterstützung, wenn nicht sogar auf

Zusammenarbeit beruht. Einige jedoch fürchten, daß soziale Reform durch die Aufmerksamkeit auf den Körper bloß matt gesetzt würde, weil diese Konzentration im engen Sinne individualistisch sein muß. Wie Fredric Jameson sagt, betrifft die Aufmerksamkeit auf den Körper allein »meine individuelle Beziehung mit meinem eigenen Körper [...] und nicht jene ganz andere Beziehung zwischen meinem Selbst oder meinem Körper und anderen Menschen«, und deshalb kann sie nur den gefährlichen Privatismus und Individualismus fördern, auf dem die unglückliche bürgerliche Gesellschaft beruht.[231] Den Bereich des Körperlichen jedoch als wesentlich privat zu sehen scheint selbst ein problematisches Stück bürgerlicher Ideologie zu sein. Nicht nur wird der Körper durch das Soziale geformt, er trägt auch zum Sozialen bei. Wir können unseren Körper und unsere körperlichen Freuden ebenso teilen, wie wir unseren Geist teilen, und die Freuden des Körpers können so öffentlich sein wie unsere Gedanken.

Die Rede von Selbsttransformation durch Körperpraktiken evoziert wahrscheinlich gefährlich vereinfachende und standardisierte Bilder: das unausgegorene Selbstvertrauen, das das 40-Kilo-Handtuch sich durch Muskeln im Body-Building-Studio antrainiert, oder die zerbrechliche Selbstachtung, die sich die zuvor Wabbligen durch Aerobic, Schlankheitskur und Muskeltraining erworben haben. Die Vorstellung, daß körperliche Selbsttransformation dem Vorbild Arnold Schwarzeneggers und Jane Fondas entsprechen müsse, ist eine sehr bösartige Annahme, die die Armut des Nachdenkens über eine Ästhetik des Körpers widerspiegelt.[232] Denn nimmt man an, der Körper sei kein angemessener Ort für ernsthaft kritisches und imaginatives ästhetisches Denken, dann überläßt man den Verfolg körperlichen Wohlergehens der Beherrschung durch Marktkräfte, die standardisierte Ideale äußerlich beeindruckender Körperkonturen vertreten.

Für eine stärker eingebettete pragmatistische Ästhetik einzutreten bedeutet nicht, die ästhetische Erfüllung auf eine schlanke, gebräunte, athletische Jugend zu beschränken. Und zwar nicht nur deshalb, weil sie andere Dimensionen ästhetischer Errungenschaft anerkennt, sondern weil die Ästhetik des Körpers nicht auf seine Oberfläche und dekorative Kosmetik beschränkt ist; sie bezieht sich auch darauf, wie der Körper sich bewegt und sich selbst erfährt. Wenn unsere rationalistische ästhetische Tradition feste äußere Formen und distanzierte Wertschätzung vorzog, dann ist ein stärker von Dewey beeinflußter Zugang nötig, um das Dynamische und Erfahrungsbetonte in der Körperästhetik anzuerkennen und zu ermutigen. Ein solcher Zugang würde betrachten, wie Faktoren wie ausgeglichenere Atmung und Haltung, stärker ausgeprägte kinesthetische Harmonie und, allgemeiner noch, größeres Körperbewußtsein unser Leben ästhetisch im Sinne erhöhter Qualität und Wahrnehmung gemachter Erfahrung bereichern können. Er würde auch die Wege erforschen, wie körperliche Praktiken, die diese Effekte erzielen, dazu beitragen können, das Selbst emotional, kognitiv und ethisch zu transformieren, indem sie uns größere psychologische Ausgeglichenheit, Aufnahmefähigkeit der Wahrnehmung und offene, geduldige Toleranz beibringen.

Wenn diese Überlegungen hoffnungslos nach »New Age« klingen, dann muß daran erinnert werden, daß viele dieser Ideen sich bis zu alten orientalischen Traditionen wie Yoga und Tai Chi zurückverfolgen lassen. Klingt hier einiges auch untersuchenswert – es wird auf ein nächstes Buch warten müssen. An dieser Stelle verwirklicht unsere Vorstellung einer stärker eingebetteten Ästhetik, die im Sinn hat, die Schönheit zu leben, die pragmatistische Funktion von Theorie, für die James eintritt[233]: Sie bietet keine endgültige Lösung, sondern »ein Programm für weitere Arbeit«.

Anmerkungen

1 Diese unterschiedlichen theoretischen Ansätze werden im Hinblick auf folgende Themen verglichen: ästhetischer Naturalismus, Funktionalismus, Vorrang der ästhetischen Erfahrung, Kontinuität der Kunst mit anderen Lebenspraktiken, Ziele ästhetischer Reform und begrifflicher Reform statt bloßer Analyse, die Beziehung von Kunst, Leben, Geschichte und sozioökonomischen Bedingungen und Institutionen.

2 T. W. Adorno, *Ästhetische Theorie* (Frankfurt am Main: Suhrkamp 1973), S. 498.

3 Zwei weitere Kapitel der englischen Originalausgabe befassen sich zusätzlich mit dem Problem der organischen Einheit und der Interpretation. [Anm. d. Ü.]

4 Vgl. zu diesem Punkt John Dewey, *Experience and Nature* (La Salle, Ill.: Open Court 1929); S. 74-77, von jetzt an abgekürzt als *EN*; und *Art as Experience* (Carbondale, Ill.: Southern Illinois University Press 1987), dt. *Kunst als Erfahrung*. Übersetzt von Christa Velten, Gerhard vom Hofe und Dieter Sulzer (Frankfurt am Main: Suhrkamp 1988), S. 337 und 378-80, von jetzt an abgekürzt als *KE*. Vgl. auch Arthur C. Danto, *The Philosophical Disenfranchisement of Art* (New York: Columbia University Press 1986), S. 17-18, dt. *Die philosophische Entmündigung der Kunst* (München: Fink 1993).

5 Morris Weitz, »The Role of Theory in Aesthetics«, in *Journal of Aesthetics and Criticism* 16 (1955), S. 27-35. Dieser einflußreiche Aufsatz erscheint in vielen Anthologien. Ich gebe die Seitenzahlen des Wiederabdrucks in F. J. Coleman (Hg.), *Contemporary Studies in Aesthetics* (New York: McGrawHill 1968), S. 84-94 an; die Zitate stammen von den Seiten 90 und 94.

6 Weitz nimmt vorschnell an, daß die Philosophie Fragen der Bewertung vermeiden müsse, da er sowohl die Tatsache-Wert-Dichotomie als auch die Ansicht, Philosophie habe nur Wahrheiten oder Tatsachen wiederzugeben, voraussetzt. Beide Voraussetzungen sind höchst fragwürdig. Einige Werte sind Tatsachen (bestimmt im sozialen Bereich und im Bereich der Erfahrungen); bewertende Stellungnahmen können beschreibend wahr und informativ sein, während bestimmte Beschreibungen Wertungen praktisch mit sich bringen (speziell in Hinsicht auf negative Urteile). Die zweite Voraussetzung werde ich später selbst

in Frage ziehen. Ihr quietistisches philosophisches Ideal, den Status quo verständlich wiederzugeben, findet sich sogar bei einem so emanzipierten Denker wie Wittgenstein, der behauptet: »Die Philosophie darf den tatsächlichen Sprachgebrauch in keiner Weise antasten, sie kann ihn am Ende also nur beschreiben. Denn sie kann ihn auch nicht begründen. Sie läßt alles, wie es ist.« (Ludwig Wittgenstein, *Philosophische Untersuchungen* (Frankfurt am Main: Suhrkamp 1984), Abschnitt 124.

7   George Dickie, *Aesthetics* (Indianapolis: Bobbs-Merrill 1971), S. 101. Dickie hat seine Institutionstheorie später in *The Art Circle* (New York: Haven 1984) umformuliert. Der essentielle Ansatz hat sich jedoch nicht geändert, und für meine genealogischen Zwecke ist die frühe, einflußreiche Fassung passender.

8   Ich entwickle diese Analogien und die analoge Kritik ausführlicher in »Positivism: Legal and Aesthetic«, in: *Journal of Value Inquiry* 16 (1982), S. 319-25.

9   Vgl. Arthur Danto, *The Transfiguration of the Commonplace* (Cambridge, Mass.: Harvard University Press 1981), dt. *Die Verklärung des Gewöhnlichen* (Frankfurt am Main: Suhrkamp 1984), S. 193.

10 A.a.O. S. 209; das zweite Zitat in diesem Absatz stammt von Seite 314.

11 A.a.O. S. 12. Obwohl Dantos Kunstdefinition im Sinne künstlerischer Interpretation durch weitergehende Spezifizierung in Repräsentation, Ausdruck, Metapher, Rhetorik und Stil ergänzt wird, fällt die Anwendung dieser Begriffe doch immer wieder zurück in die zentrale Kategorie der Kunstwelt, die wiederum durch ihre Geschichte definiert wird.

12 Danto, *Entmündigung*, S. 243 und 238.

13 Richard Wollheim, *Art and its Objects* (Harmondsworth: Penguin 1975), dt. *Objekte der Kunst*. Übersetzt von Max Looser (Frankfurt am Main: Suhrkamp 1982), S. 103-04, 121-122, 143. Jerrold Levinson ist ein weiterer analytischer Philosoph, der die Kunst historisch definiert. Vgl. sein »Defining Art Historically«, in: *British Journal of Aesthetics* 19 (1979), 232-50.

14 Th. W. Adorno, *Ästhetische Theorie* (Frankfurt am Main: Suhrkamp 1970), S. 11-12, 393, 447-48.

15 Vgl. Noel Carroll, »Art, Practice, and Narrative«, in: *Monist* 71 (1988), S. 140-56, und Nicholas Woltersdorff, »Philosophy of Art after Analysis and Romanticism«, in: Richard Shusterman (Hg.), *Analytic Aesthetics* (Oxford: Blackwell 1989). Carroll definiert Kunst als eine »kulturelle« Praxis, während Woltersdorff sie als eine »soziale« Praxis behandelt. Beide Adjektive sind vielleicht redundant. Denn da alle Praktiken im eigentlichen Sinn normenbezogen sind, müssen sie (in Analogie zu Wittgensteins

Privatsprachenargument) auch sozial sein; und soziale Praktiken sind immer in irgendeiner Weise Praktiken einer Kultur, sogar wenn sie angeblich anti-sozial oder anti-kulturell sind. Sowohl Carroll als auch Woltersdorff bauen ihre Theorien auf der einflußreichen Darstellung der Praxis auf, wie Alisdair MacIntyre sie in *After Virtue* (London: Duckworth 1981), dt. *Der Verlust der Tugend*. Aus dem Englischen von Wolfgang Rhiel (Frankfurt am Main/New York: Campus 1987) gegeben hat.

16 Carroll, »Art, Practice, and Civilization«, S. 152.
17 John Dewey, »Philosophy and Civilization«, in: *Philosophy and Civilization* (New York: Capricorn 1963), S. 3-12. Für Dewey waren eine Hauptquelle solcher Verwirrungen »wissenschaftliche Tendenzen und politische Ziele, die neuartig und mit Autoritäten nicht kompatibel sind« (S. 3-4).
18 Es ließe sich denken, daß die Geschichte der Praxis als eine »externe« Kritik an ihrem derzeitigen Fehlgehen dient. Da jedoch allein schon die Form und die Relevanz dieser Geschichte weitgehend durch die derzeitige Praxis und ihre narrativen Neigungen bestimmt wird, ist die Kraft dieser »externen« Kritik fragwürdig.
19 Die Kraft der ästhetischen Erfahrung kann so bezwingend sein, daß sie widerstreitende Werte unterläuft; Habermas zum Beispiel schreibt den Nietzscheanern und der postmodernen Vernunftkritik die Schuld an der verhexenden Anziehung der ästhetischen Erfahrung als alternative normative Begründung zu (vgl. Jürgen Habermas, *Der philosophische Diskurs der Moderne*, [Frankfurt am Main: Suhrkamp 1985], S. 104-114).
20 Tatsächlich leitet sich sogar ihr künstlerischer Status davon ab, wie Kunstwerke in dieser Erfahrung funktionieren. Nicht nur Dewey sagt das. Nelson Goodman nimmt fast denselben Standpunkt ein, wenn er behauptet, daß bei der Definition von Kunst »im Zweifelsfall die richtige Frage nicht [ist], ›Welche Objekte sind (permanent) Kunstwerke?‹, sondern: ›Wann ist ein Objekt ein Kunstwerk?‹, und indem er die zweite Frage so beantwortet, daß der Gegenstand als solcher in der ästhetischen Erfahrung funktioniert, wo ein solches »ästhetisches Funktionieren die Grundlage für den Begriff des Kunstwerkes bietet«. Vgl. Nelson Goodman, *Ways of Worldmaking* (Indianapolis: Hackett 1978), S. 66-67, dt. *Weisen der Welterzeugung* (Frankfurt am Main: Suhrkamp 1984), S. 87 und *Of Mind and other Matters* (Cambridge, Mass.: Harvard University Press 1984), S. 145, dt. *Vom Denken und anderen Dingen*. Übersetzt von Max Looser (Frankfurt am Main: Suhrkamp 1987). Goodman charakterisiert die ästhetische Erfahrung und Funktion im Sinne des Vorherrschens bestimmter Kennzeichen (*features*) von Symbolisierung: syntaktische und semantische Dichte, relativer Reichtum, Exem-

plifikation sowie vielfältige und komplexe Referenz (a.a.O., S. 135-36); und er interpretiert den Wert der ästhetischen Erfahrung erkenntnistheoretisch, für Dewey wäre das viel zu eng.

21 Habermas verläßt sich auf diesen Einwand, wenn er auf »dem modernen Ursprung der ästhetischen Erfahrung« besteht (*Der philosophische Diskurs der Moderne*, S. 249). Außerdem baut er noch weiter darauf auf, wenn er sagt, daß radikale Kritiker der modernen Vernunft durch die Bezugnahme auf die ästhetische Erfahrung als dem »Anderen« einem tiefen Widerspruch erliegen, da die ästhetische Erfahrung selbst in ihrer Existenz von der Kunst als dem Produkt des Ausdifferenzierungsprozesses der kulturellen Bereiche durch die moderne Vernunft abhängt (S. 277). Auf ähnliche, jedoch explizitere Weise sagt Richard Wollheim (*Objekte der Kunst*, S. 96-99), daß unsere ästhetischen Gefühle und unser ästhetischer Standpunkt der Natur gegenüber von denen der Kunst gegenüber lediglich abgeleitet seien. Sie »haben ihren Ursprung außerhalb der Institutionen der Kunst oder gehen ihnen voraus« (S. 98). Er weicht vorsichtigerweise jedoch der Frage aus, ob diese Institutionen in vormodernen Gesellschaften existiert haben.

22 Kant zum Beispiel bestand darauf, daß die ästhetische Erfahrung der Natur gegenüber noch reiner sei, da ihre Wertschätzung völlig frei von Begriffen sein könne, wogegen die Erfahrung von Gegenständen der Kunst uns notwendigerweise an den Begriff der Kunst verweist. Vgl. Immanuel Kant, *Kritik der Urteilskraft* (hg. v. der Königlich Preußischen Akademie der Wissenschaften Bd. V (Berlin/New York: de Gruyter 1968), von jetzt an *KU*, Einleitung VIII, §§ 2, 42, 48 und 51 (Anfang).

23 Wir sehen dies in der Kantischen Unterscheidung der eigentlichen Kunst als »freier« oder »schöner« Kunst von bloßem »Handwerk« oder »Lohnkunst«. Die zweite ist »Arbeit, d. i. Beschäftigung, die für sich selbst unangenehm (beschwerlich) und nur durch ihre Wirkung (z. B. den Lohn) anlockend ist, mithin zwangsmäßig auferlegt werden kann« (*KU* § 43.3).

24 Zu Deweys Kritik an der traditionellen Unterscheidung von Mitteln und Zwecken und der Verwechslung von Mitteln und bloß äußeren kausalen Bedingungen vgl. *KE* engl. S. 201-204. Vgl. auch *Experience and Nature*, S. 296-300, dort führt Dewey den Fehler der Mittel-Zweck-Dichotomie und die falsche Auffassung der Mittel als gezwungenes (*coerced*) äußeres Material auf die Produktionsbedingungen und das Klassensystem im antiken Griechenland zurück.

25 Danto, *Entmündigung*, S. 138. Dennoch glaubt Danto, daß die Kunst ihre historische Aufgabe im Hegelschen Sinne vollendet hat, indem sie zur Kunstphilosophie geworden ist. Da jedoch für

Danto die Kunst und die Kunstwelt wesentlich von der Geschichte definiert werden, bedeutet das Ende ihrer Geschichte auch das Ende der Kunst. Dantos Vorhersage, daß »die Institutionen der Kunstwelt [...] die auf der Geschichte basieren und daher bestimmen müssen, was jeweils neu ist, nach und nach verschwinden [werden]«, wird wehmütig abgemildert durch den Gedanken an »das enorme Privileg, in [der] Geschichte der Kunstwelt gelebt zu haben« (S. 145) – ein Geständnis, das mit ruhiger Beredsamkeit von den vielen Unterprivilegierten spricht, die aus diesem Reich und somit von der rechtmäßigen Kunsterfahrung ausgeschlossen waren. Nichtsdestoweniger kommt Danto in der Hoffnung, daß das Ende ihrer Geschichte »die Kunst zu den menschlichen Zwecken« und »beständigen Bedürfnissen zurückbringen wird«, der pragmatistischen Ästhetik vielversprechend entgegen.

26 Adorno, *Ästhetische Theorie*, S. 59. Sein ganzes Werk hindurch besteht Adorno auf der »Autorität des Neuen« in der modernen Kunst als »einer historischen Unvermeidlichkeit«; und er verbindet sie (wie auch Dewey) mit der kapitalistischen Forderung, das Neue solle den Konsum stimulieren (Geschichtsphilosophie des Neuen, S. 36-41). Die anderen Zitate stammen von S. 349 und aus Ortega y Gasset, *The Dehumanization of Art* (Princeton: Princeton University Press 1968), S. 5 und 6.

27 Kant, *Kritik der Urteilskraft*, § 2.

28 KE 377-78. Vgl. auch den Satz: »Gehen doch alle Elemente unseres Seins, die bei anderen Erfahrungen in speziellen Nuancierungen und nur teilweisen Verwirklichungen verstreut sind, ganz in der ästhetischen Erfahrung auf.« (S. 321)

29 Vgl. zum Beispiel A. E. Housman, *The Name and Nature of Poetry* (Cambridge: Cambridge University Press 1933), S. 45-50, und T. S. Eliot, *Of Poetry and Poets* (London: Faber 1957), S. 97-99.

30 Vgl. Kapitel 1 der englischen Originalausgabe, in dem Subjektivität, ihre selbstzufriedene Einheit, ihr trivialisierendes Ziel der Freude und ihr Versagen, die anerkannten Grenzen der Kunst zu bestimmen, besprochen werden. [Anm. d. Übs.]

31 Derselbe Einwand läßt sich in Hinsicht auf die verwandte Beschreibung Deweys machen, die die Kunst als eine aktive Qualität begreift, da Qualitäten/Eigenschaften, weil sie konkret und existenziell sind, nicht in allgemeinen diskursiven Formeln gefaßt werden können (*KE* S. 218-219, 227). Für Dewey ist »Eigenschaft direkt, unmittelbar und undefinierbar« (*EN* 93).

32 Monroe C. Beardsley, *Aesthetics: Problems in the Philosophy of Criticism* (Harcourt Brace 1958), S. 530-31. Da er vielleicht selbst merkt, daß die Erfahrung nicht selbst die ganze notwen-

dige Arbeit der Kritik leisten kann, besteht er zusätzlich auf den Bewertungsmaßstäben der Einheit, der Komplexität und der Intensität, die, gehören sie auch zur Erfahrung, doch im Kunstwerk aufgezeigt werden können (S. 456-70, S. 534).

33 Selbst wenn ästhetische Erfahrung kein nützlicher epistemologischer Begriff ist, folgt daraus doch nicht, daß diese Erfahrungen belanglos und ohne kognitiven Wert sind. Denn ob ihre nichtdiskursive Unmittelbarkeit gewußt werden kann oder nicht – sie zu haben, kann doch für weite Teile des Wissens wesentlich sein und bietet zudem den strukturierenden Hintergrund für wirklich wissenschaftliche, kritische Bemühungen.

34 Dies trifft nicht nur auf die Kunst und ihre Unterteilungen zu, sondern auch auf die Schönheit, ein Begriff, der im Titel meines Buches auftaucht, den ich aber nicht definiere. Schönheit scheint ebenso wesenhaft unmittelbar und undefinierbar wie die ästhetische Erfahrung selbst zu sein, und Dewey hat sie auch wirklich als »am weitesten entfernt« von einer begrifflichen Fassung betrachtet, die durch Philosophie formal definiert werden könnte oder sollte (*KE* 195). Ich bin jedenfalls der Ansicht, daß die zeitgenössische Ästhetik sich brennenderen Problemen widmen sollte.

35 Vgl. Stanley Fish, »Consequences«, in W. J. T. Mitchell (Hg.), *Against Theory* (Chicago: University of Chicago Press 1985), 110, 115. Neuerdings hat Fish seinen anti-theoretischen Standpunkt etwas gemäßigt. Während er noch immer darauf besteht, daß »wirkliche« Theorie (womit er die fundamentalistische Theorie meint) keine Konsequenzen habe, weil sie nicht existiere, erkennt er an, daß »Theorie-Gespräch« (die Praxis des theoretischen Diskurses – was wir tatsächlich in den meisten Fällen mit der Praxis der Theorie meinen) »konsequentialistisch« sein kann. Für Fish ist »die Unterscheidung zwischen Theorie und Theorie-Gespräch eine Unterscheidung zwischen einem Diskurs, der abgetrennt von aller Praxis besteht (und einen solchen Diskurs gibt es nicht) und einem Diskurs, der selbst eine Praxis ist« (»Introduction: Going down the Anti-Formalist Road,« in *Doing What Comes Naturally* (Durham, N.C.: Duke University Press 1989, S. 14). Diese Unterscheidung, die gewiß gezogen wurde, um sicherzustellen, daß Theorie so eng und fundamentalistisch bestimmt wird, daß sie dadurch unmöglich ist, ist jedoch angesichts Fishs eigener textualistischer Ansprüche nicht zu halten. Da keine Möglichkeit besteht, sich Theorie ohne Theorie-Gespräch auch nur vorzustellen, stellt sich die Frage, worin der Vorteil davon besteht, etwas zu unterscheiden, was ohne einander nicht einmal wahrgenommen werden kann? Statt diese fragwürdige Unterscheidung zwischen Theorie und Theo-

rie-Gespräch einzuführen, ist es viel nützlicher (und damit in den Augen der Pragmatisten auch viel vernünftiger), die Theorie-Praxis-Unterscheidung beizubehalten und zu verbessern, indem man die Theorie in nicht-fundamentalistischem Sinn als eine Form von diskursiver, kritisch überzeugender Praxis uminterpretiert. Fish selbst scheint diesem Vorgehen nahezukommen, wenn er später versucht, die Theorie zu »einer Praxis« zu degradieren, so daß »Theorie wird, was sie schon war: eine unter vielen rhetorischen Formen, deren Schlagkraft und Macht eine Funktion von Kontingenzen darstellen (von Institutionengeschichte, wahrgenommenen Bedürfnissen, aufkommenden Krisen usw.), vermag sie weder vorherzusagen noch Kontrolle auszuüben.« (a. a. O., S. 25, 26)

36 Abgesehen von seinem stärker ausgeprägten Optimismus scheint sich der Pragmatismus auch darin von der Kritischen Theorie der Frankfurter Schule zu unterscheiden, daß er großen Wert darauf legt, daß die Theorie die Praxis nicht nur durch Kritik und rhetorische Überzeugung zu verändern hilft, sondern durch den Vorschlag ganz konkreter Alternativen, die es in der Erfahrung zu erproben gilt. Aufgrund ihrer Verpflichtung zu konkreter Kritik und Verbesserungsvorschlägen sollte die nicht-fundamentalistische pragmatistische Theorie nicht mit dem verwechselt werden, was Fish bloße »anti-fundamentalistische Theoriehoffnung« nennt: der Vorstellung nämlich, daß durch die negative Geste, im allgemeinen zu zeigen, daß die Grundlagen der Überzeugung alle kontingent seien, die anti-fundamentalistische Theorie es uns gestatte, von unseren Überzeugungen freizukommen und sie zu ändern (*Doing What Comes Naturally*, S. 322, 346, 593 f.).

37 Joseph Margolis erläutert diesen Punkt sehr gut in *Pragmatism without Foundations* (Oxford: Blackwell 1986), S. 42.

38 Stanley Fish, »Dennis Martinez and the Uses of Theory«, in *Doing What Comes Naturally*, S. 386-69.

39 Fish, »Consequences«, S. 121. Neuerdings zieht Fish schon die bloße Möglichkeit kritischen Selbstbewußtseins in Frage, wenn er sagt, daß es auf unmögliche Weise »einen Geist erfordert [...] der in der Lage ist, außerhalb seiner eigenen Denkweisen zu stehen, um sie zu kritisieren« aus einem neutralen, interesselosen Blickwinkel heraus (Stanley Fish, »Critical Self-Consciousness, or Can We Know What We're Doing?«, in *Doing What Comes Naturally*, S. 437). Fish führt uns jedoch – wie so oft – durch den Hang zur Totalisierung in die Irre. Denn alles, dessen ein kritisches Bewußtsein bedarf, ist die Fähigkeit, von *einigen* unserer Denkweisen Abstand zu nehmen, um sie aus der Perspektive der anderen zu kritisieren. Diese anderen Denkweisen sind für den Pragmatisten natürlich weder neutral noch interesselos; sie

müssen beides jedoch nicht sein, um uns dabei helfen zu können, unsere Meinung in bezug auf eine bestimmte Praxis zu ändern. Es ist falsch, kritische Reflexion und kritisches Selbstbewußtsein bloß mit dem gleichzusetzen, was Fish »anti-fundamentalistische Theoriehoffnung« nennt, denn sie können nicht bloße allgemeine Bewußtheit der Widerlegbarkeit unserer Ansichten, sondern die konkrete kritische Reflexion dessen, was an ihnen nicht stimmt, einschließen.

40   Fish, »Consequences«, S. 125. Fish wiederholt diesen Punkt, wenn er »das Degradieren der Theorie auf eine Praxis, die nicht von anderen unterscheidet [und ...] die Aufwertung der Praxis zu einer neuen, wenn auch immer veränderbaren Universalie, in Beziehung auf die es nichts Höheres geben kann, [...] das heraufbeschwören kann« (*Doing What Comes Naturally*, S. 26), verlangt. Die Tatsache jedoch, daß es keinen tiefen epistemologischen Graben des Erkenntnisvorrangs zwischen Theorie und Praxis gibt, macht die beiden einander noch lange nicht gleich oder unfähig zu gegenseitiger Beeinflussung – nicht mehr, als die epistemologische Gleichheit verschiedener Praktiken diese einander gleichmacht. Diese Verwirrung rührt von zwei totalisierenden Tendenzen bei Fish her: von der Assimilierung aller wichtigen Unterschiede, die kritische Führung bieten könnten in eine stark herrschaftsbezogene und strenge »Beziehung von Überlegenheit oder Kontrolle« (a. a. O., S. 377) einerseits und von der Totalisierung der Begriffe von Theorie und Praxis (statt der Suche nach dem Unterschied zwischen ihnen in einem speziellen Praxiszusammenhang) und dessen theoretischer Reflexion andererseits. Schließlich ist der Unterschied zwischen Theorie und Praxis funktional und kontextuell: Was als historische Theorie zählt, wird zur Praxis erster Ordnung für eine Theorie der Geschichte.

41   Stanley Fish, »Change«, in *Doing What Comes Naturally*, S. 154. Er konzentriert sich auf den Seiten 145-47 auf die Fortführung des Arguments, daß der Geist nicht »in der Lage ist, etwas in Betracht zu ziehen, das nicht bereits durch seine Annahmen vorausgesetzt« ist.

42   Vgl. Roger Taylor, *Art, an Enemy of the People* (Atlantic Highlands, N.J.; Humanities Press 1978), S.155.

43   Vgl. T. S. Eliot, »East Coker«, deutsch von Nora Wydenbruck, in T. S. Eliot, *Gesammelte Gedichte 1909-1962*. Herausgegeben und mit einem Nachwort versehen von Eva Hesse (Frankfurt am Main: Suhrkamp 1988), S. 297.

44   Dieses Zitat von Bogdanov findet sich in H. Arvon, *Marxist Aesthetics* (Ithaca: Cornell University Press 1973), S. 57.

45   Th. W. Adorno, *Ästhetische Theorie*, Hg. Gretel Adorno und Rolf

Tiedemann (Frankfurt am Main: Suhrkamp 1973), S. 137 (von jetzt an abgekürzt als *ÄT*).

46 Zu diesem Thema sage ich mehr in »Of the Scandal of Taste: Social Privilege as Nature in the Aesthetic Theories of Hume and Kant, in: *Philosophical Forum* 20 (1989), S. 211-29; vgl. besonders Pierre Bourdieu, *Die feinen Unterschiede. Kritik der gesellschaftlichen Urteilskraft*. (Frankfurt am Main: Suhrkamp 1987), Erster Teil: Gesellschaftliche Kritik des Geschmacksurteils, S. 31-167 (von jetzt an abgekürzt als *FU*).

47 Eine detailliertere und sorgfältig durchgeführte Darstellung des Scheiterns der Avantgarde beim Erreichen ihrer revolutionären Ziele findet sich bei Peter Bürger, *Theorie der Avantgarde* (Frankfurt am Main: Suhrkamp 1974). Bürger weist jedoch darauf hin, daß es der Avantgarde gelungen ist, die Existenz der Kunst als einer deutlich bürgerlichen, von der Lebenspraxis isolierten Institution mit verblüffender Klarheit herauszustellen und daß sie damit den Weg für die Selbstkritik der Kunst eröffnet hat.

48 Vgl. Bourdieu, *FU* 24, 64-67 und Peter Bürger, *Theorie der Avantgarde* (Frankfurt am Main: Suhrkamp 1974), S. 72-73. Bürger besteht darauf, daß, auch wenn die populäre Kunst die »Überführung der Kunst in Lebenspraxis« will, ihr praktischer Zweck »vor allem darauf zielt, dem Leser ein bestimmtes Konsumverhalten aufzuzwingen«; sie ist also »[n]icht Instrument der Emanzipation, sondern der Unterwerfung«. Dies trifft gewiß oft zu – nicht jedoch notwendigerweise, wie ich selbst im folgenden Kapitel zeigen möchte. Darüber hinaus kann die extrem kommerzielle Ausnutzung der populären Kunst sehr wohl daher kommen, daß ihr ästhetisches Potential übersehen und dem Spiel der Kräfte den Marktes überlassen wird.

49 Vgl. Bourdieu, *FU* S. 100, 195-198, 456.

50 Herbert Marcuse, »Über den affirmativen Charakter der Kultur (1937)«, in *Aufsätze aus der Zeitschrift für Sozialforschung 1935-1941* (Frankfurt am Main: Suhrkamp 1979), S. 223 und 225, von jetzt an abgekürzt als *Aufsätze*. Durch den faszinierenden Schein der Kunst »können [d]ie Menschen sich glücklich fühlen, auch wenn sie es gar nicht sind. Die Wirkung des Scheins macht selbst die Behauptung eigenen Glücklichseins unrichtig« (S. 216).

51 John Dewey, *Kunst als Erfahrung* (Frankfurt am Main: Suhrkamp 1988), S. 397, von jetzt an abgekürzt als *KE*.

52 Vgl. zum Beispiel Terry Eagleton, *Literary Theory: An Introduction* (Oxford: Blackwell 1983), S. 51. Ich behandle diese und andere verbreitete Verzerrungen von Eliots kritischer Theorie in meinem Buch *T. S. Eliot and the Philosophy of Criticism* (New York: Columbia University Press 1988), S. 1-17.

53	T. S. Eliot, *The Use of Poetry and the Use of Criticism* (London: Faber 1933), S. 154.
54	A. a. O., S. 152-53.
55	T. S. Eliot, *After Strange Gods* (New York: Harcourt, Brace 1934) engl. S. 59-66. Eliot hat seine Verdammung von Lawrence später selbst als das Urteil »eines kranken Mannes« beschrieben (vgl. Helen Gardner, *The Composition of the »Four Quartets«* [London: Faber 1978] 55). Er hat jedoch nie die Idee zurückgewiesen, daß Literaturkritik (*literary criticism*) der Ergänzung durch die Ideologiekritik bedarf.
56	Vgl. T. S. Eliot, *Selected Prose of T. S. Eliot*, hg. Frank Kermode (London: Faber 1975), S. 97 und 103; *Selected Essays* (London: Faber 1976) S. 271; und *Use of Poetry*, S. 98 und 109.
57	Eine eingehende Darstellung von Eliots Zwei-Ebenen-Theorie der kritischen Wertschätzung findet sich in meinem Buch *T. S. Eliot and the Philosophy of Criticism*, Kapitel 6. Seine Theorie nimmt die Adornos vorweg, die gleichfalls auf zwei Stadien oder Standpunkten besteht, einem einfühlsamen immanenten *Verstehen* einerseits und externer ideologischer Kritik andererseits (vgl. *ÄT* 183-86, 362-64, 409-10, 517-18). Auf der einen Seite muß der Rezipierende, um die Kunst zu verstehen, »in die Sache eingehen«, es ist nötig, daß er »sich vergißt und im Werk verschwindet« (362, 409). Andererseits sagt Adorno auch: »Wer Kunstwerke durch Immanenz des Bewußtseins in ihnen versteht, versteht sie auch gerade nicht, [...] blind in dem Bann der Kunst [...] [Wirkliches Verständnis] ist gebunden an ihre spezifische Erfahrung, aber zu erfüllen erst durch die Theorie hindurch, welche die Erfahrung reflektiert« (184, 185). »Ihre zweite Reflexion muß die Sachverhalte, auf die jene Analyse stößt, über sich hinaustreiben und durch emphatische Kritik zum Wahrheitsgehalt dringen. Die werkimmanente Analyse ist an sich selbst, gewiß auch um der gesellschaftlichen Besinnung über die Kunst den Atem zu verschlagen, verengt.« (518) »Wer nur drinnen ist, dem schlägt die Kunst nicht die Augen auf; wer nur draußen wäre, der fälscht durch Mangel an Affinität die Kunstwerke. Zu mehr als einem rhapsodischen Hin und Her zwischen den beiden Standpunkten jedoch wird Ästhetik, indem sie deren Ineinander an der Sache entwickelt.« (520)
58	Deutsch von Alexander Schmitz, in: T. S. Eliot, *Sämtliche Gedichte 1909-1962*, hg. und mit einem Nachwort versehen von Eva Hesse (Frankfurt am Main: Suhrkamp 1988), S. 17-25.
59	Diese wichtige Feststellung trifft Stephen Spender, *Eliot* (London: Fontana 1972), S. 46.
60	A. a. O., S. 43-46; Hugh Kenner, *The Invisible Poet* (London: Methuen 1965), S. 20-26, und A. D. Moody, *Thomas Stearns*

Eliot: Poet (Cambridge: Cambridge University Press 1980), S. 21-22. Die Sorge des jungen Mannes um sich selbst und die damit zusammenhängende Isolation legen sich bereits in der atomistischen Bildlichkeit des Satzes »An diesem *Punkt* hat schon *so mancher* aufgegeben« (engl. »at this *point* many *a one* has failed«, Hervorhebung d. Ü.).

61 Friedrich Schiller, »Über die ästhetische Erziehung des Menschen in einer Reihe von Briefen«, *Sämtliche Werke*, Bd. 5, hg. G. Fricke und H. G. Göpfert (München: Winkler ⁶1980), von jetzt an abgekürzt als *ÄEM*.

62 Für Kant beruht die Universalität des ästhetischen Urteils auf seiner interesselosen Aufmerksamkeit auf die Form. Diese Interesselosigkeit setzt die Freiheit vom »Begehren« voraus (Immanuel Kant, *Kritik der Urteilskraft*, hg. Königlich Preußische Akademie der Wissenschaften Bd. V (Berlin/New York: de Gruyter 1968), von jetzt an *KU*, § 5). Wer jedoch könnte es sich dann leisten, interesselos zu sein? Wer kann sich die Zeit nehmen und die Mühe machen, die Dinge sorgfältig und ausschließlich auf ihre Form hin zu prüfen und dabei ihre Nützlichkeit bei der Befriedigung der eigenen Begehren und Bedürfnisse ignorieren? Offensichtlich doch nur diejenigen, die die Muße, die die nötige Zeit und Mittel besitzen: diejenigen, deren Grundbedürfnisse bereits recht angemessen erfüllt sind – kurz, die sozio-ökonomisch und kulturell Privilegierten. Nicht nur Kunstgeschmack bedarf der richtigen Ausbildung, auch die ästhetische Wertschätzung der Natur erweist sich bei Kant als abhängig von den richtigen sozio-kulturellen Bedingungen und vom richtigen Training. Das Erhabene kann nicht geschätzt werden ohne eine sichere Distanz von den »abschreckenden« Verwüstungen der Natur und ohne die »Entwickelung sittlicher Ideen«. Daher »[bedarf] das Urtheil über das Erhabene der Natur Cultur (mehr als das über das Schöne)« (§ 29). Sogar jedoch die Wertschätzung des Naturschönen »[ist] wirklich nicht gemein«, oder natürlich für die Unkultivierten. »Es ist nur denen eigen, deren Denkungsart entweder zum Guten schon ausgebildet, oder dieser Ausbildung vorzüglich empfänglich ist« (§ 42), und deren Sinn für die Form kann die emotionalen und sinnlichen Reize der Natur mißachten, die ein Urteil des unreinen Geschmacks abgeben. Meine Argumente gegen den ästhetischen Universalismus werden ausführlicher entwickelt in »Of the Scandal of Taste: Social Privilege as Nature in the Aesthetic Theories of Hume and Kant«, in *The Philosophical Forum* XX (1989), S. 211-229.

63 Vgl. G. E. Moore, *Principia Ethica* (Cambridge: Cambridge University Press repr. 1959), dt. *Principia Ethica* (Stuttgart: Reclam 1970). Aus dem Englischen übersetzt und herausgege-

ben von Burkard Wisser, S. 260-85. Im fünften Kapitel wird Moores ästhetische Ethik mit zeitgenössischeren Versuchen, das Ethische zu ästhetisieren, verglichen.

64 Man muß diese Ansicht nicht im engen Sinne Eliots allgemeiner Bevorzugung der Klassik vor der Romantik zuschreiben, denn die Idealisierung der griechischen Ästhetik ist den romantischen Denkern durchaus nicht fremd. Tatsächlich teilte sie Schiller nicht nur, sondern, hätte er den Ästhetizismus der späten Romantik und des *l'art pour l'art* erlebt, dann hätte er die Kritik an dessen häufigem lebensverneinendem Eskapismus gebilligt. Da sein Ideal die griechische Integration von Leben und Kunst war, zielte Schillers ästhetische Erziehung darauf ab, das wirkliche Leben in der Gesellschaft zu verbessern und nicht auf eine private, individuelle Erlösung.

65 Ich kann der Idee nicht widerstehen, in einem Wortspiel den jungen Dichter Eliot, der die Erfahrung mit dem »Tam-Tam-Toben«, englisch »tom-tom«, macht, und der Haltung des selbstbezogenen jungen Erzählers zu identifizieren. Eliot wurde damals von seinen Freunden »Tom« genannt; damit legt die Kritik an dem »dumpfen Tom-Tom-Toben« und an der Selbstbezogenheit des Erzählers den Schluß nahe, daß Eliot sich dieser Probleme selbst bewußt war.

66 Vgl. Clive Bell, *Art* (New York: Capricorn 1958), 3. Kapitel.

67 Eliot, *Selected Prose*, S. 56. Zu Eliots wechselnder Auffassung der kritischen Objektivität vgl. mein Buch *T. S. Eliot and the Philosophy of Criticism*, 3. Kapitel.

68 In der deutschen Literaturgeschichte hat Schiller selbst zu der scharfen hierarchischen Trennung zwischen hoher und populärer Kunst beigetragen durch seinen einflußreichen Angriff auf Gottfried August Bürgers frühromantische Verteidigung der Volkspoesie, die auch in Kreisen der hohen Kunst außerordentlich erfolgreich war. In der Überzeugung, daß die ganze Dichtung »volksmäßig sein kann und soll«, wollte Bürger Verse machen, die die gemeinsamen Wirklichkeiten der Menschen widerspiegeln sollten und damit »den mehrsten aus allen Klassen anschaulich und behaglich [sein]« (G. A. Bürger, *Werke in einem Band* (Berlin und Weimar: Aufbau-Verlag 1990), S. 283). Schiller verdammte Bürgers populistische Poetik als bloße »Gelegenheitsverse« und trat statt dessen für »eine Kunst des Idealen« ein. Ausgehend von dem »sehr große[n] Abstand zwischen der Auswahl einer Nation und der Masse derselben«, könne die Volkspoesie eine kultivierte Person niemals zufriedenstellen, weil sie »die Vorurteile, die gemeinen Sitten« betrifft, »die ihn im wirklichen Leben verscheuchen«. Das Ideale könnte dagegen ein Reich anbieten, in dem der kultivierte Geschmack Befriedigung fände und

auch der kindische Verstand des Volkes zugleich untergebracht werden könnte und Verfeinerung erführe, so daß die Kunst nichts von ihrer Würde verlöre. (»Über Bürgers Gedichte«, *Schillers Werke*, Nationalausgabe Bd. 22 (Weimar: Hermann Böhlaus Nachfolger 1958), S. 245-264, hier 246, 247. Eine ausführliche Diskussion von Schillers Kritik und der Spaltung der Kultur, die sie bestärkte, vgl. Christa Bürger, *Der Ursprung der bürgerlichen Institution Kunst* (Frankfurt am Main: Suhrkamp 1977), S. 119-39; Christa Bürger u. a. (Hg.), *Zur Dichotomisierung von hoher und niederer Literatur* (Frankfurt am Main: Suhrkamp 1982), und jüngst Martha Woodmansee, *The Author, Art and the Market: Rereading the History of Aesthetics* (New York: Columbia University Press 1993).

69 Ich freue mich, einige Ausnahmen von dieser allgemeinen philosophischen Haltung angeben zu können. Besonders bemerkenswert sind die einfühlenden Arbeiten von Stanley Cavell, Noel Carroll und Alexander Nehamas über Film und Fernsehen. Vgl. z. B. Cavell: *The World Viewed* (Cambridge, Mass.: Harvard University Press 1979); ders., *Pursuits of Happiness* (Cambridge, Mass.: Harvard University Press 1981); ders., »The Fact of Television«, *Daedalus* 111 (1984), S. 235-68; Carroll, *Philosophical Problems of Classical Film Theory* (Princeton: Princeton University Press 1988); ders., *Mystifying Movies* (New York: Columbia University Press 1988), und die Arbeiten von Nehamas in FN 52 und 65. Vgl. auch David Novitz, »Ways of Art Making: The High and the Popular in Art«, *British Journal of Aesthetics* 29 (1989), S. 213-29.

70 Der Begriff »populär« hat viel mehr positive Konnotationen, wogegen »Masse« an eine undifferenzierte und typischerweise unmenschliche Mischung denken läßt. Vgl. ausführlicher über diesen terminologischen Streit Herbert J. Gans, *Popular Culture and High Culture: An Analysis and Evaluation of Taste* (New York: Basic Books 1974), S. 10. Weiter zitiert als *PH*.

71 Vgl. Lawrence W. Levine, *Highbrow/Lowbrow: The Emergence of Cultural Hierarchy in America* (Cambridge, Mass.: Harvard University Press 1988) S. 13-81.

72 Wäre man genötigt, die Unterscheidung von hoher und populärer Kunst zu definieren, wäre es besser, dies nicht einfach im Sinne verschiedener Gegenstände zu tun, sondern vielmehr zum größten Teil im Sinne unterschiedlicher Rezeptions- und Gebrauchsweisen. Der »populäre« Gebrauch wird vom »hohen« Gebrauch abgesetzt, weil er in der gewöhnlichen Erfahrung liegt und weniger durch Schulung und Standards, die das System formalen Unterrichts und herrschender intellektueller Einrichtungen einprägen, strukturiert und reguliert wird. Im Französischen

wird entsprechend der populären Kunst »l'art savant« gegenübergestellt, die bloße Idee oder Kategorie der »Populären Kunst« mag größtenteils eine intellektuelle Erfindung von abwertender Unterscheidung sein.

73 Pierre Bourdieu sprach die Warnung aus, daß die theoretische Rechtfertigung der Legitimität der populären Kunst sie nicht an sich in der realen Sozialwelt schon legitim sein läßt. Zudem sei eine solche Rechtfertigung eine gefährliche Strategie, weil sie Gefahr liefe, unsere Augen von den sozialen Gegebenheiten der Illegitimität abzuwenden (und damit zu ihrer Fortschreibung beizutragen). Ich meine hingegen, daß es sich lohnt, diese Gefahr auf sich zu nehmen: daß Rechtfertigungspolemiken nicht Blindheit gegenüber sozialen Realitäten bedeuten müssen und daß theoretische Verteidigung, empirische Forschung und tatsächliche sozio-kulturelle Reform gemeinsam die gewünschte Legitimation herbeiführen können – und deshalb auch angewandt werden sollten.

74 Vgl. Pierre Bourdieu, *Die feinen Unterschiede* (Frankfurt am Main: Suhrkamp 1989), Einleitung, im Folgenden zitiert als *FU*. Roger Taylor macht einen ähnlichen Fehler, wenn er schließt, daß unsere Kunstauffassung, da sie ihren Ursprung in einer unterdrückenden aristokratischen Elite hat und ihr diente, für alle Zeiten auch vor elitistischen Kräften kapituliert habe und daher notwendig ein Volksfeind bleiben müsse. Bei Taylor findet sich eine interessante Umkehrung der üblichen Kritik, daß die populäre Kultur die hohe Kunst korrumpiere, wenn er sagt, die bloße Idee der Kunst stelle wegen ihres essentiellen und unhintergehbaren elitären Charakters einen »korrumpierenden Einfluß auf die populäre Kultur« dar. Vgl. Roger Taylor, *Art, an Enemy of the People* (Atlantic Highlands, N.J.: Humanities Press 1978) bes. S. 40-58, 89-155.

75 Dies trifft auf Amerika zu. Im Deutschen findet sich eine parallele inflationäre Verwendung höchstens im Gebrauch des Wortes »Schönheit« wie in »Schönheitssalon«. [Anm. d. Übs.]

76 Dwight Macdonald, »A Theory of Mass Culture«, in: Bernard Rosenberg and David M. White (Hg.), *Mass Culture: The Popular Arts in America* (Glencoe, Ill.: Free Press 1957), S. 60. Die oben zitierte Nennung des »passiven Konsumenten« in Gans, *PH*, findet sich ebenfalls in derselben Passage bei Macdonald.

77 Man denke beispielsweise daran, wie begeistert die impressionistische und nach-impressionistische Malerei volkstümliche Unterhaltung schilderte: Kabarettveranstaltungen, Fasching, Tanz und vieles mehr. Selbst ein so asketischer Modernist der hohen Kultur wie Mondrian besteht darauf, in Werken wie seinem *Broadway Boogie Woogie* aus der populären Kultur zu borgen.

Tatsächlich läßt sich überzeugend zeigen, daß die modernistische Avantgarde stark von der populären Kultur abhing, um sich selbst vom Akademismus abzusetzen. Vgl. Thomas Crow, »Modernism and Mass Culture in the Visual Arts,« in: B. Buchlosh, S. Guilbart und S. Solkin (Hg.), *Modernism and Modernity* (Nova Scotia: Press of the Nova Scotia College of Art and Design 1983), S. 215-64.

78 Todd Gitlin nimmt eine ausgewogene Position zwischen den Extremen der Manipulation und der unbefangenen Durchsichtigkeit ein und argumentiert richtiger, daß, während die Medien aus kommerziellen Gründen bestehende Haltungen nicht ignorieren können, sie jedoch sehr wohl zu formen, zu kanalisieren und bis zu einem gewissen Grad umzuformen vermögen. Vgl. Todd Gitlin, »Television's Screens: Hegemony in Transition,« in: Donald Lazere (Hg.), *American Media and Mass Culture: Left Perspectives* (Berkeley: University of California Press 1987), S. 240-65.

79 Macdonald, »Theory of Mass Culture«, S. 69.

80 Leo Löwenthal, »Historische Perspektiven«, in: Rosenberg und White (Hg.), *Literatur und Gesellschaft. Das Buch in der Massenkultur* (Neuwied am Rhein und Berlin: Luchterhand 1964), S. 43, und Clement Greenberg, »Avant-Garde and Kitsch«, a.a.O., S. 69.

81 Vgl. T. W. Adorno, *Minima Moralia* (Frankfurt am Main: Suhrkamp 1951), S. 269, und *Ästhetische Theorie* (Frankfurt am Main: Suhrkamp 1970), S. 356, von jetzt abgekürzt als *ÄT*.

82 Bernard Rosenberg, »Mass Culture in America«, in: Rosenberg und White (Hg.), *Mass Culture*, S. 9, und Ernest van den Haag, »Of Happiness and of Despair We Have No Measure« a.a.O. S. 533-34.

83 Van den Haag, »Of Happiness«, S. 531.

84 Vgl. Allan Bloom, *The Closing of the American Mind* (New York: Simon and Schuster 1987), S. 76 und 79.

85 Die Stellen finden sich bei van den Haag, »Of Happiness«, S. 534, und bei Rosenberg, »Mass Culture«, S. 9-10.

86 Wenn viele Menschen behaupten, mit einem klassischen Konzert pro Monat völlig zufrieden zu sein, dann liegt das wahrscheinlich daran, daß sie es nicht wirklich genießen. Für viele aktive Menschen ist es physisch genauso unerfreulich, in der steifen, passiven Unbeweglichkeit des Konzertsaals zu sitzen, wie gezwungen zu sein, ohne Pause auf den harten Museumsböden herumzulaufen und zu -stehen, während sie sowohl den Ablenkungen anderer herumwandernder Besucher als auch den unangenehmen Blicken des überwachenden Museumspersonals zu entgehen suchen. In solchen wie Strafen wirkenden »Freuden«

der hohen Kultur, die man durchmachen muß, um kulturelle Rechtfertigung zu erlangen – selbst wenn sie weder verstanden noch wirklich genossen werden –, finden wir viel mehr Anlaß, von »vorgetäuschten Erlebnissen« und falschen Befriedigungen zu sprechen als in der Unterhaltung, die die populäre Kunst bietet. Natürlich möchte ich damit nicht leugnen, daß die hohe Kunst äußerst echte und unschätzbare Befriedigungen bereitstellt.

87 Vgl. T. W. Adorno, »Über den Fetischcharakter in der Musik und die Regression des Hörens«, in: Dissonanzen (Göttingen: Vandenhoeck & Ruprecht 1956), S. 9-45, hier S. 21. Dasselbe grundsätzliche Argument der zwingenden Konditionierung geben Dwight Macdonald, »Mass Cult and Midcult«, in: *Against the American Grain* (New York: Random House 1962), S. 9-10, und Donald Lazere, »Media and Manipulation«, in: Lazere (Hg.), *American Media*, S. 31.

88 Van den Haag, »Of Happiness«, S. 533 und 534.

89 Bloom, *Closing of the American Mind*, S. 77 und 80.

90 ÄT 26 und van den Haag, »Of Happiness«, S. 536.

91 Die Belege für den ersten Punkt finden sich bei Rosenberg, »Mass Culture«, S. 9, für den zweiten bei van den Haag, »Of Happiness«, S. 534.

92 Vgl. Rosenberg, »Mass Culture«, S. 5; Macdonald, »Theory of Mass Culture«, S. 60, und Gilbert Seldes, »The People and the Arts«, in: Rosenberg and White (Hg.), *Mass Culture*, S. 85. Adorno sagt auch, daß Werke der populären Musik »konzentriertes Hören nicht zulassen, ohne den Hörern unerträglich zu werden« (a.a.O.).

93 Max Horkheimer und T. W. Adorno, *Dialektik der Aufklärung* (Frankfurt am Main: Fischer 1969), S. 123.

94 John Dewey, *Kunst als Erfahrung*, engl. S. 162. Natürlich wird Rockmusik auch oft in eher passiver Unbeweglichkeit konsumiert; ihr ansteigender Fernseh- und Videokonsum mag diese Tendenz verstärken.

95 Das afrikanische Wort kommt aus der Ki-Kongo-Sprache und lautet »lu-fuki«. Vgl. Robert Farris Thompson, *Flash of the Spirit* (New York: Vintage 1984), S. 104-05 und Michael Ventura, *Shadow Dancing in the U.S.A.* (Los Angeles: J. P. Tarcher 1986), S. 106. Diese afrikanische Etymologie überschneidet sich mit einer ähnlichen englischen Ableitung, wo das Verb »funk« »to smoke or shake through fear« bedeutet (vgl. Eric Partridge, *A Dictionary of Slang and Unconventional English* (New York: Macmillan 1984, S. 436). In diesem Sinn legt das schwarze »funk« den stinkenden Schweiß des sich fürchtenden Sklaven nahe – ein beschämend negatives Bild. Seine Verwandlung

durch die zeitgenössische afro-amerikanische Kultur in einen Begriff, der benutzt wird, um zu loben, ist deswegen besonders bedeutsam und ausdrucksstark und gibt auch ein Beispiel für die semantische Komplexität, die für die afro-amerikanische Sprache charakteristisch ist, die in meiner Untersuchung zur Rapmusik noch ausgiebiger diskutiert wird.

96   Die Stellen finden sich bei Bloom, *Closing of the American Mind*, S. 71, 73, und Mark Crispin Miller, *Boxed In: The Culture of TV* (Evanston: Northwestern University Press 1989), S. 175, 181.
97   Vgl. Harry Broudy, *Enlightened Cherishing: An Essay on Aesthetic Education* (Urbana: University of Illinois Press 1972), S. 111; van den Haag, »Of Happiness«, S. 533, 536, und J. T. Farrell, zitiert in Seldes, »The People and the Arts«, S. 81.
98   Macdonald, »Theory of Mass Culture«, S. 72.
99   Van den Haag, »Of Happiness«, S. 516-17.
100 Vgl. z. B. die Untersuchungen über *Dallas* und *Denver Clan*, die John Fiske in *Television Culture* (London: Methuen 1987) diskutiert.
101 Pierre Bourdieu, »The Production of Belief«, in: R. Collins u. a., *Media, Culture and Society: A Critical Reader* (London: Sage 1986), S. 154-55.
102 Aus Bruce Springsteens »Spare Parts«. Schließlich hat van den Haags Argument, abgesehen von diesen logischen Irrtümern, eine äußerst fragwürdige empirische Basis. Wenn wir uns die Geschichte der hohen Kunst vor ihrer romantischen und modernistischen Phase ansehen, finden wir nicht, daß Neuartigkeit der Erfahrung und Schwierigkeit des Verständnisses notwendige Bedingungen für ästhetische Rechtmäßigkeit gewesen wären.
103 Die Zitate kommen aus Broudy, *Enlightened Cherishing*, S. 111, und Gans, *PH*. S. 77.
104 Horkheimer und Adorno, *Dialektik der Aufklärung*, S. 121.
105 Vgl. auch T. W. Adorno, »Television and the Patterns of Mass Culture«, in: Rosenberg und White (Hg.), *Mass Culture*, S. 478.
106 Vgl. Fiske, *Television Culture*, S. 84, 94.
107 Zitiert bei Ventura, *Shadow Dancing*, S. 159.
108 Daß Krach und sprachliche Abweichung in der Rapmusik thematisiert werden, läßt sich schon an den Titeln dieser Lieder ablesen, z. B. an Public Enemys »Bring the Noise«, BDPs »Gimme Dat (Woy)« und Tone Locs »Funky Cold Medina«.
109 T. S. Eliot, »Tradition and the Individual Talent«, in *Selected Essays* (London: Faber 1976), S. 15.
110 Vgl. *ÄT* 365; Adorno und Horkheimer, *Dialektik der Aufklärung*, S. 125, und Ernest van den Haag, »A Dissent from the Consensual Society«, in: Norman Jacobs (Hg.), *Culture for the Millions* (Princeton: Van Nostrand 1961), S. 59.

111 Löwenthal, »Historische Perspektiven«, S. 49.
112 Vgl. z. B. Rosenberg, »Mass Culture«, S. 12, der die »moderne Technologie« als »den notwendigen und hinreichenden Grund der Massenkultur« und deren kulturelle Barbarei anklagt. Löwenthal (»Historische Perspektiven«, S. 49) bezieht sich in ähnlicher Weise auf den »Niedergang des Individuums innerhalb der mechanisierten Arbeitsprozesse« der modernen technologischen Gesellschaft.
113 Vgl. Macdonald, »Theory of Mass Culture«, S. 65.
114 Greenberg, »Avant-Garde«, S. 98.
115 Hinter dem Angriff auf die Technologie der populären Kunst steht auch die bittere Klage, daß die industrialisierte Technologie das moderne Leben entmenschlicht habe, und die daraus sich ergebende Angst, daß die Kunst ähnlich entmenschlicht und schließlich durch die Vorherrschaft der Technik entmündigt werde. Technologie ist jedoch bei all ihrem bedauernswerten Mißbrauch und falschen Ideologien ein menschliches Produkt, mit dem die Menschheit wird zurechtkommen und es vermenschlichen müssen. Die populäre Kunst kann als expressiver Schauplatz für Verhandlungen zwischen dem Technologischen und dem Menschlichen gesehen werden. Wir finden Versuche, die technologische Maschine spielerisch zu vermenschlichen oder die menschliche Dominanz des Künstlers geltend zu machen, wenn etwa Rockmusiker ihre E-Gitarren dekorieren, jonglieren oder sogar zerstören oder wenn DJs spielerisch Platten zerkratzen und Plattenteller wechseln. Im zeitgenössischen weltweiten Technologie-Spiel ist ohnedem überhaupt nicht klar, wer spielt und mit wem gespielt wird. Ich gehe dieser Frage in bezug auf Rap im nächsten Kapitel nach.
116 Van den Haag, »Of Happiness«, S. 517, 529. Neuere Formulierungen diese Arguments finden sich bei Ariel Dorfman, der bemerkt, daß »die Kulturindustrie, darauf zugeschnitten, den gleichzeitigen Bedürfnissen immens großer Personengruppen zu genügen, ihre Botschaften auf dem sogenannten kleinsten gemeinsamen Nenner einebnet und nur produziert, was alle ohne Anstrengung verstehen können. Dieser gemeinsame Nenner (wie schon häufig gezeigt wurde) beruht auf dem Konstrukt des – worauf sonst? – Inbegriffs des mittleren, normalen nordamerikanischen Durchschnittsmanns, der durch säkulare Heiligsprechung zum universellen Maß der Menschheit geworden ist« (Ariel Dorfman, *The Empire's Old Cothes: What the Lone Ranger, Babar, and Other Innocent Heroes Do to Our Minds* (New York: Pantheon Books 1983), S. 199.
117 Zu diesen und weiteren Beispielen vgl. Fiske, *Television Culture*, S. 71-72, 163-64, 320 u. ö. Der Zwang zu simpler, einheitlicher

Kost, um Popularität zu erreichen, ist nur dann sinnvoll, wenn man davon ausgeht, daß die Bedeutung und Rezeptionsweise eines Werks für die Leser festgelegt und einheitlich ist, daß sein Sinn vom Autor fest kontrolliert wird und nicht das dialogische und veränderliche Ergebnis seiner Interaktion mit anderen Texten und sozio-historisch situierten Lesern ist.

118 Vgl. z. B. T. S. Eliot, *The Use of Poetry and the Use of Criticism* (London: Faber 1964), S. 152-53.

119 Vgl. Stuart Hall, »The Rediscovery of Ideology: The Return of the Repressed«, in: M. Gurevitch u. a. (Hg.), *Culture, Society and Media* (London: Methuen 1982), S. 56-90.

120 Bourdieu selbst verwendet diesen Begriff (*FU* 90: »Lebensart«, S. 105-06: »Lebensstil[e]«, S. 396: »Lebensart« und S. 580: »Lebensstil«), und ich werde auf die ethische Idee des ästhetischen Lebens im fünften Kapitel dieses Buches eingehen.

121 Vgl. Alexander Nehamas, »Plato and the Mass Media«, *Monist* 71 (1988), S. 223: »Die Stücke wurden nicht vor einem zurückhaltenden Publikum aufgeführt. Die dichtgedrängte Masse gab sich dem Pfeifen hin [...] und das Theater hallte wider von seinem ›ungezogenen Lärm‹ [...] Plato bringt sein tiefes Mißfallen an dem Tumult aus, mit dem das Publikum im Theater und anderswo, seine Zustimmung oder seine Unzufriedenheit herausbrüllte (*Rep.* 492c) [...] Nahrungsmittel fanden Verwendung, um diejenigen Schauspieler zu bewerfen, die sie nicht mochten und die sie oft im wahrsten Sinne des Wortes von der Bühne schrien.«

122 Horkheimer und Adorno, *Dialektik der Aufklärung*, S. 108-09, 157; vgl. auch Adorno, »Television and the Patterns of Mass Culture«, S. 477.

123 Vgl. etwa van den Haag, »Of Happiness«, S. 477.

124 Adorno, der nicht umhinkann, anzuerkennen, daß die meisten Kunstwerke die Gesellschaften, die sie hervorgebracht haben, diese eher bestätigen als ihnen zu widerstehen, muß den wesentlich oppositionellen Charakter der Kunst verteidigen, indem er ihre bloße nicht-funktionale Fiktionalität oder Abweichung von der Wirklichkeit als Akt des Widerstands konstruiert. Doch selbst, wenn wir diesen Schritt mitmachen, gälte dasselbe für populäre Kunstwerke, die statt dessen wegen ihres irrealen Eskapismus verleumdet werden. An anderer Stelle scheint Adorno dies zu bemerken, verdammt dann die populäre Kunst jedoch dafür, daß sie nicht eskapistisch genug ist, um Widerstand zu konstituieren. »Nicht darum sind die escape-Filme so abscheulich, weil sie der ausgelaugten Existenz den Rücken kehren, sondern weil sie es nicht energisch genug tun« (*Minima Moralia*, S. 269).

125 Im amerikanischen Theater des 19. Jahrhunderts z. B. wurde eine Reihe von englischen Schauspielern mit Nahrungsmitteln beworfen und mit Schreien wie den folgenden von der Bühne gejagt: »Raus! Raus! Geht zurück nach England! Sagt ihnen, die Yankees haben euch heimgeschickt!« Außerdem »verlangte das Publikum in New Orleans oft, daß vor den Ouvertüren zu italienischen Opern so beliebte Melodien wie ›Yankee Doodle‹ und ›Hail Columbia‹ gespielt werden sollten«. Widersetzte sich ein Dirigent diesen dringenden Bitten, »fing das Publikum an, Stühle und Bänke auseinanderzunehmen«. Der Protest gegen die aristokratische europäische Kultur (die in weiten Teilen auch Ausdruck der Wut auf die europäischen und aristokratischen Neigungen unter Amerikanern der Oberschicht war) fand seinen gewalttätigsten Ausbruch beim Astor Place Riot 1849, bei dem mindestens 22 Menschen umkamen. Ausführlicheres über den Widerstand der amerikanischen Öffentlichkeit (und auch über deren Unterwerfung) gegen den Adel, Intellektualismus und stark europäisch orientierten Elitismus der hohen Kunst findet sich bei Levine, *Highbrow/Lowbrow* (die von mir zitierten Stellen finden sich auf den Seiten 62 und 95).

126 Carl Boggs und Ray Pratt, »The Blues Tradition: Poetic Revolt or Cultural Impasse?«, in: Lazere (Hg.), *American Media*, S. 279, sagen ganz ähnlich: »Solange die sozialen Bedingungen, die den Blues geformt haben, agrarisch, vorkapitalistisch und durch die Rasse definiert waren, existierte die Musik primär außerhalb des herrschenden ökonomischen Systems und der sozialen Beziehungen.« Mehr über die schwarze Kultur als die Entwicklung einer Zuflucht vor der weißen sozio-kulturellen Beherrschung findet sich bei Eugene D. Genovese, *Roll Jordan, Roll: The World The Slaves Made* (New York: Pantheon 1974), und bei Lawrence W. Levine, *Black Culture and Black Consciousness* (New York: Oxford University Press 1977).

127 Vgl. z. B. Taylor, *Art, an Enemy of the People*, S. 43, und Arnold Hauser, *The Social History of Art* (New York: Knopf 1951), S. 438 ff.

128 Das bedeutet jedoch nicht, daß dieser Widerstand stark genug gewesen wäre, in Amerika die Bildung eines kulturell aristokratischen und politisch einflußreichen Establishment der hohen Kunst, dessen Entwicklung Levine gut beschreibt, zu verhindern. Wichtig ist einfach, daß dieser Widerstand stark genug ist (und bleibt), um das unhinterfragte Monopol der hohen Kunst auf ästhetische und kulturelle Legitimität zu untergraben.

129 Abraham Kaplan, »The Aesthetics of the Popular Arts«, in: J. B. Hall und B. Ulanov (Hg.), *Modern Culture and the Arts* (New York: McGraw-Hill 1972), S. 53.

130 »[D]ie Formen der Schlager sind ... so strikt genormt, daß beim einzelnen Stück eine spezifische Form überhaupt nicht in Erscheinung tritt.« Diese »Emanzipation der Teile von ihrem Zusammenhang [...] inauguriert die Verschiebung des musikalischen Interesses auf den partikularen, sensuellen Reiz.«(Adorno, »Über den Fetischcharakter in der Musik«, S. 32; vgl. auch Macdonald, »A Theory of Mass Culture«, S. 65: »Einheit ist wesentlich in der Kunst; sie kann nicht erreicht werden durch eine Produktionslinie von Spezialisten, mögen sie auch noch so kompetent sein.«

131 Außerdem genießt dieses Publikum nicht nur formale Komplexitäten, die den Inhalt aus dem Zentrum rücken und die narrative Kontinuität brechen (so wie in Musikvideos oder in dem stilisierten, bewußten Einsatz der Kamera und den störenden Zwischenspielen in *Miami Vice*), sondern ist sogar in der Lage, ihre eigenen formal komplexen ästhetischen Produkte zu erzeugen, indem sie populäre Kunstprodukte segmentieren und kombinieren, um ihre eigenen Originaltexte zu erstellen. Das kann durch systematisches Wechseln der Kanäle, Mitschneiden auf Video und Montieren oder, wie beim Rap, durch segmentierendes Sampeln und Zusammensetzen verschiedener Platten geschehen. Vgl. Fiske, *Television Culture*, S. 103-04, 238, 250-62 zu diesen Überlegungen zum Fernsehen und das folgende Kapitel zum Rap.

132 Mehr als die meisten Theoretiker erkennt Bourdieu die tiefe körperliche Dimension des Ästhetischen an: Kunst »ist immer schon mehr als jene *cosa mentale* [...] aus intellektualistischer Sicht. [...] Kunst ist auch etwas ›Körperliches‹«, verbunden mit grundlegenden »organischen« Rhythmen: »[Schnell und Langsam], Crescendo and Decrescendo, Bewegung und Erschlaffung« (*FU* 142). Unglücklicherweise jedoch beschränkt er wegen seiner soziologischen Vorliebe für das Hinnehmen herrschender Ansichten als positive Fakten die legitime Ästhetik auf die »reine Ästhetik«, die von Leben und Körper distanziert ist. Das verstärkt nur die lange Tradition des intellektualistischen Formalismus, in der das Sinnliche nur als ein Mittel der intellektuellen Form ästhetisch legitimiert ist.

133 Greenberg, »Avant-Garde«, S. 100.

134 Fiske, *Television Culture*, S. 238. Vgl. auch die Diskussion des selbstreflexiven Stils, der formalen Komplexität und selbstbewußten Intertextualität in der Analyse von Alexander Nehamas des *St. Elsewhere* in seinem Aufsatz »Serious Watching«, in: David Hiley, James Bohman und Richard Shusterman (Hg.), *The Interpretive Turn: Philosophy, Science, Culture* (Ithaca: Cornell University Press 1991), S. 260-81.

135 Die Zensur von Rap wurde landesweit zum Thema, als die Rapband *The 2 Live Crew* im Sommer 1990 in Florida verboten und verhaftet wurden. Genauere Angaben über frühere Versuche, Rap zu unterdrücken, finden sich in dem Pamphlet *You Got a Right to Rock: Don't Let Them Take It Away*, geschrieben von den Herausgebern von *Rock and Roll Confidential* und veröffentlicht von Duke and Duchess Ventures, Inc., New York, im September 1989. Die Zensur von Konzerten und das »elterliche« (*parental*) Auf-die-Schwarze-Liste-Setzen von Platten (heftig betrieben vom Parents Musical Resource Center) werden in Rap-Texten häufig thematisiert und mit Fragen der ästhetischen und politischen Ausdrucksfreiheit verbunden, so z. B. in »Freedom of Speech« von Ice-T und (wenn auch mit viel weniger Witz und Stil) in »Banned in the USA« von der 2 Live Crew. Freilich hat sich Rap in der letzten Zeit als zu beliebt erwiesen, um nicht – in seinen zahmeren Formen – von den etablierten Medien übernommen zu werden. Seine Rhythmen, sein Stil wurden von der Werbung übernommen, und ein sanfterer Rapper, Fresh Prince, bekam sogar seine eigene Fernsehshow bei einem großen Sender zur besten Sendezeit.

136 Der Titel stammt aus dem Text von Ice-T's »Hit the Deck«, der sich vornimmt, Rap als hohe Kunst vorzuführen (»demonstrate rappin' as a fine art«). Es gibt zahllose andere Raps, die mit Nachdruck ihren eigenen poetischen und künstlerischen Rang erklären; zu den stärkeren gehören: »Talkin'All That Jazz« von Stetsatonic, »I'm still #1«, »Ya Slippin'«, »Ghetto Music« und »Hip Hop Rules« von BDP und »The Best« von Kool Moe Dee.

137 »HipHop« bezeichnet in Wirklichkeit einen umfassenden kulturellen Komplex, der größer als Rap ist. Er umfaßt Breakdance, Graffiti und auch einen stilisierten, aber lässigen Kleidungsstil, in dem knöchelhohe Turnschuhe große Mode geworden sind. Die Rapmusik lieferte die Rhythmen (*beats*) für die Breakdancer; einige Rapper geben zu, daß sie auch selbst Graffitis gesprüht haben; und die HipHop-Mode wird in vielen Rapsongs gefeiert, so etwa in »My Adidas« von Run-DMC. Graffiti wird untersucht von Susan Stewart, »*Ceci Tuera Cela*: Graffiti as Crime and Art«, in: John Fekete (Hg.), *Life After Postmodernism* (New York: St. Martin's Press 1987), S. 161-80.

138 Für einen Juden, der der weißen Mittelschicht angehört, ist klar, daß das Interesse an Rap als ausbeuterisch und nicht »politisch korrekt« kritisiert werden könnte – daß ich nicht das Recht besitze, für eine Kulturform einzutreten, deren konstitutive Ghettoerfahrung mir fehlt – oder sie auch nur zu untersuchen. Obwohl jedoch die Wurzeln des Rap im schwarzen urbanen Ghetto verankert liegen, zielt der Rap selbst doch (wie wir se-

hen werden) darauf ab, ein bei weitem größeres Publikum zu erreichen; sein Protest gegen die Armut, gegen Verfolgung und ethnische Vorurteile sollte für viele Gruppen und Individuen nachvollziehbar sein, die ähnliche Dinge auch außerhalb des schwarzen Ghettos erfahren haben. In jedem Fall halte ich es für politisch weniger korrekt, die Wichtigkeit des Rap für die zeitgenössische Kultur und Ästhetik zu ignorieren, wenn man ihn wegen der Rasse und des sozio-ethnischen Hintergrunds nicht behandelt.

139   Ich untersuche die ästhetische Dimension der Postmoderne eingehender in »Postmodernism and the Aesthetic Turn«, in: *Poetics Today* 10 (1989), S. 605-22. Eine sehr einflußreiche Darstellung der Postmoderne, auf die ich mich beziehe, ist Fredric Jamesons Aufsatz »Postmodernism, or the Cultural Logic of Late Capitalism«, in: *New Left Review* 146 (1984), S. 53-92; dt. »Postmoderne – Zur Logik der Kultur im Spätkapitalismus«, in: A. Huyssen, K. Scherpe, *Postmoderne. Zeichen eines kulturellen Wandels* (Reinbek bei Hamburg: Rowohlt 1986), S. 45-102.

140   Vgl. z. B. Roger Abrahams, *Deep Down in the Jungle* (Chicago: Aldine Press 1970), dessen Untersuchung eines Gettos in Philadelphia zeigt, daß Sprachfertigkeiten »hohen sozialen Status mit sich bringen« und daß sogar unter jungen Männern die »Sprachfähigkeit ebenso hoch wie körperliche Stärke eingeschätzt wird« (S. 39 und 59). Untersuchungen der Ghettos in Washington und Chicago haben dies bestätigt. Vgl. Ulf Hannerz, *Soulside* (New York: Columbia University Press 1969), S. 84-85, der feststellt, daß verbale Fertigkeit »unter den Männern im Ghetto weithin geschätzt wird« – nicht nur für praktische Wettbewerbszwecke, sondern für den »Unterhaltungswert«; und Thomas Kochman (Hg.), *Rappin' and Stylin' Out* (Urbana: University of Illinois Press 1972), S. 241-64. Entsprechend diesem engeren Gebrauch der Bezeichnung für die traditionelle und stilisierte Praxis der verbalen Beleidigung, hat das schwarze »Signifying« die allgemeinere Bedeutung der codierten oder indirekten Kommunikation, die stark von dem speziellen Hintergrundwissen und dem besonderen Kontext der Beteiligten abhängt. Eine beeindruckend komplexe und theoretisch anspruchsvolle Analyse des »Signifying« als eigener Redeform und deren Gebrauch »als explizites Thema schwarzer Texte, als implizite rhetorische Strategie und als Prinzip der Literaturgeschichte« bietet Henry Louis Gates, Jr., *The Signifying Monkey: A Theory of Afro-American Literary Criticism* (Oxford: Oxford University Press 1988), hier S. 89.

141   Solche linguistischen Strategien der Vermeidung und Verdrehung, die »schälen (*shucking*)«, »blödeln (*tomming*)«, »betonen

(*marking*)« und »*loud-talking*« ebenso wie die ursprünglicheren Begriffe der Umkehrung und des Signifying einschließen, werden ausführlich in Kochman, »Toward an Ethnography«, Grace Simms Holt, »›Inversion‹ in Black Communication« und Claudia Mitchell-Kernan, »Signifying, loud-talking, and marking« behandelt (alle in Kochman, *Rappin' and Stylin' Out*).

142 Vgl. David Toop, *The Rap Attack: African Jive to New York Hip Hop* (Boston: South End Press 1984), S. 14. Deutsch: *Rap Attack. African Jive bis Global HipHop.* Aus dem Englischen übersetzt von Diedrich Diederichsen. (St. Andrä-Wördern: Hannibal Verlag 1992), S. 20.

143 Vgl. z. B. »Rhyme Pays« von Ice-T, »Bring the Noise« von Public Enemy, »Jam-master Jammin'« von Run-DMC's und »Ya Slippin'« von BDP.

144 Es wird nicht nur »scratch mixing« genannt, weil das manuelle Aufsetzen der Nadel in eine bestimmte Rille die Platte zerkratzt, sondern auch, weil der DJ das Kratzen im Ohr hört, wenn er die Nadel wieder in der Rille aufsetzt, um die Platte auszuprobieren, bevor er sie wirklich dem Sound der anderen Platte hinzufügt, der schon über den Verstärker geschickt wird.

145 Der Rap-Historiker David Toop (*Rap Attack*, S. 122) vermittelt einen Eindruck dieses wilden Eklektizismus: »Bambaataa [mischte] Calypso, europäische und japanische Elektronik, Beethovens Fünfte mit der Rock-Band Mountain; Kool DJ Herc ließ die Doobie Brothers Rücken an Rücken mit den Isley Brothers laufen, Grandmaster Flash legte die Last Poets über Sprach- und Geräuscheffekt-Platten und Symphonic B Boys Mixx spielten Klassische Musik auf fünf Plattenspielern.«

146 Vgl. z. B. »Caught, Can We Get a Witness?« von Public Enemy, »Talkin' All That Jazz« von Stetsatonic und »I'm Still #1«, »Ya Slippin'« und »The Blueprint« von BDP. Die leitende Vorstellung dieses letzten Rap betont den trügerischen Charakter der HipHop-Originalität. Indem sie ihren Untergrundstil als original und als dem »glatten kommerziellen Klang« (»*the soft commercial sound*«) von anderen Rapsongs überlegen ausgeben, verbindet BDP größere Originalität mit ihrer größeren Nähe zu den Ghettoursprüngen des Rap. »Du mußt kopieren, ich lese die Blaupause.« (»You got to copy, I read from the blueprint.«) Eine Blaupause ist jedoch selbst eine Kopie, nicht ein Original – tatsächlich ist es ein Trugbild, Simulakrum, oder die Repräsentation eines bereits geformten Gegenstands, der als konkreter Originalgegenstand nicht einmal Existenz besitzt (und vielleicht selbst dann nicht).

147 Vgl. Jameson, »Postmoderne«, S. 75 und 78. Ich möchte jedoch nicht bestreiten, daß Rap irgendwann zu Einheit oder eigener

formaler Kohärenz finden wird: später plädiere ich selbst dafür, daß genau dies geschieht – z. B. in »Talkin' All That Jazz«.

148 T. S. Eliot, »Tradition und individuelle Begabung«, in: *Essays 1* (Frankfurt am Main: Suhrkamp 1988), S. 347. Eine Kritik dieser frühen Eliotschen Anschauung und eine Darlegung der Gründe, die er in seiner späteren Traditionstheorie aufgegeben hat, findet sich in meinem *T. S. Eliot and the Philosophy of Criticism* (New York: Columbia University Press 1988), S. 156-67.

149 Vgl. jeweils »My Philosophy« und »Ghetto Music«. Die Texte von »Ya Slippin'« und »Hip Hop Rules«, die jeweils 1987 und 1989 entstanden sind. »Don't Believe the Hype« von Public Enemy trägt den zeitlichen Index von 1988, ähnliche Zeitindices finden sich in Rapsongs von Ice-T, Kool Moe Dee und vielen anderen.

150 Nach demselben Muster gehe ich davon aus, daß meine gegenwärtige Darstellung des Rap sich lohnt, auch wenn sie bald schon von neuen Entwicklungen des Genres überholt sein wird.

151 Es gibt Rap-Platten von weißen Gruppen wie Blondie, Tom Tom Club, Beastie Boys, 3rd Bass und von dem weißen Solo-Rapper Vanilla Ice.

152 Vgl. z. B. das französische Rap-Album *Rappattitudes*, auf dem sich die Rapper auf ihr Viertel in Paris, ihre Wohnungsprobleme und soziale Akzeptanz beziehen. Obwohl er dem Geiste nach eigenständig ist, bleibt der französische Rap von seinem amerikanischen Ursprung stark abhängig.

153 Toop, *Rap Attack*, S. 19-27 und 80. Man könnte auch sagen, daß HipHop die Möglichkeit bietet, daß physische Gewalt und Aggression ins Symbolische übertragen werden, indem es einen ästhetischen Raum dafür zur Verfügung stellt. Gewiß spielen offene Rivalität und aggressiver Wettbewerb für die Ästhetik des Rap eine wesentliche Rolle. Überhaupt ist vielleicht das beliebteste Thema der Raptexte, wie überlegen ein Rapper den anderen in seiner Fähigkeit ist, zu reimen und in seinem Vermögen, die Hörer mitzureißen (*to »rock« the audience*), wie er die Herausforderung anderer Rapper annimmt (die ihn kritisieren oder runtermachen (»*dis« him*)) und sie schwach und dumm aussehen zu lassen, wenn sie mit ihm in einen Rap-Wettstreit treten. Dieser Wettstreit wird oft in sehr brutalen Begriffen wiedergegeben und so, wie es für die traditionellen Wettstreite der verbalen Beleidigung wie »The Dozens« und »Signifying« beschrieben wird (vgl. die in Fußnote 140 angeführten Quellen). Zusammen mit dieser selbstherrlichen, kampflustigen Behauptung, der Beste (»*the best*«) zu sein, drückt sich in den Texten aber auch die grundlegende Solidarität der Rapper mit anderen Rap-Künstlern, die dasselbe künstlerische und politische Programm haben,

aus. Eine der beunruhigendsten Ausdrucksformen der symbolischen Gewalt des Rap ist seine Haltung Frauen gegenüber, die oftmals nicht nur sexistisch, sondern extrem brutal ist. Die beste Verteidigung, die der Rap für seine brutale Misogynie anzubieten hat, ist, daß sie selbst-bewußt übertreibt und als ironische Darstellung des Machismus verstanden werden sollte. Diese (nicht unproblematische) Verteidigung kommt in dem trockenen Witz von Ice-T besser zum Ausdruck als in der groben Brutalität z. B. von NWA. Ermutigend ist, daß die weiblichen Rapper aus Protest zurückrappen wie z. B. HWA (Hores With Attitude) und BWP (Bytches With Problems) und am kraftvollsten Queen Latifah.

154 Fredric Jameson, »Postmoderne«, S. 76 und 80.
155 Toop, *Rap Attack*, S. 220.
156 Aus: »Bring the Noise« von Public Enemy.
157 Aus: »Heartbeat« von Ice-T und »Don't Believe the Hype« von Public Enemy.
158 Aus: »Don't Believe the Hype«.
159 Vgl. »Ghetto Music« von BDP, »Rebel Without a Pause« von Public Enemy und »Radio Suckers« von Ice-T. Dennoch, wie diese Rapper zugeben, spielen einige Radiostationen (meistens spät in der Nacht) den »harten Sound der Wirklichkeit«, »the raw reality sound«.
160 Aus: »Radio Suckers«.
161 Vgl. »Black Steel in the Hour of Chaos« von Public Enemy. Zu diesem Thema der schwarzen Ausnutzung (*exploitation*) durch die weiße Gesellschaft vgl. auch »Who Protects Us From You?« von BDP und »Squeeze the Trigger« von Ice-T.
162 Beispiele für die erste Spannung finden sich in »High Rollers«, »Drama«, »6'N the Morning« und »Somebody Gotta Do It (Pimpin' Ain't Easy!)« von Ice-T und in »Another Victory« von Big Daddy Kane; für die zweite Spannung vgl. »Radio Suckers« von Ice-T und »The Blueprint« von BDP. Ein weiterer beunruhigender Widerspruch besteht darin, daß der Rap trotz seiner Verdammung der Unterdrückung und Ausbeutung von Minderheiten oft selbst die Rolle eines Zuhälters (»pimpin' style«) übernimmt, die in dem unerträglich machistischen Abfeiern der (oft brutalen) Ausbeutung von Frauen besteht.
163 Pierre Bourdieus Buch *Die feinen Unterschiede. Kritik der gesellschaftlichen Urteilskraft* (Frankfurt am Main: Suhrkamp 1989) stellt die verborgene Logik der materiellen, kommerziellen und klassenspezifischen Interessen und Mechanismen heraus, die die Machenschaften der sogenannten reinen, nicht-kommerziellen Kunst und ihrer tatsächlichen Verachtung als rein und nicht-kommerziell berücksichtigen.

164 Houston Baker, *Blues, Ideology, and Afro-American Literature: A Vernacular Theory* (Chicago: University of Chicago Press 1984), S. 34-63.
165 A. a. O., S. 57.
166 Vgl. z. B. »Rhyme Pays« von Ice-T und »They Want Money« und »The Avenue« von Kool Moe Dee.
167 Vgl. z. B. Jürgen Habermas, *Der philosophische Diskurs der Moderne* (Frankfurt am Main: Suhrkamp 1984), S. 9-33.
168 A. a. O., S. 62 und Friedrich Schiller, *Über die ästhetische Erziehung des Menschen*.
169 Vgl. »My Philosophy« und »Gimme Dat (Woy)« von BDP. Die Texte ihres »Wissensrap« (*knowledge rap*) »Who Protects Us From You?« beschreiben es als »eine Dienstleistungs-Ansage von den Wissenschaftlern der Boogie-Down-Productions« (»a public service announcement brought to you by the scientists of Boogie Down Productions«).
170 Aus: »I'm Still #1.« Zu BDPs Angriff auf die etablierte Geschichtsschreibung und die Stereotypen der Medien vgl. besonders »My Philosophy«, »You Must Learn« und »What is That?«.
171 Dieser Begriff stellt das zentrale Thema von »Do You Know What Time It is?« von Kool Moe Dee dar und findet sich auch im Wahrzeichen der Kleidung Flavor Flavs von Public Enemy: einer riesigen Uhr, die er wie ein Halsband trägt.
172 Das beste Beispiel dafür ist Gary Byrd, ein DJ in New York, der ein Literaturprogramm entwickelt hat, dem Rap zugrunde liegt. Ausführlicher dazu ist Toop, *Rap Attack*, S. 56-57.
173 Die Zitate von Jameson in diesem und dem folgenden Absatz stammen aus »Postmoderne«, S. 95-100. Der Satz von Adorno findet sich in Th. W. Adorno, *Ästhetische Theorie* (Frankfurt am Main: Suhrkamp 1973), S. 336.
174 Vgl. z. B. »409« von Ice-T und »Nervous« von BDP. Es ist bemerkenswert, daß sogar diejenigen Künstler, die sich selbst für nicht-kommerziell halten, Namen tragen, die auf die Geschäftswelt anspielen. Die Gruppe oder *crew* von Ice-T nennt sich »Rhyme Syndicate Productions«, und BDP heißt natürlich nichts anderes als »Boogie Down Productions«. Die Texte des kommerziellen Rap scheinen oft Werbung für die Platten des Künstlers oder seine gut verdienende Telefongesellschaft zu machen (wie in dem Rap »1-900-LL Cool J« von LL Cool J).
175 Grandmaster Flash beschwerte sich einmal darüber, daß die tanzende Menge innehielt, um seine neuen Einfälle und seine Virtuosität beim Schneiden zu bewundern: »Bei meinen Fähigkeiten als DJ passierte es nun immer häufiger, daß gerade dann, wenn ich richtig in Fahrt gekommen war, die Leute nicht mehr tanzten, sondern sich um mich scharten und mir zusahen, als

wär's ein Seminar. Das war exakt das, was ich nicht wollte. Wir waren schließlich nicht in der Schule, wir wollten doch unseren Arsch bewegen.« *Rap Attack*, S. 86.

176 Vgl. »Dance for Me« von Queen Latifah und »Hit the Deck« von Ice-T. Eine ähnliche Betonung der hypnotisierenden Besessenheit und der sowohl physisch wie geistig bewegenden Macht des Rap bei denen, die ihn produzieren, und in denen, die ihn hören, findet sich in »Rock Steady« und in »The Best« von Kool Moe Dee.

177 Am ausdrücklichsten zeigt sich dieser Punkt in Platons *Ion*. In Kool Moe Dees Rap »Get the Picture« jedoch wird die Richtung und Bewertung dieser Kette des göttlichen Wahnsinns auf witzige Weise umgekehrt. Das hypnotisierte Rappen wird mit Wissen, »knowledge« und Wahrheit, »telling the truth«, gleichgesetzt, die das besessene Publikum des Rappers auf die Ebene des Göttlichen hebt und zugleich deren Überlegenheit anzweifelt und sie ebenso bezaubert:

Ich beginne auf den von mir geschriebenen Reimen zu schweben
Erreiche eine Ebene mit den Göttern, und ich schleppe
Massen und Mengen von Leuten (mit)
Die neue Höhen erreichen
Der Ort der Party ist eine halbe Meile vom Himmel entfernt
Und die Attraktion bin ich.
Die Götter stehen dicht gedrängt
Wagen sich hervor, damit ich sie mitreiße
Sie benehmen sich, als hätten sie sich nie zuvor so gut amüsiert.
Sie versuchen, sich wie Götter zu verhalten, aber schaffen es nicht.
[...]
Und jedes Wort von mir verschafft Venus einen Höhepunkt
Völlig verführt, wird Zeus ganz locker.
Apolls Verse klingen nach mir wie Abzählreime.
Gegen Ende der Nacht ist Merkur so high,
Daß er verkündet, es gebe einen Gott des Mikrophons
Der all die andern Götter betört
Von den Massen
Wird er als Schwarzer mit Brille beschrieben.

I start to float
On the rhymes I wrote
Ascending to a level with the gods and I tote
Loads and mounds of people

As they reach new heights
A half a mile from heaven is the party site
And I'm the attraction.
The gods will be packed in
Coming out of their pockets for me to rock it
And acting
Like they've never ever been entertained.
They try to act godly but they can't maintain.
[...]
And Venus would peak on every word I speak
Zeus would get loose
Fully induced.
I'll make Apollo's rhymes sound like Mother
Goose.
By night's end Mercury is so hyped
He'd spread the word that there's a god of the mike
Captivating all the other gods
By the masses,
Described as a dark-skinned brother in glasses.

178 Vgl. z. B. Michael Ventura, *Shadow Dancing in the U.S.A.* (Los Angeles: J. P. Tarcher 1986) (dort S. 111: »In Abomey, Africa, werden diese Gottheiten, die sich durch Menschen verständlich machen, *Vodun* genannt. Das Wort bedeutet ›Wunder‹. Daher kommt unser Wort Wodu, *Voodoo*.«) und Robert Farris Thompson, *Flash of the Spirit* (New York: Vintage 1984).

179 »Talkin' All That Jazz« ist z. B. der einzige Song, der sich sowohl auf *Yo! MTV Raps* und auf *Monster TV Rap Hits*, zwei sehr populären Alben, findet. Der Text wird mit der Genehmigung von Tee Gee Girl (BMI) abgedruckt.

180 Meine gedruckte Transkription des Textes wird auch dem antiphonalen Singstil der drei Stimmen, die sich unregelmäßig zwischen den Zeilen und manchmal sogar in derselben Zeile abwechseln, und die den springenden synkopischen Stil des Rap verstärken und damit seine formale Komplexität noch erhöhen, nicht gerecht.

181 *Talkin' All That Jazz*

Well, here's how it started,
Heard you on the radio
Talk about rap,
Sayin' all that crap
About how we sample.
Give an example.
Think we'll let you get away with that.

You criticize our method
Of how we make records.
You said it wasn't art,
So now we're gonna rip you apart.
Stop, check it out ma man.
This is the music of a hip-hop band.
Jazz, well you can call it that,
But this jazz retains a new format.
Point, when you misjudged us,
Speculated, created a fuss,
You've made the same mistake politicians have,
Talkin' all that jazz.

[*musical break*]

Talk, well I heard talk is cheap.
Well, like beauty, talk is just skin deep.
And when you lie and you talk a lot,
People tell you to step off a lot.
You see you misunderstood,
A sample's just a fact,
Like a portion of my method,
A tool. In fact,
It's only of importance when I make it a priority,
And what we sample of is a majority.
But you are a minority, in terms of thought,
Narrow-minded and poorly taught,
About hip hop's aims and the silly games
To embrace my music so no one use it.
You step on us and we'll step on you.
You can't have your cake and eat it too.

[*musical break*]

Lies, that's when you hide the truth.
It's when you talk more jazz than proof.
And when you lie and address something you don't know,
It's so whacked that it's bound to show.
When you lie about me and the band, we get angry.
We'll bite you pens and start writin' again.
And the things we write are always true,
Sucker, so get a grip now we're talking about you.
Seems to me that you have a problem,
So we can see what we can do to solve them.
Think rap is a fad; you must be mad,
'Cause we're so bad, we get respect you never had.
Tell the truth, James Brown was old,

Till Eric and Rak came out with »I got soul.«
Rap brings back old R & B.
And if we would not,
People could have forgot.
We want to make this perfectly clear:
We're talented and strong and have no fear
Of those who choose to judge but lack pizazz,
Talkin' all that jazz.

[*musical break*]

Now we're not tryin' to be a boss to you.
We just wanna get across to you
That if you're talkin' jazz
The situation is a no win.
You might even get hurt, my friend.
Stetsatonic, the hip-hop band,
And like Sly and the Family Stone
We will stand
Up for the music we live and play
And for the song we sing today.
For now, let us set the record straight,
And later on we'll have a forum and
A formal debate.
But it's important you remember though,
What you reap is what you sow.
Talkin' all that jazz.
Talkin' all that jazz.
Talkin' all that jazz.

182 Diese Definitionen stammen aus *Funk and Wagnall's Standard Desk Dictionary* (New York: Thomas Y. Crowell 1980). *Webster's New Collegiate Dictionary* (Springfield, Mass.: Merriam 1979) und *The Random House College Dictionary* (New York: Random House 1984) geben im wesentlichen dieselbe Bedeutung von »leeres Gerede: Humbug« (»empty talk: humbug«) und »unernstes, übertriebenes, angeberisches Sprechen« (»insincere, exaggerated, or pretentious talk«) an.

183 Rap ist in seinem schwarzen Stolz und seiner Herausforderung der weißen kulturellen und politischen Beherrschung viel direkter als Jazz. Dies kann nicht überraschen, weil Jazz sich in einer Phase der schwarzen Erfahrung entwickelt hat, die der Sklaverei noch viel näher war.

184 Dieses Betonen der Tatsache, daß Rap mit Überlegung komponiert und geschrieben wird und nicht einfaches Reden ist, unterstreicht den Anspruch des Rap, selbst Literatur und Kunst zu sein.

Dennoch setzt dieser Song nicht Reden als Lügen und Schreiben als Wahrheit einander ausschließend gegenüber; denn indem sie ihren feindlich gesonnenen Kritikern die Wahrheit präsentieren, schreiben die Rapper nicht nur, sondern »sprechen über Euch« (»*talkin' about you*«). Im allgemeinen heben die Rapper sowohl ihre Fähigkeiten in der mündlichen Improvisation als auch ihre Begabung für die schriftliche Komposition hervor.

185 Dies ist die vorherrschende Lesart des Songs. In Anbetracht jedoch der Ambiguitäten und Umkehrungen, mit denen der Song seine Punkte macht, bleibt es ebenso für unterschiedliche, widersprüchliche Lesarten offen. Rechte könnten einwenden, daß der musikalische Status des Songs als Gerede, »talkin' jazz«, gemeinsam mit seinem Anspruch, nicht nur wahre Kunst, sondern sogar reale Wahrheit zu sein, nur auf erbärmliche Weise seinen Status als bloßes »talkin' jazz« im Sinn des angeberischen Blödsinns oder des leeren Getues, »hype«, bestätige. Anders könnte eine divergierende schwarze aktivistische Lesart den *künstlerischen* Protest gegen schwarze sozio-kulturelle Unterdrückung des Songs so interpretieren, daß er fälschlicherweise das Politische auf das Ästhetische reduziert, indem er nahelegt, daß Rap einfach Gerede – »talkin' jazz« – bleibt, weil er bloß künstlerischen Protest, nicht aber wirkliche politische Aktion darstellt.

186 Vgl. z. B. die Untersuchung der Umwandlung von Shakespeare und der Oper von populärer in elitäre Kunst in Amerika bei Lawrence Levine, *Highbrow/Lowbrow: The Emergence of Cultural Hierarchy in America* (Cambridge, Mass.: Harvard University Press 1988).

187 Vgl. Holt, »›Inversion‹ in Black Communication«, S. 154.

188 Claude Brown, »The Language of Soul«, in: Kochman (Hg.), *Rappin' and Stylin' Out*, S. 135.

189 Holt, »›Inversion‹ in Black Community«, S. 154.

190 Vgl. Claudia Mitchell-Kernan, »Signifying«, S. 326-27. Diese Form der Sprachkunst stellt auf gut Deweysche Art und Weise eine Fortsetzung und Verbesserung des Alltagslebens dar. Wir sollten nicht vergessen, daß das Rappen bereits ein Sprachstil war, bevor es eine Musikrichtung wurde, und diese Bedeutung des Rap bleibt natürlich auch weiter bestehen.

191 Vgl. *The Random House College Dictionary*.

192 Ein FBI-Direktor zum Beispiel gab eine offizielle Warnung vor einem Rap der NWA (Niggers With Attitudes) heraus, ohne den Song jemals gehört zu haben; eine Untersuchung der Protestschreiben, die die Gruppe erhielt, brachte ans Licht, daß keiner dieser Anti-Rap-Kritiker den Song, um den es ging, wirklich gehört hatte oder auf irgendeine andere Art mit Rapmusik vertraut war. Solche auf dem Hörensagen beruhende Animositäten

haben zu Absagen von Rapkonzerten und der Zensur und Konfiszierung von Rapplatten geführt. Mehr Details zu diesen Vorgängen finden sich bei Dave Marsh und Phyllis Pollack, »Wanted for Attitude«, in: *Village Voice*, 10. Oktober 1989, S. 33-37.

193 Die Gewalttätigkeit dieses Kampfes geht oft über den Bereich der bloß symbolischen Gewalt hinaus. Jenseits von Kritik und Gegenkritik übt das Establishment die handgreifliche Macht der Zensur und der Verhaftung aus, während die Unterstützer des Rap die vergeltende Gewalt ihrer schmetternden (*blasting*) Lautstärke (die in vielen Rapsongs selbst zum Thema gemacht wird) und die Androhung physischer Gewalt anwenden, die aus der langen Frustration und Unterdrückung entsteht. Diese beiden Formen von vergeltender Gewalt werden in *Do the Right Thing* von Spike Lee hervorgehoben und auf kluge Weise miteinander verbunden, indem das gewalttätige Zum-Schweigen-Bringen von lautem Rap der Anlaß zu einem Aufstand im Viertel (*neighbourhood riot*) ist.

194 Die Widersprüche der Zensur des Raps durch das demokratische Establishment kommen pointiert im Titelsong des Albums *Freedom of Speech ... Just Watch You Say* von Ice-T zum Ausdruck und legen sich auch schon durch den Namen von »Public Enemy« nahe, der maliziös mit den zwei unterschiedlichen Bedeutungen von »public« spielt, die hier in scharfem Gegensatz zueinander stehen: das institutionell Öffentliche steht gegen das, was wirklich das Volk oder die Gemeinschaft repräsentiert.

195 Vgl. Jon Pareles, »How Rap Moves to Television's Beat«, in *New York Times*, Sunday, 14. January 1990, section 2, Arts & Leisure, 1, 28. MTV ist wirklich besser als das kommerzielle Radio und TV-Netz, wenn es darum geht, überhaupt Rap zu bringen, aber es konzentriert sich noch immer auf den kommerziellen Sound, während viel von dem bedrohlicheren und interessanteren Underground-Rap nicht adäquat repräsentiert wird. Wenn Pareles sagt, daß Rap und sein Erfolg beim Publikum wesentlich durch das Medium des Fernsehens geprägt ist, dann geht er leider nicht auf die Zensur ein, die Rap durch und im Fernsehen erfährt. Erst 1989 war das Fernsehen bereit, Rap in seinen *Grammy Award telecast* aufzunehmen (eine Tatsache, über die sogar schon gerappt wurde), zusammen mit der Kritik, daß die gefährlichen Illusionen, die das Fernsehen verbreitet (vgl. zum Beispiel »Terminator X to the Edge of Panic« und »She Watch Channel Zero« von Public Enemy). Außerdem macht man es sich zu einfach, wenn man das Fernsehen isoliert und allein dafür verantwortlich für den Collageneffekt des Raps macht, der durch seinen rasch wechselnden Inhalt, seine Selbstanpreisung und seine schnell unterbrochenen Informationsfetzen gekenn-

zeichnet ist. Dieselben Phänomene gibt es im kommerziellen Rundfunk, der ebenso, wenn nicht sogar noch stärker, ein Teil der Straßenkultur ist und wo die Hörer ebenso von Sender zu Sender springen, um mehr Songs und nicht Nachrichten und Werbung zu erwischen. Der Rundfunk scheint der lockeren, dialogischen Form des Raps näher zu sein, da seine Form (*format*) beweglicher ist und mehr Einmischung erlaubt (durch die DJs und anrufenden Zuhörer (*audience phone-ins*) als das Fernsehen, das natürlich auch einen wichtigen Einfluß auf den Rap besitzt. Es ist angemessener, zu sagen, Rap ist ein Produkt unserer globalen elektronischen Technologie: viele Plattenspieler, Kassettenrekorder, Rhythmusmaschinen (»*beat boxes*«), Soundsysteme, Computerspiele, Video, Radio, Fernsehen und all das.

196 Greil Marcus, *Mystery Train: Images of America in Rock'n'Roll Music* (New York: Dalton 1982), S. 82. Das Buch enthält ein hervorragendes Kapitel über die Karriere von Sly Stone.

197 Vgl. den Song »Poet« auf seinem Album *Riot*, in dem er singt: »I'm a songwriter, oh yeh, a poet.«

198 Daher auch die Bezugnahme des Songs auf bereits bestehende Überzeugungen in Mehrheitsdemokratien und pluralistischer Toleranz und auf das bereits bestehende Geschmacksinteresse an »R & B« und »Sly and the Family Stone«.

199 Ich bespreche diese Argumentationsform sehr detailliert in meinen Artikeln »The Logic of Interpretation«, in: *Philosophical Quarterly* 28 (1978), S. 310-24, »Evaluative Reasoning in Criticism«, in: *Ratio* 23 (1981), S. 141.57 und »Wittgenstein and Critical Reasoning«, in: *Philosophy and Phenomenological Resarch* 47 (1986), S. 91-101, und in dem Buch *T. S. Eliot and the Philosophy and Criticism*, S. 91-106.

200 Wollheim zum Beispiel spricht von dem »fortwährende[n] und unauslöschliche[n] Selbstbewußtsein der Kunst«, in: Richard Wollheim, *Art and its Objects* (Harmondsworth: Penguin 1975), dt. *Objekte der Kunst* (Frankfurt am Main: Suhrkamp 1982), S. 11.

201 Vgl. M. Horkheimer und T. W. Adorno, *Dialektik der Aufklärung* (Frankfurt am Main: S. Fischer 1969), S. 108, und Bourdieu, *FU* 81, 91 und 616; vgl. auch meine Behandlung dieser Sichtweisen im vorangegangenen Kapitel.

202 Eine Ausarbeitung dieser Überlegung findet sich in: *T. S. Eliot and the Philosophy of Criticism*, S. 157-64 und 170-90.

203 Diese beiden Kennzeichen lassen sich mit dem angeblich notwendigen oppositionellen Charakter der Kunst verbinden. Denn der kreative Neuheits-Imperativ der Kunst impliziert zumindest die Opposition gegen das Alte und Vertraute, während die Beschäftigung mit der Form sich gegen unsere gewöhnlichen ko-

gnitiven und praktischen Sorgen zu wenden scheint (und auf diese Weise für viele eine Definition der spezifisch ästhetischen Haltung geworden ist).

204 Ich sollte dennoch erwähnen, daß der Song ganz gezielt Jazz sampelt, vor allem aus »Expansions« von dem Jazz-Keyboarder Lonnie Liston-Smith.

205 Pareles, »How Rap Moves«, S. 1: Rap »ist sowohl das aufregendste als auch das am schnellsten wachsende Genre der populären Musik«. Viele Rapsongs, besonders diejenigen, die die Geschichte des HipHop verfolgen und feiern, stellen den atemberaubenden Erfolg noch expliziter zur Schau, wie er die ständigen Vorhersagen seines frühen Todes der Kritiker überlebt hat, und treten damit für seinen Wert und sein kreatives Potential im Sinne seiner bleibenden Kraft ein. Vgl. z. B. »Hip Hop Rules« von BDP.

206 Natürlich schließt keine der Innovationen des Rap, das Erreichen formaler Kohärenz und formaler Einheit logisch aus. Rhythmische Spannungen, gesampelte Fragmente und verrückte Ausrufe können in überzeugenden künstlerischen Ganzheiten neu verwoben werden, wie jeder, der Werke wie Eliots *The Waste Land* gelesen hat, zugeben wird. Und ich denke, es läßt sich auch in »The Adventures of Grandmaster Flash on the Wheels of Steel« komplexe Kohärenz finden. Es bleibt jedoch eine gewisse praktische Spannung bestehen. Denn wenn der Rap seinen freiesten Innovationen und seinem künstlerischen revolutionären Impuls freien Lauf läßt, kann es passieren, daß er letztendlich wie formloser, bedeutungsloser Lärm klingt; und manchmal klingt er auch wirklich so. Diese Innovation aufzugeben, um den traditionellen formalen Anforderungen zu genügen, hieße jedoch, das Potential des Raps aufzugeben – ein Potential, das unseren Formsinn ändern und erweitern kann, so daß wir lernen, ein Muster zu entdecken, wo wir zuvor nur Formlosigkeit sehen konnten.

207 Vgl. Ludwig Wittgenstein, *Tractatus Logico-Philosophicus* (Frankfurt am Main: Suhrkamp 1963), S. 112, fortan zitiert als *TLP*.

208 Ludwig Wittgenstein, *Tagebücher 1914-1916* (Frankfurt am Main: Suhrkamp 1984), fortan zitiert als *Tb*.

209 *TLP* 6.45 und Wittgensteins »Lecture on Ethics«, die zwischen 1929 und 1930 entstanden ist und nach seinem Tod in *Philosophical Review* erschienen ist: *Philosophical Review* 74 (1965), S. 3-12. In dieser Vorlesung und auch *Tb*, S.181, bezieht sich Wittgenstein mit dem Begriff des Wunders auf das Mystische.

210 Vgl. Jean-François Lyotard, *The Postmodern Condition* (Minneapolis: University of Minnesota Press 1984), S. 10, 40-41.

211 Der klassische Fall für die logischen Unterschiede zwischen Ethik und Ästhetik findet sich in Stuart Hampshires Aufsatz »Logic

and Appreciation«, wieder abgedruckt in W. Elton (Hg.), *Aesthetics and Language* (Oxford: Blackwell 1954), S. 161-69.

212 Diesen und andere Aspekte von Wittgensteins späterer ästhetischer Theorie diskutiere ich in: »Wittgenstein and Critical Reasoning«, *Philosophy and Phenomenological Research* 47 (1986), S. 91-110.

213 Diese Unterscheidung zwischen »privater Moral« und »öffentlicher Moral« ist recht geläufig, Rorty hat sie in jüngster Zeit dazu benutzt, um seine eigene ästhetisierte Ethik stark zu machen. Obwohl diese Unterscheidung nützlich sein kann, bezweifle ich aus später zu diskutierenden Gründen, daß das Vorhaben einer privaten Moral so klar abtrennbar und unabhängig von der öffentlichen Moral ist, wie Rorty dies gerne möchte. Rorty führt die Unterscheidung zwischen öffentlicher und privater Moral auf den Seiten 10 und 11 seines Aufsatzes »Freud and Moral-Reflection« ein, in: J. H. Smith und W. Kerrigan (Hg.), *Pragmatism's Freud: The Moral Disposition of Psychoanalysis* (Baltimore: Johns Hopkins University Press 1986), S. 1-27, fortan zitiert als *FM*, deutsch in überarbeiteter Fassung: »Freud und die moralische Reflexion«, in: Richard Rorty, *Solidarität oder Objektivität?* (Stuttgart: Reclam 1988), S. 38-81; sie wird zum zentralen Thema in *Contingency, Irony, and Solidarity* (Cambridge: Cambridge University Press 1989), dt.: *Kontingenz, Ironie und Solidarität* (Frankfurt am Main: Suhrkamp 1989), fortan zitiert als *KIS*.

214 Für Platon und die Griechen im allgemeinen waren die Idee des Guten und die Idee des Schönen nicht so klar voneinander geschieden, wie sich an der Tatsache erkennen läßt, daß sie oft gemeinsam in der Zusammensetzung *kalon kai agathon* (»schön und gut«) genannt wurden und daß *kalos*, der spezifische Begriff für das Schöne, vielleicht genauso häufig wie *agathos* gebraucht wurde, um moralische Qualität zu bezeichnen. Nachdem die griechische Welt, beherrscht von dem Ziel der *eudaimonia*, erst einmal einer Ethik freien Lauf ließ, die von den Ideen der göttlichen Gebote regiert wurde, war es viel leichter, das Ethische vom Ästhetischen zu trennen und sie sogar als einander widersprechende Prinzipien zu betrachten. Die berühmten nach-klassischen Verbindungen, die zwischen Ethik und Ästhetik hergestellt worden sind, bringen vor allem das Bewußtsein ihrer wahrgenommenen Trennung zum Ausdruck. Kant faßte die Schönheit als Symbol der Moral auf; Schiller begriff die ästhetische Erziehung als Mittel der Moral; Kierkegaard schließlich erblickte in einer ästhetischen Haltung dem Leben gegenüber eine dem Ethischen unterlegene Alternative. Die postmoderne Geschmacksethik unterscheidet sich vielleicht nur in ihrem Versuch, die beiden Sphären wirklich miteinander zu verschmelzen,

sich trotzig der langen Tradition der philosophischen Gabelung (die sie von der griechischen Überschneidung der Bereiche absetzt) bewußt, so daß das Ästhetische weder ein Symbol noch ein Mittel, noch ein Ersatz für eine Ethik, sondern vielmehr die konstitutive Substanz einer Ethik ist.

215 Richard Rorty, »Freud, Morality, and Hermeneutics«, in: *New Literary History* 12 (1980), S. 180.

216 Bernard Williams, *Ethics and the Limits of Philosophy* (London: Fontana 1985), S. 29, von jetzt an abgekürzt als *ELP*.

217 Vgl. T. S. Eliot, »Tradition and the Individual Talent«, in: *Selected Essays* (London: Faber 1976), S. 16.

218 Vgl. Lyotard, *Postmodern Condition*, S. 27-41.

219 Richard Wollheim, *The Thread of Life* (Cambridge, Mass.: Harvard University Press 1984), S. 215-216; fortan abgekürzt als *TL*. Tatsächlich benutzt Wollheim an dieser Stelle nicht den Terminus »Ethik«; er macht jedoch dieselbe essentielle Unterscheidung wie Williams, wenn er von »Moral im weiten Sinne genommen« spricht, die von der Verpflichtung beherrscht wird und auf Introjektion beruht (z. B. *TL* 221). Ich sollte auch betonen, daß weder Wollheim noch Williams ein typisch postmoderner Philosoph ist, auch wenn beide die in der Moderne herrschende Moralethik in Frage stellen, die von verpflichtender Vernunft regiert wird. Obwohl ihre Kritik zweifellos die postmoderne Erfahrung widerspiegelt, bleiben ihr philosophischer Stil und ihre generell objektivistische Sichtweise traditionell modern. Rorty kann im Gegensatz dazu ein postmoderner Philosoph genannt werden, obwohl hier nicht der Platz ist, diese Unterscheidung zu erklären oder zu rechtfertigen. Ich unternehme einen kurzen Versuch, dies zu tun, in »Postmodernism and the Aesthetic Turn,« in: *Poetics Today* 10 (1989), S. 604-22.

220 Die Ethik als kreative Kunst zu betrachten legt nahe, daß der ethisch Handelnde dieselbe Art von Freiheit und Macht im Leben besitzt wie der Künstler in seiner Kunst. Man könnte dagegen jedoch einwenden, daß dies für die meisten Mitglieder der Gesellschaft nicht der Fall ist; ungeachtet der Tatsache, daß sogar die Armen einige Möglichkeiten zur Stilisierung des Lebens besitzen. Aus diesem Grund ist, wie ich später darlegen werde, eine soziale (ebenso wie eine ästhetische) Reform nötig, um das ethische Ideal, das Leben als Kunst zu leben, zu einer zugänglicheren und stärker geteilten Option zu machen.

221 Alasdair Macintyre, *After Virtue* (London: Duckworth 1982), dt.: *Der Verlust der Tugend* (Frankfurt am Main, New York: Campus 1987), S. 275.

222 Vgl. G. E. Moore, *Principia Ethica* (Cambridge: Cambridge University Press repr. 1959), dt.: *Principia Ethica* (Stuttgart: Reclam

1970). Aus dem Englischen übersetzt und herausgegeben von Burkard Wisser, S. 260-61, fortan abgekürzt als *PE*.

223 O. Wilde, *The Works of Oscar Wilde* (New York: Dutton 1954), S. 934. Wildes Plädoyer für das ästhetische Leben scheint Aspekte aller drei Genres, die ich unterschieden habe, zu kombinieren. Verschiedentlich spricht er sich für die folgenden drei Punkte aus: (1) ein solches Leben genießt ästhetische Freuden (einschließlich den inspirierten zeitweiligen Zuständen der Stasis und Muße, die sie erfordern); (2) dies Leben muß notwendig ein ästhetisch ansprechendes Ganzes bilden; und (3) – in Annäherung an das ästhetische Leben Rorty-Freudscher Provenienz: diese Einheit findet sich im ständigen Wechsel. In Wirklichkeit erläutert Wilde bereits Rortys postmodernes Modell des Ironikers in den 1890er Jahren, wenn er bemerkt, daß der ideale Ästhet »sich in vielen Formen verwirklichen wird und auf 1000 verschiedene Weisen, und immer neugierig sein auf neue Empfindungen und frische Ansichten. Allein durch stetigen Wandel wird er seine wahre Einheit finden« (S. 987). Es sollte festgehalten werden, daß auch Pater Rortys ästhetisches Leben vorwegnimmt, wenn er ein »beschleunigtes, vervielfachtes Bewußtsein« verteidigt, einen Durst auf die intensive Aufregung des Neuen und eine pragmatische experimentelle Sichtweise des Wissens: nicht, daß es irgendeine bleibende Wahrheit böte (die unerreichbar ist), sondern einfach als »Ideen«, »Ansichten« oder »Werkzeuge der Kritik« (in Rortys Begrifflichkeit: »Vokabulare«), um unsere Erfahrung zu bereichern und unsere Auffassungsgabe schneller zu machen (vgl. Walter Pater, *The Renaissance* (London: Macmillan 1917), S. vii-xv und 233-39).

224 Michel Foucault, »Genealogie der Ethik: Ein Überblick über laufende Arbeiten«, in: Hubert T. Dreyfus und Paul Rabinow (Hg.), *Michel Foucault. Jenseits von Strukturalismus und Hermeneutik* (Frankfurt am Main: Athenäum 1987), S. 272 f. Die Ausarbeitung dieser Idee findet sich bei Foucault in den Bänden 2 und 3 von *Sexualität und Wahrheit*, *Der Gebrauch der Lüste* (Frankfurt am Main: Suhrkamp 1986) und *Die Sorge um sich* (Frankfurt am Main: Suhrkamp 1986).

225 Foucault, *Die Sorge um sich* (*Geschichte der Sexualität*, Bd. 3) (Frankfurt am Main: Suhrkamp 1986), S. 57 und 92-93.

226 Die Attraktivität dieser Nietzscheinterpretation macht Alexander Nehamas deutlich in *Nietzsche: Life as Literature* (Cambridge, Mass.: Harvard University Press 1985). Er schreibt: »Die Einheit des Selbst, die also auch seine Identität konstituiert, ist nicht gegeben, sondern muß erreicht werden, sie ist kein Anfang, sondern ein Ziel« (S. 182). Dieses Ziel »des einigen Selbst ist noch vereinbar mit dauerndem Wechsel« und unterschiedlicher Erfah-

rung (S. 189). Dieses Selbst sieht in Nietzsches Worten so aus: »[U]m *Klassiker* zu sein, muß man *alle* starken, anscheinend widerspruchsvollen Gaben und Begierden haben: aber so, daß sie miteinander unter Einem Joche gehen.« (*Der Wille zur Macht*, S. 848; Nehamas, S. 221) Es hält die konfligierenden Handlungen, zu denen die Gaben und Begierden führen mögen, in einer Art von kohärenter Einheit, die sehr komplex sein kann, fest. Meine Schwierigkeit mit Nietzsche und Nehamas liegt in ihrem Versuch, dieses Ideal der Selbst-Einheit auf fundamentalere logische und ontologische Einheitsprinzipien zu gründen. Ich behandle dieses Problem in »Nietzsche and Nehamas on Organic Unity«, in *Southern Journal of Philosophy* 26 (1988), S. 379-92.

227 Noch allgemeiner ließe sich sagen, daß die Beschäftigung unserer Kultur mit dem sichtbaren Herausragen als fest bestimmtes Individuum aus einer männerbeherrschten Identifikation des Selbst mit dem Phallus resultiert. Die weibliche Sexualität, der diese vorspringende Sichtbarkeit und Einzigartigkeit des Phallus abgeht und die statt dessen aus vielen übereinander liegenden Falten besteht, kann ein anderes Modell des Selbst und der Gesellschaft vorschlagen. Vgl. Luce Irigaray, *Das Geschlecht, das nicht eins ist* (Ce Sexe qui n'en est pas un), (Berlin: Merve 1979), S. 22-32.

228 Dieser Pluralismus paßt in Wirklichkeit auch besser zu seiner Verteidigung von der »wachsenden Bereitwilligkeit zum Leben mit Pluralitäten« und »eines wachsenden Verständnisses für die radikale Vielfalt privater Ziele«. Rorty identifiziert jedoch diese Vielfalt mit den ehrgeizig originären Selbstschöpfungen der starken Dichter und der Ironiker, »dem radikal poetischen Charakter individuellen Lebens« (*KIS* 121). Ein konsistenterer pragmatischer Pluralismus würde in der Vielfalt der privaten Ziele auch das Verlangen, einfach als einer in der Gang akzeptiert zu werden, den Wunsch nach Ähnlichkeit und Dazugehören anerkennen, unabhängig von der Suche nach radikaler Unterscheidung und individueller Originalität.

229 Vgl. Pierre Bourdieu, »The Market of Symbolic Gods«, in: *Poetics* 14 (1985), S. 13-44, und »The Production of Belief«, in R. Collins u. a. (Hg.), *Media, Culture, and Society: A Critical Reader* (London: Sage 1986), S. 131-63.

230 Vgl. W. F. Haug, *Kritik der Warenästhetik*. (Frankfurt am Main: Suhrkamp 1980).

231 Fredric Jameson, *The Ideologies of Theory* (Minneapolis: University of Minnesota Press 1986), Bd. 2., S. 70.

232 Eine erhellende Kritik der Aerobic-Videos von Jane Fonda im Lichte der Darstellung ihrer Mängel und Gefahren für Körper und Selbst bieten Elizabeth Kagan und Margaret Morse, »The

Body Electronic, Aerobic Exercise on Video: Women's Search for Empowerment and Self-Transformation«, in: *The Drama Review* 32 (1988), S. 164-80. Eine breiter angelegte feministische Kritik der Besessenheit unserer Kultur, die äußere Gestalt des Körpers zu transformieren, um sozial privilegierten Vorbildern zu entsprechen, findet sich bei Susan Bordo, »›Material Girl‹: The Effacements of Postmodern Culture«, in: *Michigan Quarterly Review* (1990), S. 653-77.

233 William James, *Pragmatism and Other Essays* (New York: Simon and Schuster 1963), S. 26.